리·그·루·핑
Regrouping
Vocabulary 33000

왕필영어연구소

Regrouping
리·그·루·핑
Vocabulary 33000

초판1쇄 발행	2009년 10월 5일
지은이	왕원근(왕필)
펴낸이	왕원근(왕필)
펴낸곳	왕필영어연구소
기획	김진선(그린로즈)
디자인	조성준(포인)
마케팅	김덕헌(신한전문서적)
인쇄	(주)보성인쇄
등록	제 9-261호
주소	서울특별시 강북구 수유 2동 245-8 3F
전화	070-8806-0021
카페	http://cafe.naver.com/wangfeel
블로그	http://blog.naver.com/wangfeel

ⓒ 이 책의 무단 복제와 전재를 금지하며, 내용을 전부 또는 일부를 이용하려면
반드시 사전에 저자와 왕필영어연구소의 서면동의를 받아야 합니다.

※ 잘못된 책은 바꿔드립니다.

정가 10,000원
ISBN 978-89-962979-0-1 13740

서문

Foreword

다양하고 어려운 숙명적 영어시험을 대비해야만 하는 피할 수 없는 현실 속에서 영어를 정복하고 싶다 또는 영어를 잘 하고자하는 생각은 현 시대를 살아가는 우리들 누구나 갖게 되는 자연스러운 생각입니다. 물론, 영어단어만 암기한다고 해서 영어를 잘 할 수는 없습니다. 필자의 견해로는 영단어 암기와 병행하여 영문법을 공부해야 하고 그 토대위에서 부단한 독해연습을 해야만 비로소 영어를 잘 할 수 있게 되는 것입니다. 그러나 이러한 과정에 채 들어가기도 전에 학생들은 필자의 젊은 시절과 마찬가지로 많기도 하고 어렵기도 한 영단어를 우선 암기해야만 하는 벽에 부딪히고 맙니다.

이렇듯 이 땅의 수많은 젊은이들이 영단어 암기문제로 고민하고, 노력하고, 좌절하고 또 다시 고민하고 노력하고 좌절하고...... 나이와 목표에 상관없이 반복되는 수많은 실패의 모습들을 보아오던 필자는 이 문제에 대해 꾸준히 그리고 적극적으로 해결책을 모색하여 드디어 다음과 같은 결론을 내렸습니다.

첫째 : 강요나 억지 학습방법은 안 된다!

단어 암기방법이 보편적으로 누구에게나 적용되고 효과를 보기 위해서 단어를 효과적으로 암기 할 수 있도록 우선, 암기 방법론적 고찰과 인간의 습성, 목표, 실천의지와 행동패턴에 대한 연구가 선행되어야 한다. 단어 암기가 필요하다고 해서 무조건적인 강요나 억지만으로는 안 된다.

둘째 : 책상에서만 공부할 필요는 없다!

시험을 위한 단어 암기를 너무 학문적으로 치우쳐 불필요하게 내용이 방대하거나 부피가 큰 책으로 지루하게 책상에서 공부할 필요는 없다. 휴대가 간편한 교재를 활용하여 언제 어디서나 공부할 수 있어야 한다.

셋째 : Regrouping을 활용하라!

제1차로 리그루핑 방식으로 정리된 'Regrouping 33000'을 항상 휴대하여 Mental Screen Memory Method로 표제어를 암기하라. 제2차로 주어진 표제어에 철자&발음이 비슷한 관련어를 참고하여 확대 학습방법의 단계로 진전시키며 단어의 양을 확장시킨다. 표제어는 2~4 개의 필수적인 의미정도로 제한하여 핵심적으로 암기한다.

위의 3가지 설명에 입각하여 창의적이고 경제적인 방법으로 영단어교재를 제작하여 쉽고 편리하게 15,000여 단어암기에 대한 해결책을 대한민국의 젊은이들에게 마련해 주고자 합니다. 이로써 지금껏 단어 암기에 투자되던 시간, 돈, 열정, 고민 등을 여가와 행복으로 대체시키고 단어 암기법에 있어서 새로운 패러다임을 제시하고자 합니다. 따라서 더 나은 암기방법을 창안해냄으로써 궁극적으로 대한민국의 영어 학력증진에 이바지하고자 합니다.

더불어 본서의 감수와 추천의 글을 올려주신 존경하는 문정일 목원대학교 영문학과 명예교수님과 출판 진행을 도맡아서 수고하신 그린로즈 김진선 대표님께 큰 감사를 드립니다. 특히 4년여 동안 수많은 어려움 가운데서도 묵묵히 내 뒤를 지켜주고 용기를 잃지 않도록 버팀목이 되어준 아내 조수정에게 이 책을 바치고자 합니다.

구성 및 방식
Composition & Method

■ 구성

- 전체 : 고교필수 : 4,000여 단어 + 대학이상 : 11,000여 단어 = 총 15,000여 단어 수록
- 표제어(4,000여 단어) + 관련어·파생어·유의어·반의어(11,000여 단어)

- 관련어·파생어

  표제어와 발음, 형태, 의미가 유사하거나 직접적으로 관련된 중요단어를 선별하여 교재 우측에 해설하였다.

- 유의어·반의어

  중요 유의어와 반의어를 표제어 우측에 반복적으로 수록함으로써 친숙하게 시각적 효과를 극대화 하여 결국 암기되게 된다.

■ 대상

- 공무원, 고시, TOEFL, TOEIC, 텝스, 편입, 대학(원), GRE, SAT, Times, CNN 등 각종 고급 영어시험을 준비하는 대학생 이상의 대한민국 성인 남·여
- 수능영어수준 이상의 중·고등학생 중 유학 및 성인과 동등한 시험을 준비하는 학생

■ 특징

- 책상이 아닌 도보, 출퇴근, 등하교, 운행, 단순 업무시간 등에 활용 하도록 제작
- 유사한 철자, 발음, 리듬의 우선순위로 단어를 수록할 Regrouping 방식
- 적은 시간에 많은 양을 철저히 외울 수 있도록 체계적으로 재구성한 암기법

■ 목표

- 각종 영어시험준비를 하는데 있어서 한국의 젊은이들이 영단어 암기의 고민에서 해방되고 세계 최고의 영어성적으로 영어강국 KOREA 실현
- Don't Worry! Take It Easy! Believe It! Just Read It! And Attain Your Goal!

■ MSMM 이란?

Mental **S**creen **M**emory **M**ethod로 마치 꿈을 꿀 때 머릿속 화면을 통하여 보듯이 단어의 철자를 머릿속에 그려내는 방법이다. 먼저 이미 알고 있거나 또는 암기가 쉬운 단어를 시작으로 그룹화하여 비슷한 유형의 단어들을 체계적으로 재구성(리그루핑)한다. 이렇게 만들어진 단어 그룹은 처음 단어만 알고 있으면 제시된 그룹의 나머지 단어들도 쉽게 암기되는 방법이다.

추천의 글

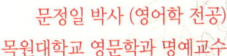
Recommendation letters

문정일 박사 (영어학 전공)
목원대학교 영문학과 명예교수

유명한 서양속담 중에 다음과 같은 말이 있다. "A drop hollows the stone not by its force but by its frequency(한 개의 물방울이 돌을 뚫는다. 힘에 의해서가 아니라 빈도수에 의해서이다.)" 한 가지 외국어를 정복하기 위하여 도전하는 사람이 귀담아 들어야 할 매우 소중한 교훈이 들어있는 격언이다.

영어의 어휘를 공부할 때, 최상·최선의 방법은 접두어, 접미어를 바탕으로 하여 만들어진 파생어를 학습하는 것이다. 일련의 어휘에 대한 의미를 자연스럽게 유추할 수 있을 뿐만 아니라 한꺼번에 여러 개의 어휘를 쉽게 이해·암기할 수 있기 때문이다.

이 책의 핵심이라고 할 수 있는 각각의 어휘의 뉘앙스의 차이를 쉽고 재미있게 엮음으로써 영어어휘의 뿌리와 원리가 내포된, 이른바 '리그루핑(Regrouping)'의 방법으로 독자에게 다가가는 본서의 장점이 놀라운 학습효과와 대단한 학문적 혜택을 제공해 주리라고 믿는다. 취업이나 해외유학을 염두에 두거나 공무원시험(고시) 및 편입시험이나 TOEFL, TOEIC, SAT, TEPS 또는 GRE 등을 준비하는 독자들 그리고 수준 있는 영어를 학습하려는 독자들에게 본 책자가 욕구를 충족시켜 주리라 확신한다.

본서를 학습한 사람들에게 영어와 우리말의 기본어휘에서 시작하여 고급어휘에 이르기까지 다양한 어휘의 참뜻을 정확히 익히게 함으로써 격이 높은 영어 학습에 훌륭한 열매를 제공해 줄 것이다. 강력하게 권면하거니와 이 책을 접하는 독자들은 다른 공부를 하면서라도 동시에 한 1년을 결심하고 이 책을 틈틈이 그리고 차근차근히 학습할 것을 당부한다. 이렇게 얻은 어휘는 평생 활용할 수 있는 값진 자산이 될 것이다.

일선 학원에서 전문 강사로서 20년 가까이 풍부한 강의 경험을 쌓은 저자 왕필 (왕원근) 선생이 여러 해 동안 집필 작업에 혼신의 힘을 기울여 열과 성을 바친 노고에 경의를 표한다.

2009년 10월 22일

Regrouping
리·그·루·핑
Vocabulary 33000

01

Regrouping A

babble [bǽbl]
재잘거리다, 더듬거리다(어린이) = prattle, murmur, chatter
☞ ba**u**ble 싸구려, 값싸고 야한 것 = trinket

dabble [dǽbl]
물을 튀기다, 철버덕거리다 = splash, splatter
잠깐 손을 대다(~ in, ~ at, ~ with)

rabble [rǽbl]
하층민들, 오합지졸 = riffraff ↔ gentry 신사계급
☞ r**u**bble 잡석, 쓸모없는 것, 파편 = debris, rubbish

---

able [éibl]
능력 있는, 재능 있는, 유능한 = adept, capable, competent
↔ **un**able 할 수 없는
☞ able-bodied 강건한, 건전한, 숙련된

disable [diséibl]
쓸모없게 만들다, 불구로 만들다
= cripple, incapacitate, maim
☞ disable**d** 불구가 된, 못쓰게 된, 불구자(장애인)

enable [enéibl]
가능하게 하다, ~에게 힘을 주다 = **em**power

---

acetic [əsíːtik]
맛이 신 = acid, sour, tart, vinegary

as**c**etic [əsétik]
금욕주의자, 금욕주의의, 고행의 = austere, stoical
ⓝ asceti**c**ism 금욕주의, 고행생활

ase**p**tic [əséptik]
방부제, 방부성의, 무균의 = **anti**septic
↔ septic 부패시키는 ☞ septicity 부패

---

acid [ǽsid]
산성, 신랄한 = acrimonious, sarcastic, sardonic
☞ acid**ulous** 조금 신, 다소 신맛이 도는, 신랄한

hyperacid [hàipərǽsid]
위산과다의 ⓝ hyperacidity 위산과다(증)

---

hack [hæk]
베다, 자르다, 삭감하다 = chop, cut ☞ hacker 해커, 침입자

lack [læk]
부족, 결핍 = deficiency, need, shortage, want

pack [pæk]
싸다, 꾸리다, 포장하다, 압축하다 ☞ pack off 내쫓다

	☞ package 짐 꾸리기, 꾸러미, 소포, 뭉뚱그려진 것, 일괄
	☞ packaging service 포장서비스 / pack up 포장하다
rack [ræk]	고문하다 = torment, torture ☞ rack up 올리다, 달성하다

act [ækt]	소행, 막(연극)
	☞ actor 배우, 행위자 ↔ actress 여(배)우
enact [enækt]	제정하다, 집행하다(법률·법령·계획·프로그램) = decree
	공연하다, 상연하다 = act
exact [igzækt]	정확한, 꼼꼼한 = precise, accurate, strict
	↔ approximate 대략의, 근사의 = estimated, rough
	☞ exactly 정확히, 엄격하게 = precisely
interact [ìntərǽkt]	상호작용하다, 대화하다, 서로 영향을 주다

acting [ǽktiŋ]	연출, 연기, 직무대행의
exacting [igzǽktiŋ]	가혹한, 엄한 = harsh, rigid, severe, stern
	↔ lenient 관대한, 자비로운 = merciful, tolerant

action [ǽkʃən]	작용, 소송, 활동, 연기시작 ☞ auction 경매(하다)
interaction [ìntərǽkʃən]	상호작용, 대화(컴퓨터)
reaction [ri:ǽkʃən]	반작용, 반응, 반발
	☞ reactionary 반동·보수주의자
transaction [trænsǽkʃən]	업무처리, 취급, 거래
	☞ transactions 계약, 의사록, 보고서

active [ǽktiv]	활동 중인, 현역의 ☞ activist 인권운동가
	↔ inactive 활동하지 않는, 현역이 아닌
interactive [ìntərǽktiv]	상호작용하는, 대화식의(컴퓨터)
proactive [prouǽktiv]	사전 행동의
radioactive [rèidiouǽktiv]	방사능의, 방사성의
	☞ radio 방사능에너지의, 라디오(방송)
retroactive [rètrouǽktiv]	효력이 소급하는, 반동하는 ☞ retro 뒤로, 거꾸로

adapt [ədǽpt]	적응 시키다, 조절하다 = adjust, conform, modify, modulate ⓝ adaptation 적응, 순응 ⓐ adaptable 순응하는, 적응하는
adept [ədépt]	숙련된, 정통한 = adroit, deft, dexterous, skillful / 명인 ↔ inept 서툰, 어리석은 = awkward, clumsy, gauche ☞ be adept at ~ing : ~하는데 능숙하다
adopt [ədápt/ədɔ́pt]	채택하다, 양자로 삼다 ⓝ adoption 채택, 입양

addle [ǽdl]	썩은(달걀), 혼란한(머리) = muddled, bewildered, confused
paddle [pǽdl]	철썩 때리다(체벌), 첨벙첨벙 건너다(얕은 여울) 짧고 넓적한 노 = oar
saddle [sǽdl]	안장, 짊어지우다 ☞ shoulder 어깨, 짊어지다(무거운 짐)

adore [ədɔ́:r]	숭배하다, 동경하다 = esteem, worship ⓝ adoration 숭배, 경배, 동경 = veneration, worship ☞ warship 군함 / gunboat 포함 / submarine 잠수함
adorn [ədɔ́:rn]	장식하다, 꾸미다 = decorate, ornament, garnish, embellish ⓝ adornment 꾸밈, 장식품

adult [ədʌ́lt]	어른(의), 성인만의 = grown-up, full-grown, full-fledged
adultery [ədʌ́ltəri]	간통, 간음 = cuckoldry, fornication(우상숭배) ☞ Adult Only 미성년자 사절 / adulterate 간통의, 더럽히다 ☞ unadulterated 다른 것과 섞이지 않은, 순수한

adverse [ædvə́:rs]	거스르는, 불리한 = inauspicious, unfavorable
adversary [ǽdvərsèri]	반대하는, 적(상대) = foe, antagonist, opponent, enemy
adversity [ædvə́:rsəti]	역경, 불운 = difficulty, hardship, misfortune, mishap

aesthetic [esθétik]	미술의, 심미·탐미적인 = artistic, exquisite ☞ aestheticism 탐미주의, 유미주의
anesthetic [ænəsθétik]	마취의, 마취제 = drug, narcotic ☞ painkiller 진통제

agrology [əgrálədʒi]	토양학 ☞ agrarian 토지의	
agro**nomy** [əgránəmi]	경종학, 농경제학	

ailment [éilmənt]	병(만성적인), 우환
ali**ment** [æləmənt]	음식, 자양물, (마음의)양식

hail [heil]	우박(싸락눈) / 환영하다 = greet, salute, welcome
jail [dʒeil]	교도소, 감옥 / 투옥하다 = imprison, incarcerate, lock up
nail [neil]	손·발톱, 못, 징 ☞ nail down 못 박다, 확정하다(결정적으로) ☞ snail 달팽이 / at a snail's pace 느릿느릿
pail [peil]	들통, 버킷 ☞ pale 창백한 = ashen, pallid, sallow
rail [reil]	매도·악담하다, 난간, 레일
wail [weil]	비탄, 통곡 / 큰 소리로 울다 = moan, sob, weep, whimper
flail [fleil]	도리깨질 하다(곡물), 연타하다 = batter, pound, pummel

aim [əim]	과녁, 목적 = end, goal, purpose / 겨냥하다, 목표삼다
maim [meim]	불구(병신)로 만들다, 망쳐놓다 = cripple, disable, mutilate

faint [feint]	희미한, 기절하다 ☞ feint 가장, 속임수
saint [séint]	성인, 성도 ☞ apostle 사도 = disciple
taint [teint]	오명, 더럽히다(더럼) ⓐ tainted 더럽혀진, 부패한(썩은) ☞ attaint 더럽히다(명예) = disgrace

all**ay** [əléi]	진정시키다, 경감시키다 = abate, alleviate, mollify, soothe ☞ alley 뒷골목, 오솔길, 앨리(테니스 코트 : 복식경기)
arr**ay** [əréi]	정렬시키다(군대), 배열하다 = arrange, order ↔ jumble 배진, 배치, 대형 = arrangement, display
ass**ay** [æsei]	분석하다, 평가하다, 시금하다 ☞ essay 수필(중), 평론 = analyze, appraise, estimate, evaluate, test

allow [əláu]	허락하다, 인정하다 = grant, let, permit, admit ☞ allowance 수당, 용돈 / allowances 참작
callow [kǽlou]	애송이인, 경험이 없는 = green, inexperienced = unfledged ↔ full-fledged 어엿한
fallow [fǽlou]	휴경지(쉬는 땅), 교양 없는 = uncultivated, untilled
hallow [hǽlou]	숭상·숭배하다, 신성하게 하다 = sanctify, consecrate ↔ desecrate 모독하다 ⓐ hallowed 신성한 = consecrated, sacred ☞ hollow 속빈, 무의미한, 내실이 없는 = empty, void
sallow [sǽlou]	창백한, 혈색이 나쁜 = pale, pallid, wan, ashen, cadaverous
shallow [ʃǽlou]	얕은, 천박한, 피상적인 ↔ deep, profound 깊은, 심오한

alloy [əlɔ́i]	합금(하다), 혼합물 = amalgam, composite, compound
annoy [ənɔ́i]	괴롭히다, 귀찮게 굴다 = aggravate, bother, disturb, harass

ally [əlái]	동맹국, 동맹시키다 ⓐ allied 동맹한 ⓝ alliance 연합, 동맹
dally [dǽli]	희롱하다, 시간을 허비하다 = dawdle, dillydally, loiter, flirt
rally [rǽli]	대 집회(정치·종교), 자동차 경주 = caucus, convention
sally [sǽli]	출격, 신나는 외출, 멋진 말(경구)
tally [tǽli]	부절(짝의 한쪽), 일치 ☞ amulet 부적, 호부 계산(서), 득점(표), 집계(하다) = count, score, sum
ballyhoo [bǽlihùː]	과대선전하다 = hype, trumpet ☞ belly 배(복부) = abdomen

balm [bɑːm]	향유, 방향 ⓐ balmy 향기로운 = aromatic, fragrant
calm [kɑːm]	고요한, 잔잔한 = quiet, serene, tranquil
palm [pɑːm]	손바닥 ☞ palm off 속여 팔다(가짜) = foist off ☞ sole 발바닥 / foot 발 / fist 주먹, 손가락표(☞)
psalm [sɑːm]	찬송가, 성가 = hymn, anthem, gloria, hallelujah
qualm [kwɑːm]	불안한 마음, 염려, 메스꺼움 ☞ qualms 양심의 가책 = anxiety, apprehension, misgiving, unrest

alteration [ɔ́:ltəréiʃən]	변경, 수선 ⓥ alter 바꾸다, 변경하다 = convert, modify
alter**cation** [ɔ́:ltərkéiʃən]	논쟁, 말다툼 ⓥ altercate 언쟁하다, 격론(激論)하다
alter**nation** [ɔ́:ltərnéiʃən]	교대 ⓥ alternate 번갈아 하다 / alternately 교대로 ☞ alternative 대안, 양자택일 / alternatively 양자택일로

altitude [ǽltətjù:d]	고도(높이), 해발 ↔ depth 깊이, 심도 ☞ altitudes 고지 ☞ altar 제단 / exalt 높이다, 올리다, 고양시키다
aptitude [ǽptitù:d]	적성, 소질, 경향 = knack, propensity, talent ☞ apt 적절한 ↔ inapt 부적절한 ☞ aptitude test 적성검사 / SAT 대학진학적성검사
attitude [ǽtitjù:d]	태도(마음가짐), 자세 = demeanor, manner, posture, stance ☞ not-me-attitude 나는 아니라는 태도

ambidextrous [æ̀mbidékstrəs]	양손잡이의, 능수능란한 = adroit, dexterous, skillful
ambi**guous** [æmbígjuəs]	불확실한, 모호한 = equivocal, vague ⓝ ambiguity 모호함
ambi**valent** [æmbívələnt]	양면가치의, 상반되는 ☞ equivalent 동등한, ~에 상당하는

ambit [ǽmbit]	범위(행동·권한·영향력), 경계선, 구내, 구역, 주변지역
amb**ition** [æmbíʃən]	야망, 대망, 포부 ⓐ ambitious 대망을 품은, 야심 있는
gambit [gǽmbit]	첫수(체스), 시작, 책략

amble [ǽmbl]	천천히 걷다(人), 측대보로 걷다(馬) = ramble, saunter, stroll
gamble [gǽmbl]	도박하다, 내기하다 = bet, stake, wager ☞ gambol 뛰놀기, 장난(새끼 양·어린이) = romp, frolic, caper
ramble [rǽmbl]	거닐다, 소요, 산책 = amble, wander, stroll, roam,
preamble [prí:æmbl]	전문(前文 : 법률·조약), 서문, 머리말 = foreword, prologue

game [geim]	사냥감(엽수), 놀이, 경기, 오락 ☞ same 같은, 동일한
lame [leim]	절름발이의, 불구의 = crippled, disabled, handicapped ☞ lame duck 임기 말 정치력 약화 현상

name [neim]	이름, 명성, 명명하다 ☞ first name 이름 ☞ surname 성(姓) = family name = last name
tame [teim]	길든, 유순한, 무기력한 = domesticated, docile, helpless 무기력하게 하다 = debilitate, devitalize, enervate

amiable [éimiəbəl]	호감을 주는, 붙임성 있는, 상냥한
amicable [ǽmikəbəl]	우호적인, 친화적인, 평화적인

amorous [ǽmərəs]	호색의, 요염한, 연애의 = lascivious, lecherous, lewd
amorphous [əmɔ́:rfəs]	무정형(無定形)의, 비결정의 = formless, shapeless, nebulous
enamor [inǽmər]	유혹하다, 매혹하다 ⓐ enamored 매혹된, 매료된

camp [kæmp]	야영지, 막사, 진영(陣營), 과장되게 행동하다(일부러)
damp [dæmp]	축축한, 습기 찬 = dank, humid, moist ☞ dampen 기를 꺾다 = deaden, depress, dissuade
ramp [ræmp]	경사로, 비탈길 ☞ lamp 램프, 등불, 광명 = lantern, light
vamp [væmp]	유혹하다, 날조하다, 요부 ☞ vampire 고혈착취자, 흡혈귀
revamp [ri:vǽmp]	혁신하다, 개혁하다 = refurbish, renovate 수선하다, 개조·개편하다 = redo, revise, remodel

hamper [hǽmpər]	방해하다, 곤란케 하다 = bar, baffle, balk, hinder, impede
pamper [pǽmpər]	마음대로 하게하다 = spoil ☞ pampered 제멋대로 하는
tamper [tǽmpər]	간섭·참견하다 = interfere, intervene, intrude, meddle 부당하게 변경하다 / 훼손하다

amphibious [æmfíbiəs]	양서류의, 수륙양용의, 이중인격(성격)의 ☞ amphibian 양서류, 이중인격자, 수륙양용비행기(전차) ☞ reptile 파충류, 비열한 인간 / ambiance 환경, 분위기
amphibolous [æmfíbələs]	뜻이 두 가지인

ample [ǽmpl]	광대한, 충분한 = abundant, plentiful, profuse, spacious, vast
ex**ample** [igzǽmpl]	보기, 실례(예증) = case, illustration, instance, sample
s**ample** [sǽmpl]	견본, 시료(試料) = example, representative, specimen
tr**ample** [trǽmpl]	유린・무시하다, 짓밟다 = squash, stamp, stomp, tread

annals [ǽnəlz]	연대기, 연표 = chronicle, chronology ☞ anal ⓐ 항문의 anus ⓝ 항문(肛門)
b**anal** [bənǽl]	진부한, 평범한 = commonplace, trite, stereotyped
c**anal** [kənǽl]	운하, 수로 = aqueduct, channel, waterway

analysis [ənǽləsis]	분석, 해석 ⓐ analytic 분석적인, 분석의 ☞ analyst 분석가, 정세분석 해설가
hypno**analysis** [hipnouənǽləsis]	최면분석 ☞ hypnotic 최면의, 최면술에 걸린 사람
psycho**analysis** [sàikouənǽləsis]	정신분석(학) ☞ psycho 정신병 환자, 광인 ☞ psychoanalytic 정신분석학의

anger [ǽŋɡər]	화, 분노 = fury, ire, wrath ⓐ angry 화난, 성난
d**anger** [déindʒər]	위험 = hazard, jeopardy, peril, risk ⓐ dangerous 위험한 = hazardous, perilous, risky

angle [ǽŋɡl]	음모(불순한 동기), 관점, 각도 ☞ ankle 발목, 복사뼈 / twist(sprain) one's ankle 발목을 삐다
d**angle** [dǽŋɡl]	매달리다, 매달린 것 = hang, suspend
f**angle** [fǽŋɡl]	유행(시대의 기호) = fashion, fad, mode, trend, vogue ☞ newfangled 신기한, 최신식의, 새 유행의
j**angle** [dʒǽŋɡl]	말다툼, 거슬리는 소리 = clangor, din, racket ☞ jungle 생존경쟁의 장(비정한), 정글, 밀림
m**angle** [mǽŋɡl]	박살내다, 잡쳐놓다 = batter, deform, disfigure, maim ☞ mingle 혼합・교제하다, 어울리다 = mix, blend

tangle [tǽŋgl]	분규, 혼란, 뒤얽힘 / 얽다 ⓐ tangled 얽힌, 혼란한 ☞ untangle 해결하다(분쟁), 풀다 = settle, unravel
wrangle [rǽŋgl]	언쟁하다, 논쟁 = dispute, argue, contend, debate

anguish [ǽŋgwiʃ]	고통(번민), 괴로워하다 = affliction, agony, pain, distress, pang
languish [lǽŋgwiʃ]	쇠약해지다 = deteriorate, diminish, fail, weaken 그리워하다 = long, pine, yearn

annual [ǽnjuəl]	일년생의(식물), 일 년마다 = anniversary, yearly ☞ annual report 연례보고서 / annually 매년, 연례로
biannual [baiǽnjuəl]	年 2회의, 반년마다 = semiannual, half-yearly ☞ biennial 2년 마다의 / centennial 100년의 ☞ perennial 다년생의(식물), 영원한

anthrophobia [ænθrəfóubiə]	대인(對人)공포증 ☞ phobia 공포 병
anthropology [ænθrəpálədʒ]	인류학, 인간학 ☞ mankind 인류, 인간
anthropoid [θǽnθrəpɔ̀id]	유인원(같은), 원숭이를 닮은(사람)
philanthropist [filǽnθrəpist]	박애주의자, 자선가 ☞ philanthropy 박애, 자선

antic [ǽntik]	기괴한, 기묘한(행동·모습) = bizarre ☞ attic 다락(지붕과 천장사이)
anticipate [æntísəpèit]	예상하다, 예기하다 ⓝ anticipation 예상 = expectation
antinomy [æntínəmi]	이율배반, 모순 = inconsistency, discrepancy
antipode [ǽntipòud]	대척점, 정반대(의 것) ☞ opposite 마주 보고 있는, 정반대의
antique [æntíːk]	고풍스러운, 골동품 = archaic, curios ☞ boutique [buːtíːk] 양품점

append [əpénd]	덧붙이다, 추가하다 = add, affix, annex ☞ pending 미정의
appendage [əpéndidʒ]	부속기관, 수행원 = adjunct, addition, annex 부속물
appendix [əpéndiks]	부록, 부속물, 충수(맹장) = addition, codicil, supplement ☞ appendicitis 충수염(맹장염)

arch [ɑːrtʃ]	주요, 주된 = chief ☞ archery 궁술, 양궁 / archangel 대천사
monarch [mánərk]	군주 ☞ potentate : 권력가 / sovereign : 지배자 / czar : 황제
matriarch [méitriàːrk]	여 가장, 여성리더 ☞ matriarchy 여가장제
patriarch [péitriàːrk]	가장, 족장, 원로(장로), 대주교(러시아정교) ☞ pope 로마교황 ⓝ patriarchy 가부장제도, 족장정치
archaic [ɑːrkéiik]	고풍의, 낡은 ☞ obsolete 쓸모없는, 시대에 뒤진
architect [áːrkitèkt]	건축가, 건축기사 ☞ architecture 건축술(양식)
archive [áːrkaiv]	공문서, 공적기록 ☞ archives 기록보관소, 서고

anarchy [ǽnərki]	무정부(상태), 무질서 ☞ anarchist 무정부주의자(폭력혁명가) ☞ anarchism 무정부주의, 체제 타파의 활동(폭력·테러)
hierarchy [háiərà:rki]	계급체계, 계급제도(성직자) ☞ hier(o) 신성한, 성직의
monarchy [mánərki]	군주제, 군주정치 / 군주국 ↔ republic 공화국
oligarchy [áləgà:rki]	과두(寡頭)정치, 소수독재정치, 정부압력자들 ↔ polyarchy 다두(多頭)정치

bare [bɛər]	벌거벗은, 드러낸 = exposed, naked, nude ☞ barely 가까스로, 거의 ~없다 = hardly, rarely, scarcely
care [kɛər]	걱정, 주의, 관심, 돌보다 = anxiety, attention ⓐ careful 주의 깊은 ↔ careless 부주의한 ☞ core 핵심
dare [dɛər]	무릅쓰다(위험), 감히~하다 ☞ dire 무서운, 비참한
fare [fɛər]	운임, 통행료 ☞ fair 공평한, 금발의, 아름다운, 박람회
hare [hɛər]	산토끼 ☞ rabbit 집토끼 / tortoise 거북이 = turtle
rare [rɛər]	드문, 진기한, 희박한 ☞ 덜 구워진, 설익은(고기) ☞ wares 상품, 판매품 = goods, merchandise
share [ʃɛər]	분배·공유하다, 함께 나누다 / 몫, 주식 = stock(미) ☞ shareholder meeting 주주총회 / market share 시장점유율

bark [bɑːrk]	고함치다, 짖다(개) = snarl, growl, howl ☞ embark 착수하다, 진출하다 = commence, launch

dark [dɑ:rk]	어두운, 무지한, 비밀의, 음산한 ⓝ darkness 암흑, 무지	
lark [lɑ:rk]	놀리다, 희롱하다 = frolic, romp ☞ 장난, 농담	
	종다리 = skylark 야단법석, 뛰어 돌아다니다	
park [pɑ:rk]	공원, 주차하다 ☞ parking lot 주차장	
shark [ʃɑ:rk]	상어, 고리대금업자 ☞ whale 고래 / dolphin 돌고래	

barley [bɑ́:rli]	보리 ☞ barely 가까스로, 거의~없다
parley [pɑ́:rli]	회담, 교섭, 협상 = conclave, conference, council

arm [ɑ:rm]	팔, 큰 가지, 무장시키다 ☞ arms 무기 / armed 무장된
	☞ lay down one's arms 무기를 버리다, 항복하다
army [ɑ́:rmi]	군대, 육군 ☞ navy 해군 / air-force 공군
armor [ɑ́:rmər]	갑옷과 투구(장갑하다), 방비(비유) ☞ panoply 한 벌(도구)
armory [ɑ́:rməri]	병기고 = arsenal ☞ ammunition 탄약, 병기, 무기
	☞ machine gun 기관총 / cannon 대포 / rifle 소총

garnish [gɑ́:rniʃ]	장식(하다), 고명, 미사여구 ☞ garnished 장식된
tarnish [tɑ́:rniʃ]	손상시키다, 더럽히다(명예) = defame, disgrace, dishonor
	녹슬게 하다, 저하시키다(가치) = degrade, discredit
varnish [vɑ́:rniʃ]	겉을 꾸미다(광을 내다), 니스(를 칠하다) ☞ barn 헛간, 광

arrow [ǽrou]	화살 ↔ bow 활, 절하다 ☞ rainbow 무지개 / archery 궁술
marrow [mǽrou]	골수, 정수, 정화(精華) ☞ skeleton 해골 / skull 두개골
narrow [nǽrou]	가까스로, 좁은(답답한) ↔ wide, roomy, spacious, vast 넓은
	☞ narrow escape 구사일생 / escape 달아나다, 면하다
sparrow [spǽrou]	참새 ☞ swallow 제비, 꿀꺽 삼키다 / wallow 뒹굴다(진창)

carry [kǽri]	운반하다, 휴대하다 = bear, convey, transport
	☞ carry out 실시·실행하다 / carry on 계속하다
	☞ miscarry 유산하다, 실패하다 = abort, blunder, fail

harry [hǽri] 괴롭히다, 공격하여 약탈하다 = badger, bother, harass
marry [mǽri] 결혼하다, 굳게 결합시키다 ↔ divorce 이혼하다, 분리하다
☞ merry 명랑한, 유쾌한 = cheerful, exhilarated, gleeful
parry [pǽri] 회피하다, 받아넘기다(공격·질문) = avoid, dodge, elude, shun
tarry [tǽri] 체재하다, 늦어지다 = linger, remain, sojourn, stay

art [ɑːrt] 예술, 기술 ☞ liberal arts 일반교양과목(대학)
☞ artist 예술가, 화가 / ⓐ artistic 예술적인
☞ Bachelor(Master) of Arts 문학사(문학 석사)

dart [dɑːrt] 던지는 창, 던지다
☞ fart 방귀 뀌다 / cart 손수레 / mart 시장

tart [tɑːrt] 신랄한, 시큼한
☞ start 깜짝 놀라다(놀람·공포), 출발하다

artery [ɑ́ːrtəri] 동맥, 간선 ↔ vein 정맥 / vain 헛된, 쓸데없는 = futile

article [ɑ́ːrtikl] 관사, 기사, 항목, 물품
☞ item 물품, 항목 = goods, merchandise

artifice [ɑ́ːrtəfis] 고안, 책략, 교묘한 솜씨 = intrigue, machination
☞ artificial satellite(flower) 인공위성(조화: 造花)

artillery [ɑːrtíləri] 포병(대), 포 ☞ cannon 대포 = gun / canon 법규

artisan [ɑ́ːrtəzən] 기능공, 장인(匠人) = craftsman ↔ novice 초보자

ashes [ǽʃiz] 재, 화산재, 폐허, 유골 ☞ ashen 잿빛의, 창백한

cash [kæʃ] 현금(돈), 현물(증권) ☞ cashier 현금출납원
☞ bill 어음, 법안, 계산서 / check 수표

dash [dæʃ] 꺾다(희망·계획), 좌절시키다 = discourage, frustrate, thwart
돌진하다, 단거리경주 ☞ dashboard 계기반(計器盤: 자동차)

baste [beist] 치다, 때리다, 야단치다 ☞ caste 특권계급, 카스트

haste [heist] 급함, 급속, 신속 ☞ in haste 급히 = in a hurry

paste [peist] 풀, 반죽, 풀로 바르다(붙이다)

taste [teist] 미각, 경험, 취미 ☞ distaste 싫음, 혐오

astrology [əstrálədʒi]	점성술(학) ☞ astrologer 점성가 / astronomer 천문학자
astronaut [ǽstrənɔ̀ːt]	우주비행사(미국) ☞ cosmonaut 우주 비행사(러시아)
astronomy [əstránəmi]	천문학 ☞ astronomical 천문학적인, 어마어마한

catch [kætʃ]	붙잡다, 걸리다, 이해하다 = grab, grasp, snatch, apprehend ☞ batch 한 벌, 한 묶음, 한 떼
hatch [hætʃ]	음모·계획을 꾸미다 = conspire, machinate, plot, scheme 부화하다, 낳다, 초래하다 ☞ 해치, 뚜껑 = cause, engender
latch [lætʃ]	걸쇠, 빗장(걸다), 집착하다, 꽉 붙잡다 ☞ latch onto ~을 파악하다, 이해하다
match [mætʃ]	필적하다, 어울리다 ☞ 성냥, 시합
watch [watʃ]	지켜보다, 망보다, 관전하다, 시청하다 ☞ 조심, 시계 ☞ watchdog 감시인(의) / dogged 완강한

battle [bǽtl]	전투, 전쟁 = campaign, combat, warfare ↔ armistice, cease-fire, truce 휴전, 정전(停戰)
cattle [kǽtl]	소떼, 축우 = cows and bulls / 가축 = livestock
rattle [rǽtl]	당황케 하다, 놀라게 하다 = embarrass, fluster, perturb
prattle [prǽtl]	재잘거리다, 더듬거리다(어린애) = babble, prate

audit [ɔ́ːdit]	회계감사 ☞ auditor 회계감사관 ⓐ auditorial 회계감사의
audition [ɔːdíʃən]	음성테스트(가수·배우 : 오디션), 청강(미국대학)
auditorium [ɔ̀ːditɔ́ːriəm]	강당, 청중석 ⓐ auditory 청각의
audience [ɔ́ːdiəns]	청중, 관객, 청취자(라디오), 시청자(TV)

haughty [hɔ́ːti]	오만한, 건방진 = arrogant, cavalier, supercilious
naughty [nɔ́ːti]	버릇없는(장난의), 외설의 = bawdy, indecent, risque

aunt [ænt]	아주머니 ↔ uncle 아저씨, 흑인노복(老僕)
daunt [dɔːnt]	으르다, 주춤하다, 기세를 꺾다

		= discourage, dismay, dispirit
		☞ dauntless 불굴의, 용감한
		= intrepid, valiant, undaunted
gaunt [gɔ:nt]		수척한, 몹시 여윈 = haggard
		☞ gauntlet 긴 장갑(쇠·가죽으로 만든), 손 가리개
haunt [hɔ:nt]		자주 떠오르다(안 좋은 기억), 출몰하다(유령)
		☞ obsess 시달리다(귀신·망상), 괴로워하다 = dog
jaunt [dʒɔ:nt]		산책하다, 소풍가다 = day trip, excursion
taunt [tɔ:nt]		비난하다, 힐책하다 = castigate, censure, condemn
		비웃다 = deride, mock / 조롱, 모욕 = insult
vaunt [vɔ:nt]		자랑하다, 허풍떨다 = brag, crow, exult, show off
		☞ flaunt 과시·자랑하다, 깔보다, 허영을 부리다

author [ɔ́:θər]	저자(저술가), 작가 = essayist, novelist, writer
authority [əθɔ́:riti]	권위, 권위자 = expert, master, professional, specialist
authorities(concerned) [əθɔ́:ritis]	당국(관계) ☞ concerned 관계하고 있는

automation [ɔ̀:təméiʃən]	자동조작, 자동화(기계·조직) ☞ 오토메이션
	ⓐ automatic 자동의, 자동기계(장치)
automaton [ɔ:támətàn]	자동기계(로봇), 기계적인 인간 ☞ robot 로봇, 인조인간
autonomy [ɔ:tánəmi]	자치(권), 자율(성) = independence, sovereignty
	ⓐ autonomous 자치권이 있는, 자치의, 자율의

aver [əvə́:r]	확언하다, 주장하다 = affirm, attest, avouch, avow
average [ǽvəridʒ]	평균, 보통의 = common, mediocre, normal, ordinary

dawn [dɔ:n]	새벽(동틀 녘), 여명 = daybreak, twilight ↔ dusk 황혼
	☞ from dawn till dusk(dark) 새벽부터 저녁까지
fawn [fɔ:n]	아양 부리다, 아첨하다 ⓐ fawning 아양 부리는, 아첨하는
lawn [lɔ:n]	잔디(밭) = grass, green ☞ lawn mower 잔디 깎는 기계
yawn [jɔ:n]	하품(하다) ☞ sneeze 재채기(하다) / cough 기침(하다)

Regrouping B

bald [bɔːld]	대머리의, 민둥민둥한　ⓝ baldness 대머리	
ribald [ríbəld]	상스러운, 야비한 = lewd, obscene, vulgar	

balance [bǽləns]	천칭, 균형(을 잡다) = equilibrium, symmetry
imbalance [imbǽləns]	불균형 = unbalance
outbalance [áutbǽləns]	~보다 무겁다 · 뛰어나다 = outweigh

ban [bæn]	금지령, 금지하다 = bar, forbid, prevent, prohibit
bandit [bǽndit]	산적, 악당, 강도, 적기 = burglar, outlaw, robber
banish [bǽniʃ]	추방하다 = deport, evict, exile, expatriate, ostracize, oust ☞ vanish 사라지다, 없어지다, 영(零)의 값을 취하다
banner [bǽnər]	기, 기치(주장), 현수막 = colors, ensign, flag, pennant ☞ banner advertising 인터넷 홈페이지의 막대모양의 광고
banter [bǽntər]	조롱하다, 놀림 = joke, josh, kid　ⓐ bantering 조롱하는

band [bænd]	한 무리의 사람, 악단　☞ bandage 붕대
disband [disbǽnd]	해산하다(군대 · 국회 · 재판) = break up
husband [hʌ́zbənd]	남편, 절약하다 = economize, save　ⓝ husbandry 절약

bank [bæŋk]	둑(제방), 은행　☞ bank on(upon) ~을 믿다, 확신하다
embank [imbǽŋk]	둑 · 제방을 쌓다(하천) = bank
nonbank [nɑnbǽŋk]	은행 이외의 금융기관(의)
bankrupt [bǽŋkrʌpt]	파산자, 파산한 = broke, insolvent ↔ solvent ☞ bankruptcy 파산, 도산(倒産), 파탄

bar [baːr]	잠그다, 방해하다　☞ 막대기, 장애, 술집

barb [bɑːrb]	가시 = thorn ⓐ barbed 가시 돋친, 신랄한 = thorny
barbarism [báːrbərìzəm]	야만, 미개 ⓐ barbarous 미개한 = primitive, savage
barren [bǽrən]	불모의, 불임의 = sterile, arid, infertile ↔ fertile 비옥한
barring [báːriŋ]	~을 제외하고, ~이 없다면 = except for
debar [dibáːr]	막다, 금지하다 = exclude, prevent

barber [báːrbər]	이발사 ☞ beauty parlor(salon · shop) 미장원
barter [báːrtər]	물물교환하다, 교역하다 = swap, trade

bark [bɑːrk]	고함치다, 짖다(개) = snarl, growl, howl
debark [dibáːrk]	내리다, 내리게 하다(탈것)
embark [embáːrk]	타다(배 · 비행기), 착수 · 진출하다(on) = commence, launch
disembark [dìsembáːrk]	양륙하다, 상륙시키다 = debark

barn [bɑːrn]	헛간, 광 = shed ☞ 곳간에 저장하다(곡물)
born [bɔːrn]	타고난, 선천적인, ~으로 태어난 ☞ inborn 타고난, 천부의
burn [bəːrn]	시내, 개울 = brook, rivulet ☞ sunburn 볕에 탄데 불타다, 태우다 = ignite, kindle, blaze, flame, flare
burnish [báːrniʃ]	닦다, 윤내다 = gloss, luster, polish, furbish

barrier [bǽriər]	장벽, 울타리 = block, enclosure, fence, wall ☞ trade barrier 무역장벽
barrister [bǽrəstər]	변호사 = attorney, lawyer, advocate, solicitor ☞ prosecutor 검사 / judge 판사 / juror 배심원

base [beis]	기초, 토대 ☞ 기지, 누(壘 : 야구) / baseball 야구 천한, 비열한 = humble, mean, menial ☞ bass 베이스, 낮은 음
abase [əbéis]	깎아 내리다, 낮추다(지위 · 품격) = degrade, disgrace, depreciate
debase [dibéis]	떨어뜨리다(인품 · 품질 · 가치), 저하시키다

bash [bæʃ]	쳐부수다, 충돌·강타하다 ☞ 아주 즐거운 파티
abash [əbǽʃ]	부끄럽게 하다, 쩔쩔매게 하다 = embarrass, bewilder
bashful [bǽʃfəl]	수줍어하는, 숫기 없는 = reserved, reticent, shy

bat [bæt]	치다, 박쥐, 배트 ☞ battle 전투, 전쟁
combat [kámbæt]	전투 = warfare, battle ☞ combatant 전투원, 전투하는
batter [bǽtər]	난타하다, 위축시키다 = beat, buffet, pelt, pound, pummel
battery [bǽtəri]	포병중대, 구타(폭행), 연결된 전지 ☞ 배터리 : 투수와 포수

bate [beit]	억제하다, 누그러뜨리다(행동·감정) = restrain
abate [əbéit]	약화되다, 덜다, 줄다 = diminish, dwindle, flag, lessen 줄이다, 경감하다 = ebb, reduce, subside, wane
debate [dibéit]	토론하다, 논쟁하다 = discuss, argue
rebate [ríːbeit]	반려하다(금액일부), 할인하다(어음) = discount

gobble [gábəl]	삼키다, 게걸스레 먹다 = devour, gorge, gulp
hobble [hábəl]	절뚝거리다 = limp / 더듬거리며 말하다 = stammer 방해하다(방해물), 곤경에 처하게 하다
wobble [wábəl]	흔들리다, 동요하다, 떨리다, 불안정하다 ⓐ wobbly 흔들리는, 불안정한 = shaky, teetering, unsteady

bear [bɛər]	곰, 나르다, 낳다, 열매 맺다 참다 = endure, stand, tolerate ☞ polar bear 북극곰, 흰곰 / polar 극지(極地)의, 정반대의
forbear [fɔːrbɛ́ər]	인내하다, 억제하다 ⓝ forbearance 인내
forebear [fɔ́ːrbɛ̀ər]	선조 = ancestor, progenitor ↔ descendant 후손
bearish [bɛ́əriʃ]	약세의, 비관적인(증시) ↔ bullish 강세의, 희망적인
bearing [bɛ́əriŋ]	태도, 관계, 인내 = manner, relation
overbearing [òuvərbɛ́əriŋ]	오만한, 거만한, 건방진 = arrogant, haughty, pompous

beat [bi:t]	때리다, 패배시키다, 이기다 = defeat, rout, trounce 뛰다(맥박·심장) = pulsate, throb / 담당구역(순경·경비원)
down**beat** [dáunbì:t]	우울한, 비관적인 = dismal, gloomy, melancholy, pessimistic
up**beat** [ʌ́pbì:t]	희망에 찬, 명랑한 = cheerful, hopeful, sanguine
beatify [bi:ǽtəfài]	죽은 자를 시복하다 = bless ☞ bea**u**tify 아름답게 하다

bet [bet]	내기(하다), 단언하다 = gamble, stake, wager ☞ **vet** 진료하다(동물), 검사하다 / 수의사 = **vet**erinarian
a**bet** [əbét]	선동하다, 교사하다 ☞ abet**tor** 선동자, 교사자
gib**bet** [dʒíbit]	교수대, 교수형에 처하다 ☞ guillotine 단두대

bid [bid]	입찰, 노력, 시도 = attempt, try ☞ bidder 입찰자 명령하다 ☞ in a bid to~ : ~하기위해 = in order to
for**bid** [fərbíd]	금하다, 허락하지 않다 = ban, enjoin, interdict, prohibit ☞ forbidden fruits 금단의 열매 ⓐ forbidden 금지된, 금단의
mor**bid** [mɔ́:rbid]	병적인 = pathological / 우울한 = moody, melancholy 섬뜩한 = grisly, gruesome, macabre
ra**bid** [rǽbid]	맹렬한, 미친 듯한, 열광적인, 철저한, 고집불통의 = ardent, frantic, frenetic, frenzied, infuriated, violent ☞ ra**p**id 빠른, 신속한, 민첩한 = speedy, swift
tur**bid** [tə́:rbid]	혼탁한, 혼란된 = muddy, murky ↔ clear 맑은, 분명한

bit [bit]	조금, 소량, 작은 조각 = iota, jot, molecule, particle
de**bit** [débit]	차변(부기), 차변에 기입하다(빚진 금액)
or**bit** [ɔ́:rbit]	궤도, 활동·세력범위 ☞ orbit**er** 궤도비행체 / **arb**iter 조정자
rab**bit** [rǽbit]	집토끼, 토끼 ☞ hare 산토끼 / tortoise 거북 = turtle
tid**bit** [tídbìt]	화제뉴스(토픽기사), 한 입의 진미(珍味)

blanch [blæntʃ]	표백시키다, 바래다 = bleach, blench, pale, whiten
branch [bræntʃ]	가지, 지점, 분점 ☞ br**u**nch 늦은 아침식사(breakfast + lunch)

blunt [blʌnt]	무딘(칼날·비판·세력) = dull, obtuse / 무디게 하다, 둔화시키다 둔감한(사람·말씨), 무뚝뚝한, 퉁명스런 = brusque, curt, gruff
brunt [brʌnt]	공격의 예봉, 주력 = sharp point, main force ☞ bear(take) the brunt of 감수하다(나쁜 일), 정면으로 맞서다

bode [boud]	~의 징조가 되다, ~의 징후를 보이다, 예감하다 ☞ bode ill(well) for~ : ~에 대한 조짐이 나쁘다(좋다)
abode [əbóud]	집, 거처, 주소 = domicile, dwelling, residence ☞ abide 머무르다, 지속하다 = linger, remain, sojourn, stay
foreboding [fɔ:rbóudiŋ]	예감, 육감, 전조 ☞ omen 전조, 징조 = portent, sign

bomb [bɑm]	폭탄 = explosive, grenade ☞ atomic bomb 원자폭탄 큰 실수 = dud, failure, flop ☞ hydrogen bomb 수소폭탄
bombard [bɑmbá:rd]	포격하다, 몰아세우다 ⓝ bombardment 포격, 폭격
bombast [bámbæst]	호언장담, 과장된말 ⓐ bombastic 허풍떠는, 과장한

bond [bɑnd]	유대(결속), 증서, 채권 ☞ bail 보석(保釋) / parole 집행유예 ☞ bond market 채권시장 / stock market 증권시장
bondage [bándidʒ]	속박, 굴종, 노예상태 = servitude, slavery, captivity
vagabond [vǽgəbɑ̀nd]	부랑자, 방랑자 = drifter, gypsy, rambler, wanderer

boot [bu:t]	이롭다, 쓸모 있다 ☞ bootless 무익한, 헛된 = vain, futile
booter [bú:tər]	축구선수 ☞ freebooter 해적 = pirate
booty [bú:ti]	전리품, 노획물 = loot, plunder, prize, trophy

ill-bred [ilbréd]	버릇없는, 불손한 = impolite, indecorous, uncouth, rude
unbred [ʌ̀nbréd]	배우지 못한, 교육받지 못한 = ignorant, illiterate, untaught
well-bred [wélbréd]	예절바르게 자란 ☞ ~ bred ~ 하게 자란 = considerate, cordial, courteous, polite ☞ breed 낳다(동물), 기르다 = foster

budge [bʌdʒ]	조금 움직이다, 양보하다, 바꾸다(의견)　☞ ba**dge** 휘장 배지
bu**lge** [bʌldʒ]	부풀다, (갑자기)늘어나다　☞ di**vulge** 누설하다, 폭로하다

buff [bʌf]	광, 팬 = fan, maniac 완화하다(충격) / 물소가죽　☞ **buff**alo 물소
re**buff** [ribʌ́f]	거절하다, 좌절시키다 = reject, refuse, repudiate, spurn
buffet [bʌ́fit]	치다, 타격을 입히다(재난·풍파) = batter, pummel, smite ☞ 식당(뷔페 : 손님이 직접 차려 먹는)
buffoon [bəfúːn]	어릿광대, 익살꾼 = clown, joker ☞ **buff**oon**ery** 익살, 해학

bull [bul]	황소, 조작하다, 허풍떨다 ↔ cow 암소, 으르다, 협박하다 ☞ **bull**et 탄알, 추(낚시) / **bull**i**on** 금·은괴
bu**ll**y [búli]	불량배, 골목대장, 으스대는 사람 들볶다, 으스대다 = intimidate, menace, rack

bundle [bʌ́ndl]	묶음, 꾸러미 ☞ **bun**ch 다발, 송이 = cluster 집단(한 덩어리)
bu**ngle** [bʌ́ŋgl]	망치다, 서투른 솜씨 = spoil, blunder, botch

bust [bʌst]	실패, 파산, 흉상 / 파열·파산하다　☞ go **bust** 파산하다 ☞ **dust** 먼지, 무가치한 것　ⓐ **dusty** 먼지투성이의
ro**bust** [roubʌ́st]	원기 왕성한, 번성하는, 강건한 = stout, firm, sturdy, stalwart
buster [bʌ́stər]	파괴자, 굉장한 것　☞ 거대한 물건, 거한(巨漢) ☞ **block**buster 대히트(작), 큰돈 들인 영화
burst [bəːrst]	갑자기 ~하다, 파열·폭발하다 = explode, rupture, erupt ☞ **burst** into tears 갑자기 울다 = **burst** out tearing

abut [əbʌ́t]	접경하다(토지·국경)
de**but** [deibjúː]	첫 무대출연, 데뷔하다　☞ 사교계에 처음 나가다
re**but** [ribʌ́t]	논박하다, 반박하다 = disprove, refute

buy [bai]	사다, 구입하다 = purchase ↔ sell 팔다, 매도·매각하다
	☞ buy into 주식을 매입하다 (경영권 행사를 위해)
	☞ buy off 매수하다 (반대자에게 돈 or 뇌물을 주어)
	☞ buy out 매점하다 (공동 지분자의 상대방 지분을 사서)
buoy [búːi]	부표(로 표시하다), 북 돋우다 (희망·용기·이익), 떠받치다
	☞ buoyant 쾌활한, 안정되고 활력 있는 (시장·경제·가격), 상승세의

Regrouping C

cache [kæʃ]	은닉처, 숨겨두는 장소 = hiding place
cachet [kæʃéi]	공식 인가표시, 특징, 우수성 ☞ cash 현금, 현물(증권)

call [kɔːl]	부르다, 전화하다, 방문하다 ☞ calling 부름, 통화, 방문 ☞ name-calling 욕설, 험담하기 / name 이름(을 붙이다), 명성
calling [kɔ́ːliŋ]	직업, 천직 = vocation, career, occupation, profession
callous [kǽləs]	무감각한(피부가 굳은) = insensitive, deadened, numb 냉담한 = cold-hearted, heartless, obdurate ☞ callus 굳은살, 못, 피부경결(硬結)
recall [rikɔ́ːl]	국민소환, 회수하다, 취소·철회하다

canny [kǽni]	현명한, 빈틈없는, 주의 깊은 = cautious, clever, shrewd
uncanny [ʌnkǽni]	신비한, 초인적인 = mysterious, extraordinary 무시무시한 = scary, spooky

cant [kænt]	유행어, 은어(변말) = jargon, lingo, argot
decant [dikǽnt]	가만히 따르다(액체·용액), 이동시키다
recant [rikǽnt]	철회하다, 취소하다(신앙·주장) = disavow, rescind, disclaim
scant [skænt]	불충분한, 부족한 = deficient, insufficient, scanty
canter [kǽntər]	캔터, 느린 구보(마술·승마), 천천히 구보하다

cap [kæp]	최고치, 정상 / 수위를 차지하다, 온통 덮어버리다 / 저지(하다)
capsize [kǽpsaiz]	뒤집다(배), 전복시키다 = overturn, tip over, upset ☞ size 크기, 범위, 규모, 치수(를 재다)
captain [kǽptin]	장(長), 선장, 주장, 대위

cap**tion** [kǽpʃən]	표제, 제목, 자막 ☞ yellow cap 택시기사	
ca**rp** [kɑ:rp]	흠을 잡다, 잉어 ⓐ carp**ing** 흠잡는	

captive [kǽptiv]	포로(의), 사랑의 노예 = prisoner, slave, bond, servant
cap**tivity** [kæptívəti]	사로잡힘, 감금, 속박
cap**tivation** [kæptəvéiʃən]	매혹, 매료 ⓐ captivated 매료된, 매혹된
	ⓥ captivate 매혹하다, 마음을 사로잡다 = allure, fascinate

card [kɑ:rd]	수단, 방책 / 카드, 판지(板紙)
	☞ ID card 신분증명서
	☞ **id**entification 동일함의 증명 / identity 정체성
discard [diskɑ́:rd]	버리다, 포기하다 = abandon, jettison, scrap
placard [plǽkɑ:rd]	플래카드, 게시하다 (간판형태)
card**iac** [kɑ́:rdiæk]	심장의 ☞ cardiac **ar**rest 심장마비
	☞ cardiac bypass operation (surgery) 심장이식수술
card**inal** [kɑ́:rdənl]	주요한, 진홍색의, 추기경
	☞ pope 교황 / **arch**bishop 대주교

carnage [kɑ́:rnidʒ]	살육, 대량학살 = bloodshed, butchery, killing, slaughter
carn**al** [kɑ́:rnl]	육체의, 육욕적인 = lewd, obscene ⓝ carn**ality** 육욕, 음탕
recarn**ate** [rìːinkɑ́:rneit]	환생시키다 ☞ carn**ivorous** 육식성의

cast [kæst]	던지다, 주조하다, 배역을 주다 ☞ cast**e** 카스트, 특권계급
downcast [dáunkæ̀st]	풀이 죽은, 기가 꺾인 = dejected, despondent, crestfallen
forecast [fɔ́:rkæ̀st]	일기예보 하다
	☞ predict, foretell, prophesy 예언하다
overcast [òuvərkǽst]	구름으로 덮다, 흐리게 하다, 어둡게 하다 = overshadow
recast [ri:kǽst]	개조(개작)하다, 배역을 바꾸다
telecast [téləkæ̀st]	TV방송, TV방송을 하다 = **broad**cast
cast**le** [kǽsl]	성, 대저택 = chateau, mansion, palace
	☞ build a castle in the air 공중누각을 쌓다, 공상에 잠기다

catapult [kǽtəpʌ̀lt]	투석기, 발사장치 / (갑자기 어떤 상황에) 처하게 되다(into, to)
cataract [kǽtərækt]	백내장, 큰 폭포 ☞ cascade (작은)폭포
catastrophe [kətǽstrəfi]	파국, 대재앙 = calamity, debacle, havoc, fiasco

caution [kɔ́:ʃən]	조심(시키다), 경고(하다) = canniness, circumspection, warning
pre**caution** [prikɔ́:ʃən]	경계, 예방 ☞ precautionary measures 예방책

accident [ǽksidənt]	사고, 우연 = incident
Occident [áksədənt]	서양 ↔ Orient 동양, 동쪽으로 향함

cede [si:d]	양도하다(권리), 할양하다(영토) = relinquish, surrender, waive
ac**cede** [æksí:d]	오르다(왕위·지위) ⓝ accession 즉위, 취임, 근접, 접근 동의·가입하다, 요구에 응하다 = acquiesce, assent, consent
con**cede** [kənsí:d]	인정하다, 시인하다, 용인·부여하다 = acknowledge, acquiesce
inter**cede** [ìntərsí:d]	중재하다, 조정하다 = intervene, mediate, negotiate
pre**cede** [prisí:d]	선행하다, 앞서다 = antecede, antedate, forerun, outrun
re**cede** [risí:d]	물러나다, 약해지다 = diminish, dwindle, retract, retreat
se**cede** [sisí:d]	탈퇴하다(교회·정당), 분리하다 ⓝ secession 탈퇴, 분리

exceed [iksí:d]	넘다, 초과하다, ~보다 뛰어나다 = better, excel, outstrip
pro**ceed** [prousí:d]	진행하다, 나아가다 = advance, continue, go, move, progress
suc**ceed** [səksí:d]	성공하다(~in), 계승하다(~to) ☞ accomplish, achieve 이루다, 성취하다

conceive [kənsí:v]	마음에 품다, 생각하다, 임신하다
de**ceive** [disí:v]	속이다, 기만하다 = cheat, defraud, swindle ☞ undeceive 깨우쳐주다(미망:迷妄), 깨닫게 하다(잘못)
per**ceive** [pərsí:v]	감지하다(감각), 지각하다 ⓝ perception 지각, 인식
re**ceive** [risí:v]	받다, 환영하다, 접수(수취·수신)하다

cel**ebrate** [séləbrèit]	축하하다, 경축하다 = commemorate, congratulate
cer**ebrate** [sérəbrèit]	뇌를 쓰다, 생각하다 = think, contemplate, meditate, ponder ⓝ cerebration 대뇌작용, 사고, 사색 ⓐ cerebric 대뇌의
cal**ibrate** [kǽləbrèit]	눈금을 빠르게 조정하다, 측정하다 = measure

celerity [səlérəti]	신속, 민첩함 = alacrity, expedience ↔ torpor 마비, 지둔
celeb**rity** [səlébrəti]	유명인 = bigwig, luminary ⓐ celebrated 유명한 명성 = dignitary, eminence, fame, renown

cense [sens]	~에 향을 피우다, 분향하고 예배하다 ☞ sense 감각, 의미
incense [ínsens]	성나게 하다, 격앙시키다, 향(香), 향냄새
license [láisəns]	면허(허가증), 방종 ☞ licentious 방탕한, 방종한

centric [séntrik]	중심의, 중추의, 신경중추의
concentric [kənséntrik]	동심(同心)의, 중심이 같은, 집중적인 = homocentric
eccentric [ikséntrik]	중심을 벗어난, 보통과 다른, 괴짜인

accept [æksépt]	받아들이다 ⓝ acceptance 수락, 인정
concept [kánsept]	개념, 새로운 착상의
intercept [ìntərsépt]	도중에서 빼앗다, 가로막다 = thwart 방해하다
percept [pə́ːrsept]	지각(知覺)대상, 지각표상(表象)
precept [príːsept]	가르침, 교훈 = instruction, lesson, teaching 격언 = adage, aphorism, maxim, proverb, saying

conception [kənsépʃən]	구상, 임신 ☞ conceit 자부심, 자만
deception [disépʃən]	사기, 속임 ☞ deceit 속임, 책략
exception [iksépʃən]	예외 = exclusion, exemption(면제)
inception [insépʃən]	시작, 발단 = commencement ⓐ incipient 시초의, 발단의
interception [ìntərsépʃən]	도중에서 빼앗음, 차단, 방해, 요격, 저지

perception [pərsépʃən]	지각, 인식 = discernment, insight
reception [risépʃən]	접대, 환영(회), 리셉션 ☞ receipt 영수증, 수령
	☞ receptionist 접수계원 / recipient 수령자, 수령하는

deceptive [diséptiv]	사기의, 현혹하는 = delusive, deceitful, false, fraudulent
perceptive [pərséptiv]	지각하는, 통찰력이 있는 = discerning, insightful, observant
preceptive [priséptiv]	교훈의, 교훈적인 = instructive, edifying
receptive [riséptiv]	이해가 빠른 = comprehensive 감수성이 예민한 = sensitive

ceremony [sérəmòuni]	의식, 의전, 예의(법) = protocol / proprieties 예의범절 ☞ MC = Master Of Ceremony 사회자
ceremonial [sèrəmóuniəl]	의식의(격식을 차린), 공식의
ceremonious [sèrəmóuniəs]	예의의, 격식을 차리는 ↔ unceremonious 소탈한, 허물없는 ☞ unceremoniously 허물없이, 경솔하게

access [ǽkses]	접근(하다), 진입로, 발작(병·화) ☞ abscess 종기 ☞ accessory 공범자, 방조자 = accomplice, conspirator
excess [iksés]	초과, 지나침, 부절제
process [práses]	진행, 과정, 처리·가공하다(식품) ☞ processing 처리, 수속 ☞ reprocess 재가공하다 ⓥ proceed 진행하다, 나아가다 / procedure 절차
recess [ríːses]	휴식, 휴회(정) = intermission, pause, respite ☞ We are in recess. 정회합니다.
success [səksés]	성공, 성취 ⓐ successful 성공적인 / succeed in 성공하다
incessant [insésənt]	끊임없는 = ceaseless, interminable, unceasing

cession [séʃən]	양도(권리), 양여(재산), 할양(영토)
accession [ækséʃən]	취임(통치자), 즉위, 승계 / 근접, 도달 / 취득, 상속, 계승
concession [kənséʃən]	양보, 용인, 허가, 면허, 조계(租界) ⓥ concede 인정·시인하다

inter**cession** [ìntərséʃən]	중재, 조정, 알선 ⓥ inter**cede** 중재하다, 조정하다
pro**cession** [prəséʃən]	행렬, 행진, 전진 = march, parade
	☞ proceed**s** 소득, 수익 = earning**s**, income, revenue
re**cession** [riséʃən]	불경기, 침체 = slump
se**cession** [siséʃən]	탈퇴, 분리, 이탈 ⓥ se**cede** 탈퇴하다, 분리하다
suc**cession** [səkséʃən]	연속, 계승
	ⓐ success**ive** 연속적인 / succeed to 계승하다

chair [tʃɛər]	착석 시키다, 의장직을 맡다
arm**chair** [áːrmtʃɛ̀ər]	이론뿐인, 관념적인 / 안락의자
chairman [tʃɛ́ərmən]	의장, 회장, 위원장 = chair**person**

change [tʃeindʒ]	바꾸다, 교환하다 ☞ 변화, 거스름돈(잔돈), 우수리
	☞ **change**over 정책변경, 내각경질, 대체(설비)
	☞ keep chang**ing** 계속 변동하다
ex**change** [ikstʃéindʒl]	교환하다, 둘이서로 바꾸다 = barter, swap, trade
	☞ foreign exchange crisis 외환위기
inter**change** [ìntərtʃéindʒ]	입체교차(고속도로), 인터체인지

chant [tʃænt]	노래(성가) 부르다, 찬송하다 = hymn, anthem, psalm
en**chant** [entʃǽnt]	매혹하다, 호리다 = captivate, charm, enthrall, fascinate
mer**chant** [mə́ːrtʃənt]	상인 ☞ **merchandise** 상품 = goods, commodities, stock
pen**chant** [péntʃənt]	취미, 기호, 경향 = bent, inclination, propensity, tendency
tren**chant** [tréntʃənt]	통렬한, 날카로운 = keen, acute, incisive, caustic

charge [tʃɑːrdʒ]	청구·충전하다, 장전·고발하다
	☞ additional charges 추가힘의
dis**charge** [distʃɑ́ːrdʒ]	해임·해고하다, 면직하다 = dismiss, fire, sack
	하역·방전·방출하다, 퇴원·제대·면제하다
counter**charge** [káuntərtʃɑ̀ːrdʒ]	맞고소(하다) = counter**claim**

surcharge [sə́:rtʃɑ̀:rdʒ]	부당내부거래(부당청구), 추가요금 ☞ service-charge 서비스요금 / service 봉사, 근무, 교통편

chart [tʃɑːrt]	도표, 해도, 계획·입안하다 = draft, outline, plan, scheme 면밀히 관찰·기록하다 ☞ charts 괘도 ☞ **un**charted 미지의, 해도(지도)에 실려 있지 않은
charter [tʃɑ́ːrtər]	헌장, 특허장 ☞ cha**p**ter 책, 논문의 장(章) ☞ 유엔 헌장 : the Charter of the United Nations

chase [tʃeis]	추적하다, 추격하다 = hunt, pursue, stalk, trail 애쓰다, 추구하다 = seek, strive, struggle ☞ chase**r** 추격자, 독한 술 뒤에 마시는 음료(물·탄산수)
purchase [pə́:rtʃəs]	구입하다, 구매하다 = buy, obtain, procure

chat [tʃæt]	잡담하다, 이야기하다 = chatter, converse, gab
chattel [tʃǽtl]	동산(動産), 가재(家財) ☞ goods and chattels 가재도구 ↔ real estate 부동산 / estate 토지, 재산
chatter [tʃǽtər]	수다 떨다, 지껄이다 = babble, gab, chat, prate, prattle ☞ chatterbox 수다쟁이 = bigmouth

chemist [kémist]	화학자, 약사(영) ⓝ chemistry 화학 / mist 안개
alchemist [ǽlkəmist]	연금술사(師) ⓝ alchemy 연금술

chic [ʃiːk]	멋, 세련 / 멋진, 세련된 = fashionable, smart, stylish
chicanery [ʃikéinəri]	꾸며댐, 발뺌, 속임수

chief [tʃiːf]	주요한, 최고의, 장(長) ☞ chef 요리사, 주방장 = cook ☞ Communist Party Chief 공산당 서기장
chieftain [tʃíːftən]	두목, 수령, 추장 = boss, chief, head, leader
mischief [místʃif]	짓궂음, 손해, 해악(害惡) ☞ harm 해 ↔ good 이익 ⓐ mischievous 유해한, 장난기 있는 = playful

child [tʃaild]	소산, 산물, 어린이 ☞ brain child 두뇌의 소산
childish [tʃáildiʃ]	유치한(어린애 같은) = immature, infantile, juvenile, puerile
childlike [tʃáildlàik]	천진난만한(어린애 다운) ↔ sophisticated 순진하지 않은, 세련된

chronic [kránik]	만성의 ↔ acute 급성의 ☞ cute 귀여운, 멋진 ☞ chronic disease 만성질환 / ailment 병(만성), 우환
diachronic [dàiəkránik]	통시적(通時的)인 (언어 사실을 사적(史的)으로 연구·기술하는 입장)
synchronic [siŋkránik]	공시적(共時的)인 (언어를 시대마다 구분하여 사적(史的) 배경을 배제하여 연구하는)
chronicle [kránikl]	연대기, 역대기(성서) = annals

chronology [krənálədʒi]	연대학(기), 연대순배열(전후 관계) ⓐ chronological 연대순으로 배열한, 연대의
chronometer [krənámitər]	경선의(經線儀), 정밀시계 ☞ meter 측정 장치
anachronism [ənǽkrənìzəm]	시대착오 ⓐ anachronous 시대착오적인
synchronize [síŋkrənàiz]	시간을 같게 하다, 동시성을 갖추다

coincide [kòuinsáid]	동시에 발생하다·일어나다, 일치하다(의견·성질)
decide [disáid]	해결·판결하다, 결심하다 = determine, resolve, settle ⓐ decisive 결정적인, 단호한 ⓝ decision 결정, 결심
genocide [dʒénəsàid]	대량학살(계획적), 민족근절 ☞ holocaust 대학살(유대인)
homicide [háməsàid]	살인(죄·행위), 살인범 ☞ murder 살인 = slay 살해하다 ☞ justifiable homicide 정당방위적인 살인
suicide [sú:əsàid]	자살(자), 자살행위 ☞ commit suicide 자살하다

fratricide [frǽtrəsàid]	형제살해(죄·행위) ⓐ fratricidal 동족상잔의(내란)
matricide [méitrəsàid]	모친 살해(죄·행위) ⓐ matricidal 어머니를 죽인
parricide [pǽrəsàid]	어버이살해(존속살인자), 군주시역, 반역(자) ⓐ parricidal
patricide [pǽtrəsàid]	부친 살해범(죄) ⓐ patricidal

circa [sə́:rkə]	대략, 경(연도 등) = approximately
circle [sə́:rkl]	원, 원주, 순환선, 순환도로 ☞ semicircle 반원, 반원형
circuit [sə́:rkit]	순회, 우회 ⓐ circuitous 우회하는, 완곡한
circulation [sə̀:rkjəléiʃən]	순환, 유통, 발행부수 ⓐ circular 순환성의, 일주하는 ☞ 광고매체의 양적인 전달·유포의 정도

circumcision [sə̀:rkəmsíʒən]	할례(유태교), 포경수술, 번뇌를 없앰 ☞ circumcision ceremony(operation) 할례의식(포경수술)
circumference [sərkʌ́mfərəns]	원주, 영역, 경계선 = perimeter, periphery
circumnavigate [sə̀:rkəmnǽvəgèit]	주항하다, 배로 일주하다 ☞ navigator 항해자, 조정자
circumpolar [sə̀:rkəmpóulər]	극지부근의(지구) ☞ polar 극지(極地)의, 정반대의
circumspect [sə́:rkəmspèkt]	신중한, 주의 깊은 = cautious, deliberate, meticulous, wary
circumvent [sə̀:rkəmvént]	우회하다, 의표를 찌르다 회피하다 = avoid, elude ☞ detour 우회(로), 돌아 가게하다
circumvolution [sə̀:rkəmvəljú:ʃən]	빙빙 돎, 회전, 일주 = circulation, rotation

concise [kənsáis]	간결한, 간명한 = brief, laconic, succinct
incise [insáiz]	베다, 절개하다(쨰다), 새기다(무늬·문자) ☞ incisive 날카로운, 신랄한, 통렬한, 명료한 = pungent, succinct, terse
precise [prisáis]	정밀한, 정확한 = accurate, exact, meticulous ☞ precisely 정확하게 = accurately, exactly

cite [sait]	인용하다, 예증하다(구절·판례) = quote ⓝ quotation 인용 ☞ site 위치, 용지(장소) = location, place
excite [iksáit]	흥분시키다, 자극하다 ⓝ excitement 흥미진진함 ☞ exciting 흥분 시키는 / excited 흥분되는

incite [insáit]	자극하다, 선동하다 = foment, instigate, stimulate, stir 격려하다 = encourage, galvanize ⓝ incitement
recite [risáit]	암송하다 ⓝ recital 암송, 독주(회) ☞ recipe 요리법, 처방

civil [sívəl]	공손한, 민사의, 민간의, 국내의, 시민의, 문명의 ☞ civil rights movement 민권운동 / civil news 국내소식
civilian [sivíljən]	민간인(의) ↔ combatant 전투원 / noncombatant 비전투원
civility [sivíləti]	공손 ☞ citizen 시민 / city 도시 ☞ civil law 민법 ↔ criminal law 형법 ☞ criminal 형사상의, 범죄자
civilization [sìvəlizéiʃən]	문명, 문명사회 ⓐ civilized 문명화된 ☞ culture 문화

claim [kleim]	주장, 청구, 요구하다(권리·사실) = assert, declare, maintain ☞ clamor 아우성, 논쟁, 싸움 / 요구하다, 왁자지껄 떠들다
acclaim [əkléim]	갈채하다, 환호하다 = applaud, eulogize, extol, praise ⓝ acclamation 갈채, 환호 = applause
declaim [dikléim]	연설·낭독하다, 변론하다(미사여구 사용) = orate
disclaim [diskléim]	포기하다(권리), 거절하다(요구) = forswear, renounce, repudiate
exclaim [ikskléim]	외치다(감탄해서) = ejaculate, shout, vociferate, yell ⓝ exclamation 감탄(사) = ejaculation, vociferation
proclaim [proukléim]	선언하다(국가적 중대사) ⓝ proclamation 포고, 선언 ☞ self-proclaimed 자칭(自稱)

class [klæs]	종류, 등급, 계급, 학급, 고급, 우수 ☞ crass 심한, 지독한
classic [klǽsik]	일류의, 고전의 / 고전(작품), 명작, 걸작 ☞ classicism 고전주의 ☞ neoclassic 신고전주의의(예술계) / postmodern 후기근대파의
classical [klǽsikəl]	고전적인, 정통파의, 모범적인 = archetypal, typical ☞ classical music 고전음악 / popular music 대중음악
classified [klǽsəfàid]	분류된, 항목별의, 비밀의 ☞ classify ~을 분류하다

conclave [kánkleiv]	비밀회의, 교황선거회의(추기경단) ☞ pope 로마교황 ☞ cardinal 추기경 / bishop 주교 / **arch**bishop 대주교	
enclave [énkleiv]	타국 영토로 둘러싸인 지역, 소수민족집단(타민족 속에 고립된)	
exclave [ékskleiv]	본국에서 떨어져 다른 나라 영토에 둘러싸인 영토	

clear [kliər]	맑게 하다, 제거하다 = absolve, acquit, exonerate, remove ☞ clear up 해결하다(문제·사건) / cleaning up 청소
nuclear [njúːkliər]	핵무기(의), 핵미사일 = nuclear weapon = nuke ☞ go nuclear 핵으로 무장하다, 핵보유국이 되다 ☞ nuclear test ban 핵실험 금지
thermonuclear [θə̀ːrmənjúːkliər]	열핵(熱核)의, 원자핵융합반응의 ☞ thermo 열(熱)의 뜻 ☞ thermonuclear reaction 열(원자)핵반응

cline [klain]	클라인, 연속변이 ☞ **ac**clivity 오르막 경사 ↔ **de**clivity 경사, 내리받이
decline [dikláin]	쇠퇴하다, 기울다 = dwindle, wane, weaken
incline [inkláin]	경향이 있다, 기울이다 = bend, lean, tend, trend ⓝ inclination 경향 = tendency
recline [rikláin]	기대게 하다, 기대다 = lean 의지하다 = count on, depend on, lean on, rely on

clone [kloun]	복제생물(복제품), 복제하다 ☞ lone 혼자의, 외로운
cyclone [sáikloun]	대 선풍, 큰 회오리바람 = tornado

close [klouz]	닫다, 종결·타결하다 ☞ close**t** 벽장, 밀담하다
disclose [disklóuz]	나타내다, 드러내다 = divulge, expose, uncover, unveil
enclose [enklóuz]	둘러싸다, 둘러막다, 에워싸다 = envelop, surround
recluse [riklúːs]	은둔자 = hermit, introvert, loner ☞ clause 조항

conclude [kənklúːd]	결론짓다, 조약체결하다 = decide, determine, resolve ☞ To be conclude : 다음 회에 완결(연재물)

ex**clude** [iksklú:d]	배제·배척하다, 제외하다 = except ⓝ ex**clusion** 배제
in**clude** [inklú:d]	포함하다(시키다), 넣다 = contain ⓝ in**clusion** 포함
oc**clude** [əklú:d]	막다(통로·구멍·출입), 흡수하다(화학), 폐색하다(기상)
pre**clude** [priklú:d]	막다, 배제하다 = hamper, impede, obstruct, prevent
se**clude** [siklú:d]	격리하다, 은둔하다 = insulate, isolate, separate, sequester

conclusive [kənklú:siv]	결정적인, 단호한 = decisive, definite, irrefutable ⓝ **con**clusion 결말, 결론(최종적 해결), 체결(조약)
ex**clusive** [iksklúsiv]	배타적인, 독점적인, 고급의, 일류의
in**clusive** [inklú:siv]	포함한, 총괄적인 = comprising, including

clutch [klʌtʃ]	붙들다, 꼭 잡다 = clench, grasp, grip, seize
crutch [krʌtʃ]	목발, 버팀, 지주(支柱) ☞ prop 지주 / pillar 기둥

coal [koul]	석탄(을 공급하다) ☞ **g**oal 목표, 목적, 득점
char**coal** [tʃɑ́:rkòul]	숯, 목탄 ☞ char 숯으로 만들다 / chart 계획하다, 기록하다
coalition [kòuəlíʃən]	연합, 연립(정치적), 제휴(提携) = affiliation, alliance ☞ **coal**esce 연합하다, 합체하다 / **coal**escent 연합한, 합체한

code [koud]	암호(신호법) = password, cryptogram(graph) 법전 = laws, regulations, statutes
de**code** [di:kóud]	해독·번역하다(암호문) = de**crypt** ☞ **crypt** 암호문, 토굴
en**code** [enkóud]	암호화하다, 부호매기다 = en**crypt** ⓝ en**cryption** 암호화
codify [kάdəfài]	성문화하다, 법전으로 편찬하다 ☞ **cod**ifier 법전 편찬자

col**lision** [kəlíʒən]	충돌, 알력 = accident, crash, impact, wreck ⓥ col**lide** 충돌하다, 상충되다
col**lusion** [kəlú:ʒən]	공모, 결탁 = complicity, conspiracy, intrigue, plot ⓥ col**lude** 결탁하다, 공모하다

colon [kóulən]	콜론(:) ☞ 설명 구·인용구의 앞 따위에 써서 문·절의 쉼표와 구별함
semi**colon** [sémikòulən]	세미콜론(;) ☞ period(.)보다 약하고, comma(,) 보다는 강한 구두점
colonnade [kàlənéid]	열주(例柱 : 지붕을 받치는), 주랑
colonial [kəlóuniəl]	식민지의 ⓝ colony 식민지, 거류민, 집단 ☞ colonist 식민지 이주자, 일시적 이주자(선거를 위한)
neo**colon**ialism [nì:oukəlóuniəlìzəm]	신식민주의(제2차 세계대전 후)

color [kʌ́lər]	색, 빛깔, 색채 ☞ colors 물감
de**color** [di:kʌ́lər]	탈색하다, 표백하다 = blanch, bleach
dis**color** [diskʌ́lər]	변색·퇴색시키다 / 더럽히다 = soil, stain

come [kʌm]	오다, 도래하다 = arrive ☞ comedy 희극 ↔ tragedy 비극 ☞ comet 혜성, 살별 ⓐ cometary 혜성 같은
be**come** [bikʌ́m]	~이 되다, 어울리다 = match 어울리다 ☞ becoming 어울리는, 걸맞은 ↔ unbecoming 어울리지 않는
in**come** [ínkʌm]	수입, 소득 = remuneration, revenue(세입) ↔ outgo 지출 ☞ disposable income 가처분소득 / disposable 처분할 수 있는
out**come** [áutkʌ̀m]	결과, 성과 = aftermath, consequence, effect, result
over**come** [òuvərkʌ́m]	극복하다 = surmount, tide over, get over
wel**come** [wélkəm]	어서 오십시오, 환영하다, 환영하는 ↔ unwelcome, farewell
comely [kʌ́mli]	잘생긴, 매력적인 = handsome, winsome, beautiful ↔ homely 못생긴, 가정적인 = ugly, plain, unattractive
come-out [kʌ́màut]	나오다, 꽃피다, 출판하다, 드러나다 = appear, publish, reveal ☞ coming-out 동성애자가 자신의 성(性)정체성을 공개적으로 드러냄
short**coming** [ʃɔ́:rtkʌ̀miŋ]	결점, 단점, 결핍, 부족 = defect, fault, foible
up**coming** [ʌ́pkʌ̀miŋ]	곧 생길, 다가오는 = forthcoming, imminent, impending

comment [kámənt]	논평, 견해 = remark, opinion, criticism, review
commentary [kámən tèri]	실황방송(라디오·TV), 주석(서) = annotation, footnote, gloss

commit [kəmít]	위탁하다, 저지르다(죄) ⓝ commitment 서약, 위탁, 범행 ☞ commit fraud (crime · suicide) 사기 치다(죄짓다 · 자살하다)	
committee [kəmíti]	위원회 = board, panel, council ☞ the planning committee 기획위원회	
noncommittal [nànkəmítl]	막연한, 애매한 = ambiguous, equivocal, indefinite	

common [kámən]	공통의, 일반의, 보통의 = general, normal, ordinary, usual ☞ common law 관습법 / regulations 조례 / rule 규칙
commonplace [kámənplèis]	흔해빠진(일), 평범한(일) ☞ place 두다, 배치하다
commonsense [kámənséns]	상식 ☞ sense 감각, 느낌, 분별력, 의미
uncommon [ʌnkámən]	보통이 아닌, 예사롭지 않은 = extraordinary, unusual

commune [kəmjú:n]	교제하다, 이야기하다(친하게) ☞ 지방 자치체
communication [kəmjù:nəkéiʃən]	전달, 통신, 연락 ⓥ communicate 전달하다
communism [kámjənìzəm]	공산주의 ☞ communist 공산주의자
community [kəmjú:nəti]	공동사회 ☞ society 사회 / socialist 사회주의자

company [kʌ́mpəni]	교제, 친구, 회사, 동료 ☞ companion 동료, 동무 = comrade
accompany [əkʌ́mpəni]	동반하다, 반주하다(음악) ⓝ accompaniment 부속물, 첨가물 ☞ unaccompanied 동반 · 동행하지 않은, 무반주의(음악)

compare [kəmpɛ́ər]	필적하다, 비교 · 비유하다 ⓝ comparison 비교, 비유, 유사
comparable [kámpərəbəl]	필적하는, 상응하는 = analogous, like, similar
comparative [kəmpǽrətiv]	비교적인, 상대적인 ☞ 비교급

compete [kəmpí:t]	경쟁하다, 겨루다 ☞ competitor 경쟁자 = rival ⓐ competitive 경쟁하는 ⓝ competition 경쟁, 시합 = contest, rivalry

competent [kámpətənt]	유능한, 적임의, 자격이 있는 = qualified ⓝ competence 능력, 권능 = ability	
complete [kəmplíːt]	완전한, 완성하다 ⓝ completion 성취, 완성	

complement [kámpləmənt]	보어, 보충(보완하는 것) = supplement, addition
compliment [kámpləmənt]	경의(칭찬), 아첨 ⓐ complimentary 칭찬하는, 무료의

concert [kánsərt]	제휴, 합주, 연주회 ☞ concerto 협주곡, 콘체르토 ☞ performance 공연 / recital 독주(회)
disconcert [dìskənsə́ːrt]	당황하게하다, 좌절시키다 = bewilder, embarrass, perplex

conductor [kəndʌ́ktər]	전도체, 안내자, 차장, 지휘자 ☞ conductive 전도(성)의
semiconductor [sèmikəndʌ́ktər]	반도체
superconductor [sùːpərkəndʌ́ktər]	초전도체 ☞ superconductivity 초전도(현상)

confident [kánfidənt]	확신하는, 자신이 있는 = assured, sanguine ↔ diffident 숫기 없는, 자신 없는 = reserved, reticent ⓝ confidence 신뢰, 자신, 확신
confidential [kànfidénʃəl]	기밀의, 은밀한 = secret, classified
confidant [kànfidǽnt]	친한 친구 = crony, chum / confidante 여성형

conscious [kánʃəs]	의식적인 ⓝ consciousness 의식
semiconscious [sèmikánʃəs]	반의식이 있는
subconscious [sʌbkánʃəs]	잠재의식적인, 어렴풋이 의식하고 있는
unconscious [ʌnkánʃəs]	무의식적인 ⓝ unconsciousness 무의식

consider [kənsídər]	숙고하다, 고려하다 = contemplate, deliberate, ponder, weigh
considerate [kənsídərit]	사려 깊은, 동정심 있는 ⓝ consideration 고려, 동정
considerable [kənsídərəbəl]	상당한, 고려할 만한 ☞ considering ~을 고려하여

contempt [kəntémpt]	경멸, 모욕(죄) = disdain, scorn ☞ tempt 유혹하다
contemptible [kəntémptəbəl]	비열한, 경멸할만한 = mean, odious, vile
contemptuous [kəntémptʃuəs]	얕보는, 모욕·경멸적인 = disdainful, haughty, scornful

continue [kəntínju:]	계속하다, 연기하다 = proceed, last, carry on
continual [kəntínjuəl]	잇따른, 계속 되풀이되는 ☞ To be continued 다음호에 계속
continuous [kəntínjuəs]	끊임없는, 연속적인 ⓝ continuity 연속성, 방송대본(콘티)

contra [kántrə]	반대의견(투표), 반론 ☞ 반대, 역
contrary [kántreri]	완전반대(의) = opposite, antithetic, contradictory, counter
contrast [kántræst]	대조(법), 대비 ☞ comparison 비교, 비유, 필적
contraband [kántrəbænd]	밀수, 암거래(품) = smuggle ☞ band 한 무리의 사람, 악단

convey [kənvéi]	운송하다, 전달하다 = transport, transmit, bear, carry ☞ survey 개관·관찰하다, 측량·조사하다
convoy [kánvɔi]	호송하다, 호위하다 = escort, usher ☞ envoy 사절(使節)

cord [kɔ:rd]	새끼, 끈(으로 묶다), 코드 ☞ cords 구속, 기반(羈絆) ☞ chord 줄, 현(악기)
accord [əkɔ́:rd]	일치, 조화 / 일치시키다, 조화시키다
concord [káŋkərd]	조화, 일치, 협정 = accord, agreement
discord [dískɔ:rd]	부조화, 불일치 = disaccord, disagreement
record [rékərd]	기록(녹음·녹화)하다, 적어두다 ↔ delete 삭제하다, 지우다 ☞ off the record 비공식의, 공표해서는 안 되는 ☞ keep records 장부를 적다
cordiality [kɔ̀:rdʒiǽləti]	지극한 정, 성심성의의 따뜻한 정 ⓐ cordial 성심성의의

corona [kəróunə]	관(冠), 화관, 광관(光冠) ☞ crown 왕관, 정상, 극치	
coronary [kɔ́:rəneri]	관상의, 심장의 ☞ coronary disease 심장병	
coronation [kɔ̀:rənéiʃən]	대관식(戴冠式), 즉위식(궁전) ☞ oath 맹세, 선서	

corporal [kɔ́:rpərəl]	상등병, 육체의 ☞ corporeal 육체의, 유형의, 물질적인
corporation [kɔ̀:rpəréiʃən]	법인, 유한회사, 조합 ⓐ corporate 기업의, 회사의 ☞ stock corporation 주식회사 / public corporation 공기업 ☞ multinational corporation 다국적기업

corps [kɔ:r]	군단, 단체 ☞ marine corps 해병대
corpse [kɔ:rps]	시체, 송장(사람) = cadaver(해부용) / carcass 시체(짐승)
corpus [kɔ́:rpəs]	신체, 본체(물건) ☞ corpulent 살찐

cost [kɔ:st]	원가, 희생, 비용(이 들다) ☞ cost-cutting plan 원가절감계획 ☞ price 가격 / expense 비용 / sacrifice 희생
ac**cost** [əkɔ́:st]	다가가서 말 걸다 ☞ approach 가까이 가다, 접근
costume [kástju:m]	복장(여성), 의상, 몸차림 = apparel, attire, garb

council [káunsəl]	회의, 평의회 = assembly, conclave, conference
counsel [káunsəl]	상담하다, 충고하다 ☞ counselor 상담자, 충고자

count [kaunt]	세다, 계산하다, 믿다 ☞ 백작 = earl(영국)
ac**count** [əkáunt]	계산(서), 이유, 설명, 계좌 ☞ 이야기, 서술, 설명
dis**count** [dískaunt]	할인 = reduction ☞ 할인하여 팔다(어음) ☞ discount store 할인상점 / chain store 연쇄점
re**count** [rikáunt]	~을 이야기하다, 자세히 말하다
county [káunti]	주(州), 군(郡) ☞ bounty 활수함, 관대함
countenance [káuntənəns]	표정, 얼굴모습 / 호의를 보이다 = favor 용인·허용·허락·후원하다 = approve, condone, endorse, permit

counter [káuntər]	계산대, 판매대 ☞ 적대, 보복, 역, 대응
counterfeit [káuntərfit]	가짜의, 위조의 = bogus, fake, forged, phony, sham 위조·가장하다, 모조품을 만들다 = imitate ↔ genuine 진짜의 ☞ counterfeit note 위조지폐
counterpoise [káuntərpɔ̀iz]	평형추, 평형력 = counterbalance 균형을 맞추다, 상쇄하다 = offset
encounter [enkáuntər]	조우(하다), 만나다(우연히) = confront, face, meet

courage [kə́:ridʒ]	용기 = bravery, valor, pluck ⓐ courageous 용기 있는 = plucky
encourage [enkə́:ridʒ]	용기를 돋우다, 격려하다 = cheer, inspire
discourage [diskə́:ridʒ]	용기를 잃게 하다, 낙담시키다 = dampen, daunt ⓝ discouragement 낙담 ↔ ⓝ encouragement 격려

course [kɔ:rs]	진행, 교육과정 = curriculum ☞ advanced course 고급과정 ☞ curse 저주·악담하다, 파문하다 / coarse 조잡한, 야비한
concourse [kánkɔ:rs]	집합, 군중, 중앙광장 / 대로, 가로수길
discourse [dískɔ:rs]	담화·이야기(하다) = conversation / 논설, 논문 = thesis 강연·설교하다, 논하다 = address, lecture, sermon
intercourse [íntərkɔ̀:rs]	교제, 교섭, 거래 ☞ (sexual) intercourse 성교
recourse [rí:kɔ:rs]	의지(되는 것), 의뢰 = refuge, resort

cover [kʌ́vər]	답파하다, 덮다 ↔ uncover 열다, 드러나다 = disclose, reveal
discover [diskʌ́vər]	발견하다 = find, detect ⓝ discovery 발견
recover [rikʌ́vər]	회복하다 = recuperate, rejuvenate ⓝ recovery 회복, 회생
undercover [ʌ́ndərkʌ̀vər]	비밀리에(간첩의), 은밀한 = clandestine, covert, stealthy

coy [kɔi]	조심스러운, 수줍어하는 = cautious, shy, wary
copy [kápi]	사본, 부본(副本), 광고문 = duplicate, replica
cozy [kóuzi]	아늑한, 안락한 = comfortable, easy, safe ☞ cozy up to~ : ~와 친해 지려고하다

aristocracy [ӕrəstákrəsi]	귀족정치 ☞ aristocrat 귀족정치주의자
autocracy [ɔ:tákrəsi]	독재정치(국가·정부) = tyranny, despotism, dictatorship ☞ autocrat 독재자 = despot ↔ slave, bond servant 노예
bureaucracy [bjuərákrəsi]	관료정치 ☞ bureaucrat 관료(주의자) / red tape 관료주의 ☞ bureau 사무소, 국(局) = agency, department, division ☞ the weather bureau(center) 기상국
democracy [dimákrəsi]	민주정치, 민주주의 ☞ direct ~ : 직접민주정치 / indirect ~ : 간접민주정치 ☞ Democrat 민주당원, 민주주의자 ⓥ democratize 민주화하다, 민주적으로 하다
monocracy [mounákrəsi]	독재정치 = autocracy ☞ monocrat 독재자 = autocrat
plutocracy [plu:tákrəsi]	부호정치, 금권정치 ☞ plutocrat 부호정치가, 금권주의자 ☞ Pluto 명왕성, 명부(冥府)의 신 / Hades 지옥, 황천
technocracy [teknákrəsi]	기술가 정치 ☞ technocrat 기술가 정치옹호자

creation [kri:éiʃən]	창조 ☞ creator 창조자 = Almighty, Supreme Being ☞ the creation of new jobs 새로운 일자리 창출
recreation [rèkriéiʃən]	휴양, 오락 ☞ creationism 창조론
re-creation [rì:kri:éiʃən]	재창조, 개조(물) ☞ creature 피조물, 인간

credit [krédit]	신용(대부), 외상, 영예 ☞ on credit 외상(신용)으로 ⓐ creditable 칭찬할만한
accredit [əkrédit]	승인·인가하다, 신용·신임·파견하다(대사·공사)

concrete [kánkri:t]	구체적인 ↔ abstract 추상적인 ☞ 추상, 적요, 요약
excrete [ikskrí:t]	배설하다, 분비하다 ☞ excretory 배설의, 배설기관 ☞ execrate 입에 담지 못할 말·저주·욕을 하다 = curse

secrete [sikríːt]		비밀로 하다 = cache, hide, conceal 분비하다(生理) ☞ secret 비밀, 비밀의 ☞ secretary 비서, 장관(미) = minister

criminate [krímənèit]		죄를 지우다, 고발하다 ☞ crime 죄, 범죄 ☞ criminal 범죄의, 범죄자 / war criminal 전범
discriminate [diskrímənèit]		구별하다, 차별하다 = discern, distinguish ⓝ discrimination 차별대우, 구별, 식별 ⓐ discriminating 식별력이 있는 = discerning, judicious
incriminate [inkrímənèit]		유죄를 입증하다, 고발·고소하다 = accuse, indict, charge ⓝ incrimination 고소, 고발
recriminate [rikrímənèit]		되 비난하다, 반소(反訴)하다 ⓝ recrimination 맞고소(비난)

critic [krítik]		비평가, 비판적인 ☞ hypercritic 혹평가
diacritic [dàiəkrítik]		구분하기 위한(차이), 구별되는 = distinctive

critical [krítikəl]		비평의, 평론의, 위기의
hypercritical [hàipərkrítikəl]		혹평하는 ☞ 혹평 = hypercriticism
hypocritical [hìpəkrítikəl]		위선의, 위선적인 ☞ 위선 = hypocrisy

cry [krai]		울다, 소리치다 = wail, weep, shout, yell ☞ crystal 수정(水晶) / ⓥ crystallize 결정(結晶)시키다
decry [dikrái]		통화가치를 하락시키다 = depreciate, deflate, devalue 비난·중상하다 = condemn, criticize, denounce, inveigh
descry [diskrái]		식별하다, 발견하다(관측·조사) = discern, discriminate
outcry [áutkrài]		부르짖음, 강렬한 항의, 외치며 팔기 ☞ cry out 외치다

cult [kʌlt]		숭배, 예찬, 유행 / 신앙, 종파 ☞ 이교(異敎), 사이비 종교 ☞ cult movie 소극장에서 주로 상연되는 젊은이에게 인기 있는 영화
occult [əkʌ́lt]		신비로운, 초자연적인 = arcane, mysterious, supernatural

culture [kʌ́ltʃər]	경작, 교양, 문화(정신문명) ☞ civilization 문명(물질) ☞ sociocultural 사회문화적인 / cultural 문화의, 교양의
agriculture [ǽgrikʌ̀ltʃər]	농업 = cultivation 경작 ⓥ cultivate 경작하다, 연마하다 ☞ intensive(suburban) agriculture 집약적(근교) 농업
aquaculture [ǽkwəkʌ̀ltʃər]	양식어업 ☞ aquarium 수족관 / aqua 물(액체)
horticulture [hɔ́ːrtəkʌ̀ltʃər]	원예농업, 원예술(학)
microculture [máikroukʌ̀ltʃər]	소수민족·집단의 문화 현미경 관찰용의 배양(미생물·세포)

cumbersome [kʌ́mbərsəm]	성가신, 장애·부담이 되는 = burdensome, irksome
cucumber [kjúːkəmbər]	오이 ☞ as cool as a cucumber 아주 냉정하여, 침착하여 ☞ eggplant 가지 / lettuce 상추 / cabbage 양배추
encumber [enkʌ́mbər]	방해하다, 거치적거리게 하다 = hinder, impede, obstruct

incumbent [inkʌ́mbənt]	현직에 있는, 재직 중의, 현직자, 재직자 ⓝ incumbency 임기, 재직기간, 직무, 책무
recumbent [rikʌ́mbənt]	드러누운, 태만한, 기댄 = reclining
succumb [səkʌ́m]	굴복하다, 압도되다 = capitulate, give in, surrender, yield

cure [kjuər]	치료(법), 치료하다 = heal, remedy ☞ panacea 만병통치약 ☞ cure all of society's ill 모든 사회악을 치유하다
epicure [épikjùər]	미식가, 식도락가 = gourmet, gastronome ☞ manicure 매니큐어, 미조술(美爪術)
obscure [əbskjúər]	모호한, 무명의 = vague, nebulous, ambiguous
procure [proukjúər]	획득하다, 조달하다(필수품) = acquire, gain, purchase
secure [sikjúər]	안전하게 하다, 굳게 지키다 = assure, guarantee ⓝ security 안전, 보안, 보증(금) / securities 유가증권

current [kə́:rənt]	현행의, 통행하는, 흐름 ⓝ currency 통화, 유통, 화폐
	☞ current-account deficit 경상수지적자
	☞ foreign currency reserves 외환보유고
con**current** [kənkə́:rənt]	동시에 발생하는, 일치의 = coinciding, simultaneous
	ⓥ concur 동시에 발생하다, 일치·동의하다(의견)
in**current** [inkə́:rənt]	물이 흘러드는, 유입하는
	ⓥ incur 당하다, 초래하다
oc**current** [əkə́:rənt]	현재 일어나고 있는
	ⓥ occur 발생하다
re**current** [rikə́:rənt]	재발하는, 순환하는
	ⓥ recur 회상하다, 재발하다
under**current** [ʌ́ndərkə̀:rənt]	저 해류, 내면적 의향, 저의(내면에 감춘)
	☞ cross-currents 대립하는 경향 = count-currents

discursion [diskə́:rʒən]	산만함, 두서없는 이야기
	ⓐ discursive 산만한, 형식적인
ex**cursion** [ikskə́:rʒən]	소풍, 유람, 답사, 수학여행 = jaunt, junket, journey
in**cursion** [inkə́:rʒən]	침입, 침략 = invasion, intrusion, encroachment

cursor [kə́:rsər]	커서 : 스크린 위에서 여러 위치로 이동 가능한 빛의 점
pre**cursor** [pri:kə́:rsər]	선구자, 선각자 = forerunner, herald
	전조 = sign, symptom, token
cursory [kə́:rsəri]	몹시 서두른, 조잡한 = hasty, perfunctory

concussion [kənkʌ́ʃən]	심한 충격, 진탕(震盪) = shock
	☞ cushion 방석, 완충물
dis**cussion** [diskʌ́ʃən]	토론, 심의 ⓥ discuss 토론하다

custom [kʌ́stəm]	관습(법), 관례, 맞춘, 주문한
	☞ customs official 세관원
	☞ customs 세관 / customary 습관적인, 관례에 의한
	☞ custom-tailor 특별 주문에 따라 제작하다, 양복점

customer [kʌ́stəmər]	고객, 단골손님 = client, guest
accustom [əkʌ́stəm]	익숙케 하다, 습관이 들게 하다　ⓐ accustomed 익숙한

cute [kju:t]	**귀여운, 멋진, 근사한, 날렵한 = charming, pretty**
acute [əkjúːt]	날카로운, 예각의, 급성의 ↔ chronic 만성의
execute [éksikjùːt]	실시·실행하다 = carry out 사형을 집행하다　ⓝ execution 실행, 집행, 사형집행 ☞ executive 집행권을 갖는, 실행·수행·집행의

Regrouping D

dainty [déinti]	우미한, 맛좋은 = delectable, delicious, tasty
disdain [disdéin]	무시하다, 경멸하다 = despise, ignore, spurn, snub 무시, 경멸, 모욕 = despise, scorn, spurn
ordain [ɔːrdéin]	임명하다(성직) = appoint, anoint 결정하다(운명·신) = predestine ☞ foreordain ~의 운명을 미리 정하다 = predestine, preordain

dam [dæm]	댐(둑), 장애물 = barrier, impediment, obstacle, wall
damage [dǽmidʒ]	손해, 손상시키다(물건) ☞ injure 손상시키다(사람)
damning [dǽmiŋ]	유죄를 증명하는, 지옥에 떨어질, 저주함 ☞ damn 비난하다, 저주(하다) = curse ↔ bless 축복하다

date [deit]	날짜, 면회약속 ☞ due date 지급기일(어음), 만기일 ☞ date back to (~로)거슬러 올라가다
antedate [ǽntidèit]	날짜를 실제보다 이르게 하다(수표·증서)
mandate [mǽndeit]	명령, 통치의 위임 ☞ 서비스 계약(무상)
sedate [sidéit]	침착한, 조용한 = calm, serene, sober ☞ sedative 진정제, 진정 작용이 있는
update [ʌpdéit]	최신의 것으로 하다, 최신정보 ☞ up-to-date 최신유행의 = newfangled ☞ out-of-date 시대에 뒤진, 구식의 = obsolete

deal [diːl]	거래, 취급, 정책 분배하다, 다루다, 장사하다 ☞ strike a deal 협상이 타결되다, 타협·협정을 맺다 ☞ big deal 대규모 기업교환 / dealer 딜러, 상인, 카드분배자
ordeal [ɔːrdíːəl]	호된 시련, 고된 체험 = affliction, distress, suffering, torment

decay [dikéi]	부패, 부식, 쇠퇴 = corruption, rust, decline 썩다, 부패하다(시키다) = rot, spoil ☞ cay 작은 섬, 암초
decoy [díːkɔi]	미끼, 유혹하다 = allure, bait, entice, induce, lure ☞ coy 조심스러운, 수줍어하는 = cautious, shy, wary
deck [dek]	갑판, 바닥 ☞ on deck 준비가 된, 다음 차례의(야구)
bedeck [bidék]	화려하게 꾸미다, 장식하다 = embellish
decree [dekríː]	명령, 법규, 포고 = mandate, proclamation
degree [digríː]	정도, 등급, 단계, 계급, 학위, 도(度) = grade
deed [diːd]	권리증서, 토지소유권 ☞ 행위, 무공
indeed [indíːd]	참으로(강조), 과연(양보), 게다가(접속사적)
misdeed [mìsdíːd]	범죄, 악행(비행) ☞ delinquency 비행(청소년)
deem [diːm]	생각하다, 간주하다 = believe, consider, regard, think
redeem [ridíːm]	회복하다, 다시 찾다, 벌충하다 = recover, regain
deliver [dilívər]	배달하다, 분만하다, 구조하다 ☞ liver 간(肝), 거주자
delivery [dilívəri]	배달(인도), 분만, 이야기 투(강연) ☞ childbirth 분만, 해산 = parturition / travail 산고, 진통
deliverance [dilívərəns]	구출(구조), 공식의견 = salvation, emancipation, redemption
endemic [endémik]	풍토병, 풍토성의 = indigenous, native 한정된, 고유한(한 지방·부류·계층)
epidemic [èpədémik]	전염병, 전염의, 유행성의 ☞ legal epidemic 법정전염병 ☞ plague 역병 / murrain 전염병(소)
pandemic [pændémik]	전국적으로 유행하는(병), 전국적 유행병

condemn [kəndém]	비난하다, 유죄판결을 내리다	
in**demn**ify [indémnəfài]	배상·변상하다, 보상·보장하다	
	☞ in**demni**ty 보호, 보장, 면책, 배상	

dense [dens] 짙은, 농후한 ↔ sparse 성긴, 희박한 = scant, scarce
con**dense** [kəndéns] 압축하다 = constrict, concentrate, consolidate
요약하다 = abbreviate, digest, summarize

dent [dent] 손상·약화·감소시키다, 줄이다 = lessen, reduce, shrink
ar**dent** [á:rdənt] 열렬한, 불타는 듯한, 격렬한 = eager, fervent, fervid
☞ ard**u**ous 힘 드는, 곤란한
evi**dent** [évidənt] 분명한, 명백한 = apparent, manifest, obvious

deprave [dipréiv] 타락시키다, 부패시키다 ⓐ de**praved** 타락한, 사악한
de**prive** [dipráiv] 박탈하다, 파면(해임)하다 = divest

dermatology [də̀:rmətálədʒi] 피부의학(병학) ☞ dermatologist 피부병 전문 의사
epi**dermic** [èpədə́:rmik] 표피의
hypo**dermic** [hàipədə́:rmik] 피하(주사용)의, 피하주사(약) = subcutaneous 피하의
taxi**dermy** [tǽksidə̀:rmi] 박제술 ☞ taxidermist 박제사(剝製師)

desire [dizaiər] 바라다, 원하다 ⓝ 욕구, 원망(願望)
desir**able** [dizáiərəbl] 바람직한, 탐나는 = alluring, enticing, tempting
desir**ous** [dizáiərəs] 원하는, 열망하는 = longing, craving

destine [déstin] 운명 짓다 ☞ **pre**destine 신이 사람의 운명을 정하다
clan**destine** [klændéstin] 비밀의, 은밀한 = covert, furtive, surreptitious, undercover
☞ clan 씨족, 일족 = tribe / 파벌 = clique
destiny [déstəni] 운명(신의 뜻) = fate, karma, kismet
destination [dèstənéiʃən] 목적지, 보낼 곳 = aim, end, goal, stop, target

deter [ditə́:r]	단념시키다, 제지·방해·저지하다 = discourage, hinder, impede
detergent [ditə́:rdʒənt]	합성세제, 깨끗하게 하는
deteriorate [ditíəriərèit]	나빠지게 하다 = aggravate, exacerbate, worsen
determine [ditə́:rmin]	결심·결정하다, 결론짓다 = decide, resolve ⓝ determination 결심 = decision, resolution
deterrent [ditə́:rənt]	단념시키는, 제지하는, 전쟁억지력(핵무기 등)

developed [divéləpt]	고도로 발전한, 공업화한, 선진의(국가·경제·공업기술) ☞ develop 발달시키다 ⓝ development 발달
undeveloped [ʌ̀ndivéləpt]	미발달의, 미개발의(땅·지역·나라)
underdeveloped [ʌ̀ndərdivéləpt]	후진국의, 발달이 불충분한

abdicate [ǽbdikèit]	왕위를 내주다(군주) = resign, renounce 회피하다(의무·책임) = give up, relinquish, waive ⓝ abdication 포기, 기권, 퇴위, 양위
dedicate [dédikèit]	헌납하다 = devote, consecrate ⓝ dedication 봉납, 헌납
eradicate [irǽdəkèit]	근절하다 = annihilate, obliterate ⓝ eradication 근절, 박멸
indicate [índikèit]	가리키다, 지시하다 ⓝ indication 지시, 징조, 징후 ☞ indicative 직설법(의), ~을 나타내는, 표시하는 ☞ imperative 명령법 / subjunctive 가정법
syndicate [síndikit]	기업·신문연합, 공사채·주식 인수조합(은행단)

addict [ədíkt]	중독자(마약·알콜), 열성팬 몰두하다, 빠져들다 = devote, indulge ⓝ addiction 중독(마약·알콜), 탐닉 ☞ be addicted to~ : ~에 중독되다
edict [íːdikt]	칙령, 포고, 명령 = decree
indict [indáit]	기소하다, 고발하다 = accuse, arraign, impeach, prosecute ☞ indite 작문하다, 짓다(시·문장) = compose ⓝ inditer

interdict [ìntərdíkt]	금지하다, 파괴하다(적의 보급·통신 시설)
verdict [və́:rdikt]	평결(배심원), 결정 = decree, judgment, adjudication(파산)

diction [díkʃən]	말씨, 어법, 화법, 발성법 ☞ dictionary 사전, 옥편 ☞ a walking(=living) dictionary 박식한 사람
benediction [bènədíkʃən]	축복, 기도(감사) = benison, blessing, prayer
contradiction [kàntrədíkʃən]	모순, 부인 = inconsistency ⓥ contradict 부인하다
jurisdiction [dʒùərisdíkʃən]	사법권, 사법관할(권) ☞ juristic 법률상의 ☞ jurisprudence 법학, 법률지식
malediction [mælədíkʃən]	저주, 재앙 = anathema, curse, imprecation
prediction [pridíkʃən]	예언, 예보 = prophecy, forecast ⓥ predict 예언하다
valediction [vælədíkʃən]	고별, 고별사 ☞ valedictory 고별사(졸업생 대표) ☞ vale 그림, 안녕히, 작별(인사)
dictation [diktéiʃən]	구술, 받아쓰기, 지시 ☞ dictator 독재자, 받아쓰게 하는 사람

different [dífərənt]	다른, 상이한 = dissimilar ⓝ difference 상이, 차이(점) ☞ differ 다르다, 의견이 다르다
indifferent [indífərənt]	무관심한, 대수롭지 않은 = apathetic, impassive, nonchalant
differential [dìfərénʃəl]	차별적인, 미분(의) ↔ integral 완전한, 적분(의)

direct [dirékt]	지도하다, 지휘하다, 똑바른, 직접의 ↔ indirect 간접의
direction [dirékʃən]	방향, 지도, 지시 = management, instructions
directory [diréktəri]	주소·성명록, 지휘의 ☞ director 감독, 이사, 연출가

disciple [disáipl]	신봉자, 제자, 문하생 = apprentice, apostle, pupil ☞ the 12 disciples of Jesus 예수의 12제자
discipline [dísəplin]	훈련, 기강, 계율 ☞ 훈련·징벌하다, 통제하다(집단)
interdisciplinary [ìntərdísəplənèri]	학제적인 : 둘(이상)의 학문 분야에 걸치는

condition [kəndíʃən]	상태, 조건, 형편 = proviso, prerequisite ☞ critical condition 중태 / critical 비평의, 위기의, 위독한 ☞ air conditioner 공기조절장치(에어컨) ☞ conditioned reflex 조건반사
edition [edíʃən]	판, 발행부수(신문·서적) ☞ cheap edition 염가판 ⓥ edit 편집하다, 교정하다 = proofread
erudition [érjudàiʃən]	박학, 학식 ⓐ erudite 박식한, 학식이 있는 = learned
expedition [èkspədíʃən]	탐험, 원정, 신속 = exploration, excursion, jaunt ☞ expedite 재촉하다, 신속히 처리하다 = accelerate
perdition [pəːrdíʃən]	파멸, 지옥(에 떨어짐) = hell, abyss, bottomless pit
sedition [sidíʃən]	반정부 선동, 폭동교사 = incitement, rebellion, revolt ☞ sedition charge 선동혐의 ⓐ seditious 선동적인
tradition [trədíʃən]	전통, 관례 = heritage, legacy, mores, legend
extradition [èkstrədíʃən]	망명자 송환, 도망범인도 ⓥ extradite 넘겨주다, 송환하다 (본국으로)

divide [diváid]	나누다, 분할하다 ↔ multiply 곱하다, 늘리다 ⓝ division 분할, 구획 / 나눗셈, 제법 ↔ multiplication 증가, 증식(增殖) / 곱셈, 승법
subdivide [sʌ̀bdiváid]	다시 나누다, 세분하다 ⓝ subdivision 세분
dividend [dívidènd]	배당금, 분배금, 피제수(被除數)
individual [ìndəvídʒuəl]	개인, 각자, 사람

do without	~없이 지내다 = go without, dispense with, forgo
outdo [áutdúː]	~보다 낫다, 능가하다 = excel, outstrip, surpass
overdo [òuvərdúː]	~의 도를 지나치다, 과용·과로·과장하다
undo [ʌndúː]	원상태로 돌리다, 취소하다 = annul, retract, revoke

docile [dásəl]	지도하기 쉬운, 유순한 = manageable, obedient, pliant
domicile [dáməsàil]	주소, 거처 = abode, address

dole [doul]	시주, 분배, 몫, 실업수당 ☞ pole 장대, 기둥, 깃대
	☞ dole out 베풀어 주다, 나누어 주다 = dispense, distribute
con**dole** [kəndóul]	조문·조상(弔喪)하다, 조위(弔慰)·위로하다
	ⓝ condolence 위로, 위문, 조문, 애도 = pity, sympathy
doleful [dóulfəl]	슬픈, 쓸쓸한, 음울한 = dismal, gloomy, melancholy

doxology [dɑksálədʒi]	찬송가, 신을 찬미하는 시 = anthem, hymn, psalm
hetero**dox** [hétərədɑ̀ks]	이교(異教)의, 이단의
ortho**dox** [ɔ́:rθədɑ̀ks]	정교(正教)를 받드는, 정통파의
para**dox** [pǽrədɑ̀ks]	역설, 패러독스(모순되어 보이나 실제로는 옳은 설)

dress [dres]	치료하다(상처), 꾸미다, 옷을 입히다
ad**dress** [ədrés]	연설, 응대태도, 다루다(문제·이슈)
	주소 = abode, domicile
	☞ address oneself to~ : ~에 착수하다
re**dress** [rí:dres]	시정하다, 교정 = correct, rectify, remedy
	배상(하다) = amends, compensation, reparation
un**dress** [ʌ̀ndrés]	~의 옷을 벗기다(벗다), 붕대·장식을 떼어내다

dribble [dríbl]	방울방울 떨어지다, 공 몰다(축구·농구 등)
dri**zz**le [drízl]	이슬비가 내리다 ☞ 이슬비, 보슬비, 가랑비

drive [draiv]	몰다, 쫓아내다, 운전·돌진하다
	☞ driving force 추진력
d**erive** [diráiv]	유도하다, 끌어내다 ⓝ derivation 유도, 도출
	☞ derivative 끌어낸, 유래하는, 파생적인

drum [drʌm]	북을 치다, 선전하다 ☞ drummer 고수(鼓手)
conun**drum** [kənʌ́ndrəm]	수수께끼, 어려운 문제 = enigma, puzzle, riddle
hum**drum** [hʌ́mdrʌ̀m]	지루한, 단조로운 = drab, monotonous, mundane

conduce [kəndjúːs]	공헌하다, 도움이 되다 = dedicate, devote
deduce [didjúːs]	연역하다, 추론하다 = infer, presume, suppose
induce [indjúːs]	귀납하다, 꾀다, 야기하다 = coax, cause
introduce [ìntrədjúːs]	소개하다, 받아들이다　ⓝ introduction 소개, 서언
produce [prədjúːs]	산출하다, 생산하다, 농산물(천연산물) ☞ producer 연출가 (연극), 흥행 주 ☞ reproduce 복제 · 복사하다, 재생 · 재현하다
reduce [ridjúːs]	줄이다, 떨어뜨리다(~한 상태로)
seduce [sidjúːs]	부추기다, 유혹하다 = entice, lure, tempt ⓐ seductive 유혹하는, 매혹적인

abduct [æbdʌ́kt]	유괴하다 = kidnap ⓝ abduction 유괴 = kidnapping
aqueduct [ǽkwədʌkt]	수로, 도수관 = canal, channel, waterway
conduct [kándʌkt]	이끌다, 지도하다　☞ conducive 공헌하는, 도움이 되는 (to)
deduct [didʌ́kt]	공제하다, 빼다 = discount, reduce, subtract
induct [indʌ́kt]	끌어들이다, 유도하다, 취임시키다, 전수하다 (비결 · 지식)
product [prádəkt]	산물, 생산품, 제작물
ductile [dʌ́ktil]	유연한, 잡아 늘이기 쉬운 (금속) = flexible, malleable, pliable, pliant

abduction [æbdʌ́kʃən]	유괴, 납치 = kidnapping
deduction [didʌ́kʃən]	공제, 뺌 = subtraction
induction [indʌ́kʃən]	유도, 귀납법, 전수
production [prədʌ́kʃən]	생산, 제작, 연출, 큰 소동　☞ productivity 생산성
reduction [ridʌ́kʃən]	감소, 절감 = abatement, contraction, cutback
seduction [sidʌ́kʃən]	유혹, 사주(使嗾), 교사 = enticement, fascination, temptation

due [djuː]	지급기일이 된, 도착예정인　☞ dues 회비 / dew 이슬
endue [indjúː]	부여하다 (능력 · 천성)　☞ divest, deprive 박탈하다
overdue [òuvərdjúː]	지불기한이 지난, 미불의 / 연착한 = delayed

subdue [səbdjúː]	정복하다, 진압하다 = overcome, subjugate, vanquish	
undue [ʌndjúː]	지불기한이 안된, 부적당한 = inordinate 과도한 = excessive	

durance [djúərəns]	감금, 금고(禁錮) ☞ durable 오래 견디는, 튼튼한 ⓝ duration 지속
endurance [indjúərəns]	인내, 지구력 = durability, perseverance, persistence

endure [endjúər]	견디다, 인내하다 = bear, persist, tolerate
perdure [pə(ː)rdjúər]	영속하다, 오래가다
verdure [və́ːrdʒər]	신록, 생기, 푸르름(초목) ⓐ verdant 신록의, 푸릇푸릇한

Regrouping E

eager [í:gər]	열망하는 = avid, earnest, enthusiastic, keen, zealous ☞ eagle 독수리 / magpie 까치 / crow 까마귀
meager [mí:gər]	빈약한, 부족한 = scanty, scarce, skimpy, sparse

heal [hi:l]	치료하다, 낫게 하다 = cure, remedy ☞ heel 뒤꿈치, 뒤축 / hill 언덕, 구릉
meal [mi:l]	식사, 한 끼(분) ☞ mill 맷돌, 제분기 / windmill 풍차 ☞ breakfast 아침 / lunch 점심 / supper 저녁
seal [si:l]	조인하다, 타결 짓다 / 봉쇄하다, 봉인하다(off)
zeal [zi:l]	열심, 열의 = ardor, enthusiasm, passion ↔ apathy 냉담 ⓐ zealous 열심인 ☞ jealous 질투심이 많은(시샘하는) ☞ zealot 열광자, 열심당원 = enthusiast, extremist, fanatic

heap [hi:p]	쌓아올린 것, 퇴적, 더미 ☞ a heap of = heaps of 많은
leap [li:p]	도약하다, 뛰어오르다 = jump, bounce, hop
reap [ri:p]	수확하다, 획득하다 = glean, harvest, acquire

ear [iər]	귀, 보리이삭 ☞ Lend me your ears. 내말을 잘 들으시오. ☞ have the ear of~ : ~의 주의를 끌다(영향력을 보임으로써)
dear [diər]	값비싼, 친애하는 ☞ deer 사슴 ⓐ cervine 사슴의 ☞ dearth 부족, 결핍 = deficiency, lack, paucity, scarcity
fear [fiər]	공포 = dread, fright, horror, terror ☞ pear 배 / spear 창
gear [giər]	맞게 하다, 조정하다(계획·요구) ☞ 톱니바퀴, 전동장치(기어) ☞ gear up to~ : ~할 준비를 갖추다

sear [siər]	태우다, 그을리다, 시들다, 마비시키다(양심) ☞ searing 심한(고통·비판), 타는(무더운), 흥분시키는	
tear [tɛər]	찢다 = cleave, rip, sever, split ☞ tear[tiər] 눈물	
wear [wɛər]	닳게 하다, 지치게 하다 ☞ 옷 입고 있다 = put on ⓐ weary 피곤에 지친 = fatigued, tired, bored	

earn [ə:rn]
벌다, 획득하다 ⓝ earning 벌, 획득 ☞ earnings 소득
☞ unearned 일하지 않고 얻은, 부당한

earnest [ə́:rnist] — 진지한, 성실한 = serious, sincere

learn [lə:rn] — 배우다, 공부하다 ⓝ learning 학문, 학식 = knowledge

earth [ə:rθ]
지구, 대지, 흙, 현세(現世) = globe, planet, sphere, world

unearth [ʌnə́:rθ] — 파내다, 발굴하다 = excavate, exhume
밝히다 = discover, disclose, reveal

earthling [ə́:rθliŋ] — 인간, 지구인 ☞ earthly 세속적인 ↔ unearthly 비현세적인

ease [i:z]
용이, 안락, 완화하다 = relax, allay, assuage, relieve

disease [dizí:z] — 질병, 병폐 = ailment, malady, illness, sickness

tease [ti:z] — 놀리다, 희롱하다 = banter, joke, harass,
애태우다, 괴롭히다 = irritate, molest, plague, tantalize
☞ terse 간결한(문체·표현) = brief, clear-cut

feather [féðər]
깃털, 깃 = plumage, plume

leather [léðər] — 무두질한 가죽, 가죽제품 ☞ hide 가죽

weather [wéðər] — 헤치고 나아가다, 날씨, 기상

economy [ikánəmi]
경제, 절약 ⓥ economize 절약하다 / economist 경제학자

economic [ì:kənámik] — 경제상의, 경제학의 ☞ economics 경제학
☞ economic activity(aid·growth) 경제활동(원조·성장)

economical [ì:kənámikəl] — 절약하는, 경제적인 = frugal, thrifty ↔ prodigal 낭비하는

edge [edʒ]	가장자리, 테두리, 위기 = border, brink, fringe, rim
hedge [hedʒ]	산울타리, 장벽, 방지책(손실·위험) ☞ 헤지, 연계매매(딴 상거래로 한쪽 손실을 막기)
wedge [wedʒ]	쐐기, 훼방, 방해 / 끼워·밀어 넣다 ☞ drive a wedge between~ : ~의 사이를 분열시키다

feed [fi:d]	먹을 것을 주다, 부양하다 ☞ be fed up with ~에 물리다
heed [hi:d]	주의, 유념 ☞ heedful 주의 깊은 ↔ heedless 부주의한
need [ni:d]	필요, 결핍, 빈곤, 궁핍 = destitution, indigence, poverty, want ⓐ needy 가난한, 빈곤한 = impoverished, penurious
reed [ri:d]	갈대(밭) ☞ broken reed 믿을 수 없는 사람(물건)
seed [si:d]	씨앗, 종자 ⓐ seedy 초라한, 인색한, 세평이 안 좋은
weed [wi:d]	잡초(를 뽑다), 제거하다, 치우다(유해물) ☞ weedy 잡초투성이의, 잡초 같은 ☞ wee 매우 작은 = tiny, diminutive / 매우 이른

meek [mi:k]	유순한, 말잘 듣는 = acquiescent, submissive, yielding ☞ meekly 온순하게, 순순히 = gently, submissively
peek [pi:k]	살짝 들여다 보다, 엿보다 = peep, glance, glimpse ☞ peak 봉우리, 정상 = apex, crest, crown, pinnacle, summit
reek [ri:k]	연기를 내다, 악취를 풍기다 = stench, stink, effluvium
seek [si:k]	찾다, 추구하다 = delve, hunt, pursue, quest, search

eel [i:l]	뱀장어 ☞ as slippery as an eel 붙잡기 어려운, 요령부득인
feel [fi:l]	만지다, 느끼다 = touch ☞ feeling 촉감, 감정
heel [hi:l]	뒤꿈치, 뒤축 ☞ heal 치료하다 / hill 언덕, 구릉
peel [pi:l]	벗기다(껍질·피부), 벗다(옷·허물) = strip, skin, uncover
reel [ri:l]	얼레, 비틀거리다, 동요하다 = stagger, waver, whirl

jeer [dʒiər]	조소하다, 야유하다 = deride, mock, ridicule, scoff, scorn
peer [piər]	동료, 귀족, 자세히 보다 ☞ pier 부두, 방파제
veer [viər]	전향하다, 방향을 바꾸다(바람) ☞ beer 맥주 / deer 사슴
veneer [vəníər]	허세, 겉치레, 겉을 꾸미다 = disguise, facade, pretense

ego [í:gou]	자기, 자아 ☞ superego 초자아(超自我)
egoism [í:gouìzəm]	이기주의 ↔ altruism 이타주의 / truism 공리, 자명한 이치
egotism [í:goutìzəm]	자기중심(주의), 자기본위 = self-esteem, self-respect

deign [dein]	하사하다, (황송하옵게도) ~하여 주시다 = condescend
feign [fein]	가장하다, 위조하다, 체하다 = affect, pretend, simulate ☞ feigned 거짓의, 가장된 ↔ unfeigned 거짓 없는, 진실한
reign [rein]	통치하다, 지배하다 = govern, rule, dominate 세력을 떨치다, 크게 유행하다
foreign [fɔ́(:)rin]	외국의, 이질의 = alien, exotic, outlandish
sovereign [sávərin]	독립한, 주권자 ⓝ sovereignty 주권, 독립국

election [ilékʃən]	선거, 선출 = poll ☞ election campaign 선거운동 ☞ by-election 보궐선거 / election pledge 선거공약
selection [silékʃən]	선발, 선택 = choice ⓥ select 고르다, 선택하다
erection [irékʃən]	창설, 건설 ⓥ erect 세우다, 설립하다 = build, construct

fellow [félou]	동무, 동료 = companion, comrade, peer ☞ fell 잔인한, 사나운, 베어 넘어뜨리다(나무)
mellow [mélou]	감미로운, 원숙한, 원만해 지다
yellow [jélou]	선정적인, 질투 많은, 겁 많은 = cowardly, timid 겁 많은 ☞ yell 고함치다, 외침소리 = howl, shout, scream, shriek

empty [émpti]	속빈, 공허한, 무의미한 = hollow, vacant, void
exempt [igzémpt]	면제하다, 면제·면세의 = absolve, excuse, acquit, pardon

	ⓝ exemption 면제(의무), 공제(소득)
preempt [priémpt]	사전에 행동을 취하다(다른 일이 발생하기 전에) = forestall ⓝ preemption 선매(권), 선취(권) ⓐ preemptive

biennial [baiéniəl]	2年 마다의 ☞ bi**an**nual 연 2회의, 반년마다의
centennial [senténiəl]	100년 마다의, 100년제 ☞ cent 백(百 : 단위) ☞ bicentennial 200년 기념일, 200년제
perennial [pəréniəl]	계속되는, 영원한 = incessant, lasting, perpetual 여러 해 계속하는, 다년생의(식물)

enter [éntər]	들어가다(건물) 가입 · 참가 · 입학 · 입대 · 입회하다 ☞ entrance 입구 = way in ↔ exit 출구 / entry 입장
enter **into** [éntər íntu]	착수하다(사업) ☞ enter**prise** 기업, 도전정신(진취적 기질)
enter**tain** [èntərtéin]	접대하다, 즐겁게 하다 = amuse, please ☞ entertain**ment** 대접, 연예 / entertain**er** 연예인

entomology [èntəmάlədʒi]	곤충학 ☞ entomologist 곤충학자
e**ty**mology [ètəmάlədʒi]	어원, 어원학 ☞ etymologist 어원학자(연구가)

envy [énvi]	질투하다, 부러워하다 = begrudge, covet
envi**ous** [énviəs]	질투심(시기심)이 강한 = covetous, jealous, green
envi**able** [énviəbəl]	부러운, 탐나는 ☞ greedy, acquisitive, avaricious 탐욕스런

epic [épik]	서사시, 대작(영화 · 소설) ↔ lyric 서정시 / lyrics 운문, 노래가사
epi**taph** [épətæf]	묘비명, 최종판단, 비명으로 기념하다
epi**thet** [épəθèt]	(성질)형용사, 별명, 통칭 ☞ epi**lepsy** 간질병
epi**tome** [ipítəmi]	개략, 전형, 축도(縮圖) ☞ tomb 무덤, 묘 = grave ⓥ epitom**ize** 요약하다, ~의 전형이다 ☞ tome 큰 책

equilibrium [ìːkwəlíbriəm]	평형상태, 균형, (마음의) 평정	
equi**table** [ékwətəbəl]	편견 없는, 공정한, 정당한 = fair, impartial	
equi**vocal** [ikwívəkəl]	모호한, 확실치 않은 = ambiguous, vague	
equi**ty** [ékwəti]	주식(지분), 공평, 정당 = fairness, impartiality, justice	

equate [ikwéit]	같게 하다, 등식화하다, 방정식으로 나타내다 ⓐ equal 같은, 동등한 = same, tantamount
adequate [ǽdikwit]	어울리는, 적당한, 능력이 있는, 적임의

error [érər]	잘못, 실수, 오류 = fallacy, falsity, mistake ☞ erratic 불규칙적인 = **ir**regular
terror [térər]	공포, 두려움 = dread, fear, fright, horror ☞ terror**ism** 테러리즘, 공포정치, 테러 · 폭력 행위

evil [íːvəl]	나쁜, 사악한 = wicked, diabolic, heinous 죄악, 해악
devil [dévl]	악마 = satan, demon ☞ 괴롭히다, 지분거리다

exalt [igzɔ́ːlt]	높이다(명예·품위), 승진시키다 ⓐ exalt**ed** 의기양양한, 고귀한
exult [igzʌ́lt]	크게 기뻐하다, 기뻐 날뛰다 = delight, glory, rejoice, revel

except [iksépt]	제외하다 = exclude ⓐ exception**al** 예외적인
excerpt [éksəːrpt]	발췌, 인용구 = extract, cite, quote, quotation

excise [éksaiz]	물품 세(술·담배 등), (국내)소비세, 과세하다 베어내다, 잘라내다, 삭제하다(어구·문장)
ex**er**cise [éksərsàiz]	운동, 연습(문제), 훈련 = drill, practice
ex**or**cise [éksɔːrsàiz]	쫓아내다, 몰아내다(기도·주문을 외워 악령을)

exist [igzíst]	존재 · 존속하다 / 생존 · 실존하다 = be, live
	ⓝ existence 존재, 생존, 생활 / existing order 현존하는 질서
coexist [kòuigzíst]	같은 때에 존재하다, 공존하다
	ⓝ coexistence 공존, 병립
	☞ peaceful coexistence 평화공존

expanse [ikspǽns]	광활한 공간(바다 · 대지)
	ⓥ expand 확대하다 = dilate, enlarge
expansion [ikspǽnʃən]	확장, 팽창 ↔ contraction 수축

Regrouping F

fable [féibl]	우화(교훈적), 꾸며낸 이야기 = allegory, folk tale, legend ☞ cable 케이블(철사·삼 따위), 굵은 밧줄 / sable 검은담비
affable [ǽfəbl]	상냥한, 공손한 = amiable, congenial, cordial

fabric [fǽbrik]	직물, 원단, 구조(회사·단체) ☞ brick 벽돌, 집짓기(장난감)
fabricate [fǽbrikèit]	제작·구성하다, 지어내다(이야기) ⓝ fabrication 제작, 구성, 위조, 날조
prefabricate [príːfæ̀brikèit]	조립식으로 만들다, 미리 제조하다 ⓝ prefabrication ☞ prefabricated house 조립식 간이주택

face [feis]	얼굴, 외관 / 직면하다 = confront, encounter ☞ about-face 전향, 되돌아감 = turnaround
deface [diféis]	닦아 없애다, 외관을 손상하다 = disfigure, mar
efface [iféis]	지우다, 말살하다 = delete, erase ☞ self-effacing 겸손한, 표면에 나서지 않는 = condescending
preface [préfis]	서론, 서문 = foreword, introduction ⓐ prefatory 서론의
surface [sə́ːrfis]	표면, 외관 ☞ crust 껍질(딱딱), 겉모양 / rust 녹, 때

facet [fǽsit]	국면, 양상, 면(다면체·보석) = aspect, phase ☞ faucet 수도꼭지 = tap(영)
multifaceted [mʌ̀ltifǽsitid]	많은 면을 가진(문제·보석)
facetious [fəsíːʃəs]	우스운, 익살맞은 = funny, humorous, droll, ludicrous ↔ serious 진지한 / solemn 엄숙한

fact [fækt]	사실, 진상(眞相) ☞ pact 계약, 조약 = contract, treaty ☞ factual 사실에 입각한, 실제의 = actual
artifact [áːrtəfækt]	인공물, 가공품

faction [fǽkʃən]	당파, 파벌, 도당, 소수그룹 = clique, gang, group, party 실록소설, 실화소설 : fact(사실) + fiction(소설)
bene**faction** [bènəfǽkʃən]	은혜, 은혜를 베풂, 선행
male**faction** [mæ̀ləfǽkʃən]	못된 짓, 범죄 = crime
ol**faction** [ɑlfǽkʃən]	후각(嗅覺), 후감(嗅感) ⓐ ol**factory** 후각의, 냄새의

factious [fǽkʃəs]	당파적인, 당쟁을 일삼는 ☞ fic**titious** 허구의, 가공의
fac**titious** [fæktíʃəs]	인위적인, 만들어 꾸며낸 = artificial, man-made, sham

factor [fǽktər]	요소, 요인, 인수분해하다 = component, element, ingredient ☞ **factor**ing 인수분해
bene**factor** [bénəfæ̀ktər]	후원자, 기증자, 기부자 = patron, philanthropist, sponsor ↔ bene**ficiary** 수혜자, 수익자 = inheritor, legatee, recipient
male**factor** [mǽləfæ̀ktər]	죄인, 범인, 악인 = criminal, culprit, felon, wrongdoer

fair [fɛər]	공평한, 공명정대한 = just, equitable, impartial, unbiased 금발의, 고운, 박람회(설명회) ☞ **fair**ing 유선형 구조
af**fair** [əfɛ́ər]	일, 용건 = business ☞ af**fair**s 업무, 용무, 직무, 사무
un**fair** [ʌnfɛ́ər]	공정치 못한, 편파적인 = biased, inequitable, partial, unjust
f**lair** [flɛər]	직감, 제6감, 직관적 식별 = in**sight** 재능, 재주(천부적) = aptitude, gift, knack, talent

fall [fɔːll]	떨어지다, 낙하, 가을, 멸망, 폭포 ☞ **fall**en 떨어진, 영락한 ☞ down**fall** 몰락, 멸망 = waterloo / **fall** down 실패하다
be**fall** [bifɔ́ːl]	일어나다, 닥치다(재난·불행) = ensue, occur, take place
fallacy [fǽləsi]	오류, 허위 = falsehood, falsity ⓐ **fall**acious 틀린, 그릇된 잘못된 생각(의견·신념·신앙·추론), 궤변 = sophism

fame [feim]	명성, 명예 = celebrity, reputation ☞ notoriety 악명 ↔ obscurity 무명, 어두컴컴함 ☞ anonymity 익명, 작자불명
de**fame** [diféim]	비방하다, 중상하다 = malign, slander, disparage, libel ☞ **defam**ation 명예훼손, 비방 = calumny, denigration, libel

fan [fæn]	부채, 팬, 열렬한 애호가 = booster, enthusiast, zealot ☞ electric fan 선풍기 / electric 전기의, 발전용의
fan**atic** [fənǽtik]	광적인 ☞ fanaticism 광신주의 광신자 = bigot, enthusiast, zealot
fan**cier** [fǽnsiər]	동·식물 애호가, 공상가
fan**cy** [fǽnsi]	공상, 좋아함 ⓐ fanciful 공상적인
fan**tasy** [fǽntəsi]	공상, 환상 ⓐ fantas**tic** 환상적인, 굉장한 = fabulous

fare [fɛər]	운임(찻삯·뱃삯), 통행료 ☞ fair 공정한, 박람회(설명회) ☞ fared well (ill) 일이 순조롭게(시원찮게) 되어가다
war**fare** [wɔ́ːrfɛ̀ər]	전투(전쟁), 교전(상태) = battle, combat ☞ cold war 냉전
wel**fare** [wélfɛ̀ər]	복지, 후생 = well-being ☞ public welfare 공공복지 ☞ welfare system 복지제도 / welfare state 복지국가
farewell [fɛ̀ərwél]	작별, 고별, 안녕 = adieu, adios, goodbye ☞ A Farewell to Arms! 무기여 잘 있거라!

farther [fɑ́ːrðər]	더 멀리, 더 앞으로 ☞ far 멀리, 훨씬 / par 기준타수(골프)
fu**rther** [fə́ːrðər]	더 깊이, 진전시키다(조장하다) ☞ fur 모피

fatal [féitl]	치명적인, 운명의 = lethal, deadly, mortal ⓝ fate 운명
f**etal** [fíːtl]	태아의 = embryonic ⓝ fetus 태아 = embryo
p**etal** [pétl]	꽃잎 ☞ leaf 나뭇잎 / foliage 잎(집합적) / thorn 가시

feat [fiːt]	위업, 공적, 재주, 묘기 = achievement, exploit 공적, 공훈 ☞ fe**te** 축제, 향연, 향응하다 = feast, banquet, party
de**feat** [difíːt]	패배시키다, 쳐부수다 = foil, subdue, frustrate, thwart ☞ re**peat** 되풀이하다, 반복하다 ⓝ repetition 반복, 되풀이
feature [fíːtʃər]	얼굴의 생김새, 특징, 특집기사(란) ☞ features 용모, 얼굴

affect [əfékt]	영향을 끼치다 / ~인체하다 = assume, feign, pretend ☞ **unaffect**ed 영향을 받지 않는, 있는 그대로의, 꾸밈없는
de**fect** [difékt]	결점, 부족 = blemish, fault, flaw ⓐ defect**ive** 결함 있는 도망·탈출하다, 이탈·변절하다 ☞ defect**or** 변절자, 배신자
e**ffect** [ifékt]	결과, 효과 = outcome, result ☞ cause & effect 원인과 결과
in**fect** [infékt]	감염·전염시키다, 영향을 끼치다 = contaminate, de**fi**le
per**fect** [pə́:rfikt]	완전한, 결점이 없는 = complete, intact, flawless

affection [əfékʃən]	애정, 애착 = love, emotion, attachment ☞ affect**ation** 가식, 체함(~인) = airs, pretense, show
de**fection** [difékʃən]	탈당, 변절, 의무 불이행
in**fection** [infékʃən]	전염, 감염 = contamination, contagion
per**fection** [pərfékʃən]	완전, 완벽, 완성 / perfection**ism** 완전론(주의)

fend off [fend ɔf]	받아넘기다, 피하다 = avert, divert, parry, deflect ☞ fend **for** oneself 혼자 힘으로 꾸려나가다, 자활하다
de**fend** [difénd]	막다, 방어하다 = guard, protect, shield ☞ the defend**ant** 피고 ↔ the accused 원고 ⓝ de**fense** 방위, 방어, 수비 / 저지·방어하다(스포츠)
o**ffend** [əfénd]	성나게 하다, 위반하다 = violate, breach ☞ offend**er** 위반자, 범죄자 / offense 위반, 반칙, 공격 ☞ child-sex offender 아동 성폭력범

confer [kənfə́:r]	베풀다, 수여하다(선물·호의·학위·칭호) = accord, award, bestow 의논하다 = consult, converse, parley ⓝ confer**ence** 회의
de**fer** [difə́:r]	연기하다, 미루다 = delay, postpone, prolong, suspend 경의를 표하다 ⓝ deference 존경, 연기 ☞ di**ff**er 다르다
in**fer** [infə́:r]	추론하다, 암시하다 = as**s**ume, conjecture
o**ffer** [ɔ́(:)fər]	제공하다, 바치다(神) ☞ offer**ing** 공물, 제물, 헌금
pil**fer** [pílfər]	좀도둑질하다, 도용하다 = filch, purloin
pre**fer** [prifə́:r]	~을 더 좋아하다(오히려) ⓐ preferable 차라리 더 나은
re**fer** [rifə́:r]	언급·조회하다, 참고·참조하다 ⓝ refer**ence** 문의, 참조, 언급 ☞ reference section 참고문헌부

ferment [fə́:rment]	동요, 큰 소동을 일으키다 / 효소, 발효시키다
fo**ment** [foumént]	일으키다(불화·반란), 선동하다 = agitate, incite, inflame

infest [infést]	만연하다, 횡행하다 = overrun, beset / 노략질하다
fester [féstər]	곪다(상처), 화농(化膿) ☞ pester 괴롭히다, 고통을 주다
foster [fɔ́(:)stər]	양육·육성하다, 조장·촉진하다 = nurture, cultivate, further ☞ poster 포스터(광고전단) = advertisement, billboard, placard

deficient [difíʃənt]	부족한, 결함 있는 = inadequate, insufficient, defective, faulty ☞ trade deficits 무역적자 / deficit 부족, 결손, 적자
efficient [ifíʃənt]	능률적인, 효과적인(효율이 있는) ↔ inefficient 효과 없는 ☞ efficient machine 능률적인 기계 ⓝ efficiency 능률, 효율
proficient [prəfíʃənt]	숙달된, 능숙한 = adept, competent, masterful, skillful
sufficient [səfíʃənt]	충분한, 자격 있는 = adequate, abundant, ample, plenty ⓥ suffice 충분하다, 족하다

fiction [fíkʃən]	소설, 꾸며낸 이야기 = figment, lie, novel ☞ fictitious 허구의, 가공의 = fictional, imaginary, invented
friction [fríkʃən]	마찰 = abrasion, chafing, rubbing 알력, 불화, 충돌 = collision, conflict, feud

figure [fígjər]	계산하다, 궁리하다 : ⓝ 숫자, 모양, 비유, 인물, 명사
configure [kənfígjər]	형성하다, 배열하다, 구성하다(컴퓨터)
disfigure [disfígjər]	손상하다, 추하게 하다 = impair, mar, maim, mangle, mutilate
transfigure [trænsfígjər]	모양을 바꾸다, 미화·신화하다
figur**ative** [fígjərətiv]	비유적인, 조형적인 ☞ metaphorical 은유적인

file [fail]	서류철(綴), 파일(정리된 자료), 정리 보관하다(철하여) 제출하다(서류), 제기하다(소송·항의·신청)
defile [difáil]	더럽히다, 모독하다(신성), 순결을 빼앗다(여성)

profile [próufail]	옆모습, 윤곽 = contour, outline ☞ 인물단평, 인물소개 ☞ high-profile 관심과 주목의 대상이 되는

fill [fil]	채우다, 보충하다 = furnish, provide, supply ☞ fill in 적어 넣다(서류·빈곳) = fill out
full [ful]	가득한, 충분한, 충만한 / 최고의, 최대한의 / 차다(달)
ful**fill** [fulfíl]	이행·완수하다(약속·의무), 완료·성취하다 ⓝ fulfillment = do, execute, perform, accomplish, achieve, complete

final [fáinəl]	결승전, 파이널 ☞ 마지막의, 최종의, 최후의
semi**final** [sèmifáinəl]	준결승(의), 4강 ☞ semi 반, 이분의 일 = half
quarter**final** [kwɔ̀:rtərfáinəl]	준준결승(의), 8강 ☞ quarter 사분의 일

fine [fain]	벌금, 순수한, 멋진 ☞ pine 연모하다 = long, yearn ☞ finesse 교묘한 처리, 술책, 솜씨 좋게 처리하다
con**fine** [kənfáin]	한정하다, 감금하다 ⓝ confinement 한정, 감금
de**fine** [difáin]	규정짓다, 정의를 내리다 ☞ High-Definition 고선명 ☞ definitive 결정적인, 최종적인 ⓝ definition 정의(定義)
re**fine** [rifáin]	정제하다, 품위 있게 하다 ⓐ refined 세련된 = urbane

finish [fíniʃ]	끝내다, 마치다, 완성·완료하다 = complete ☞ fin 지느러미 / fins 물갈퀴 = flipper
af**finity** [əfínəti]	인척(관계), 동족관계, 유사성
in**finity** [infínəti]	무한대 ☞ infinitive 부정사(不定詞), 부정형의

firm [fə:rm]	굳은, 단단한, 회사 ☞ law firm 법률 사무소(대규모) ☞ securities firm 증권회사 / securities 유가증권
af**firm** [əfə́:rm]	확인하다, 단언하다 = assert ☞ affirmative 긍정적인
con**firm** [kənfə́:rm]	확실히 하다, 승인하다(재가·비준 등) = ratify ⓝ confirmation 확정, 비준 = ratification

infirm [infə́ːrm]	허약한, 불안정한 = feeble, fragile, frail, weak ⓝ infirmity 허약, 병약함 = ailment, disease, illness, malady ☞ infirmary 진료소, 의무실 = clinic / sanatorium 요양지

fit [fit]	발작, 적합 = attack, convulsion, paroxysm 어울리는, 꼭 맞는 ⓐ fitful 발작적인
befit [bifít]	~에 적합하다, 어울리다 = become, suit
misfit [mísfit]	환경적응을 못하는 사람 = dropout, maverick, oddball
outfit [áutfit]	채비, 여장, 준비, 단체, 집단, 회사
fitness [fítnis]	건강상태, 체력, 건강관련사업 ☞ pit 구덩이, 갱(坑)

fix [fiks]	고정시키다, 수리하다 = repair, mend ☞ fixed price 정가 / fixed 고정된, 일정(불변)한
affix [əfíks]	첨부하다, 붙이다(우표), 도장 찍다, 서명하다 = attach ↔ detach 떼다, 분리하다
prefix [príːfiks]	접두사(를 붙이다)
suffix [sʌ́fiks]	접미사(를 붙이다)
transfix [trænsfíks]	~을 찌르다, 못 박다 = impale, nail down

flag [flæg]	축 늘어지다, 감소·쇠퇴하다 = abate, ebb, languish, sag, wane ☞ flagging 축 늘어지는 ↔ unflagging 지치지 않는
flagrant [fléigrənt]	극악한, 언어도단의 = atrocious, monstrous, notorious ⓝ flagrance 극악, 악명 = notoriety ☞ grant 주다, 승인하다
flagship [flǽgʃìp]	최고의 것, 기함 ☞ 본사, 본교
conflagration [kànfləgréiʃən]	대화재, 대재난 = blaze, fire, firestorm, holocaust

flame [fleim]	불길, 화염 = blaze, conflagration ☞ frame 구조, 틀
inflame [infléim]	불태우다, 선동·자극하다 = incite, provoke, stimulate ☞ inflammable 가연성의 ↔ nonflammable 불연성의
inflammatory [inflǽmətɔ̀ːri]	열광·격앙시키는, 선동적인 = igniting, inciting
flamboyant [flæmbɔ́iənt]	불타오르는 듯한, 화려한(경력) = flashy, garish, gaudy

flat [flæt]	편평하게, 납작하게, 정확히 ☞ flat-out 전력을 다해서, 최고속도로, 전적으로
flat**ly** [flǽtli]	단호하게, 단조롭게 ☞ flat**ulent** 부풀은
flat**ten** [flǽtn]	쓰러뜨리다, 때려눕히다, 압도하다
flat**ter** [flǽtər]	아부하다, 우쭐해하다 ⓝ flattery 아부, 치렛말
a**fflatus** [əfléitəs]	영감(시인·예언자), 인스피레이션 = inspiration

inflation [infléiʃən]	경기팽창 ☞ hyper-inflation 초 인플레이션 ⓥ in**flate** 팽창시키다, 공기를 넣다 = dilate, swell
deflation [difléiʃən]	경기수축 ⓥ de**flate** 수축시키다, 공기를 빼다 = flatten ☞ stagnation 침체, 불경기 = depression, slump
slumpflation [slʌmpfléiʃən]	슬럼프플레이션(불황속에서도 인플레가 수습되지 않는 상태) 불경기하의 인플레이션(= slump + inflation)

deflect [diflékt]	피해가다(비난·책임), 따돌리다 = avert, diverge, divert, parry
inflect [inflékt]	굴곡·변화시키다(목소리), 활용시키다(어형)
reflect [riflékt]	반사·반영하다, 숙고하다 = contemplate, deliberate, ponder

flection [flékʃən]	굴곡, 굴곡부 = curve
deflection [diflékʃən]	편향, 탈선, 비뚤어짐 = aberration, deviation
inflection [inflékʃən]	굴절, 굴곡, 활용, 어형변화
reflection [riflékʃən]	반사, 반성, 숙고 = contemplation, deliberation, meditation

flee [fli:]	도망치다, 피하다 = abscond, elude, evade, shun, escape
flee**ce** [fli:s]	사취하다, 속여 빼앗다, 양털 = swindle, defraud, bilk, cheat
flee**t** [fli:t]	함대, 어느덧 지나가다 ⓐ fleet**ing** 빨리지나가는, 덧없는

flex [fleks]	구부리다, 습곡하다 ⓐ flex**ible** 휘기 쉬운
circumflex [sə́:rkəmflèks]	곡절(曲折)악센트가 있는, 만곡(彎曲)한
reflex [rí:fleks]	반사적인(생리), 반사작용(운동) ☞ reflection 반사

afflict [əflíkt]	괴롭히다, 고통을 주다 = rack, torment, smite ⓝ affliction 고통, 고뇌, 재해, 불행 ☞ flit 훌쩍 날다, 스치다(머릿속), 이사하다(몰래)
conflict [kánflikt]	투쟁, 갈등, 충돌, 부조화 = contention, controversy, strife
inflict [inflíkt]	상처·고통을 주다(가하다) ⓝ infliction 처벌, 고통

florescent [flɔːrésənt]	꽃이 핀, 꽃이 한창인 = blooming, flourishing, thriving ☞ effloresce 꽃이 피다, 개화·번영하다(문화)
fluorescent [flùərésnt]	형광을 발하는, 형광성의, 빛나는 ☞ fluorescent lamp 형광등

affluence [ǽfluəns]	부유 = opulence, wealth, riches
confluence [kánfluəns]	합류(점 : 강), 집합(사람), 군중 = concourse
influence [ínfluəns]	영향, 세력, 사람을 좌우하는 힘 = might, power, sway

fluent [flúːənt]	유창한, 능변의 = eloquent ⓝ fluency 유창, 능변
affluent [ǽfluənt]	부유한, 유복한 = wealthy, rich
confluent [kánfluənt]	합류하는, 만나 합치는
effluent [éfluənt]	유출·방출하는 / 하수, 오수, 폐수(환경오염)
influent [ínfluənt]	흘러 들어가는, 유입하는

flux [flʌks]	흐름, 변화, 밀물 = flood, flow ☞ in flux 유동적인 ☞ flex 구부리다, 습곡하다 / flexible 유연한, 융통성 있는
afflux [ǽflʌks]	흘러듦, 유입(流入), 쇄도(군중)
efflux [éflʌks]	유출, 발산, 시일의 경과, 기일의 종료
influx [ínflʌks]	유입(流入), 도래(到來), 폭주, 쇄도 = afflux

fold [fould]	우리(양), 주름, 접다 ☞ 배(倍), 겹, 중(重) 동료(목적 or 가치관이 같은 사람들)
manifold [mǽnəfòuld]	다양한, 복잡한 = diverse, various ☞ 사본(복사기)
twofold [túːfòuld]	이중의, 두 가지 측면의 = duplicate
unfold [ʌnfóuld]	펴다, 펼치다, 전개하다(되다)

folk [fouk]	민속의, 민중의 ☞ folks = people 사람들
folklore [fóuklɔ̀ːr]	민속(학), 민간전승 ☞ lore 지식, 학문
folk-tale [fouk-teil]	설화, 민담 ☞ tale 이야기, 설화 = story
folk-ways [fouk-weiz]	관습, 사회적 관행 ☞ ways 풍습, 풍(식) / custom 관습

foot [fut]	지급하다, 비용을 부담하다 ☞ 발, 걷다, 30cm ☞ foot the bill 셈을 치르다, 떠맡다(비용·책임·부담)
footage [fútidʒ]	장면(영화·필름의 연속된)
footprint [fútprint]	발자국 ☞ finger print 지문 / finger 손가락 ☞ print 자국, 인쇄, 출판하다, 출판물(신문·잡지)

force [fɔːrs]	강요하다, 강제하다 = compel, coerce, constrain ⓐ forcible 강제적인, 강력한 / forceful 힘 있는
enforce [enfɔ́ːrs]	실시하다, 집행하다 ⓝ enforcement 시행(실시), 강제
perforce [pərfɔ́ːrs]	어쩔 수 없이, 부득이, 강제적으로 = necessarily
reinforce [rìːinfɔ́ːrs]	강화하다, 보강하다 ⓝ reinforcement 보강 ☞ rein 고삐, 구속, 제어하다 / reign 통치, 지배하다

forest [fɔ́ːrist]	숲 = woods ☞ grove 작은 숲
forestation [fɔ̀ːristéiʃən]	조림(造林), 식림(植林)
deforestation [diːfɔ̀ːristéiʃən]	벌목(伐木) ☞ bush 관목, 수풀 = shrub

form [fɔːrm]	형성하다, 구성하다 ☞ format 체제, 전체구성, 틀 잡기 ☞ formal 공식의 ↔ informal 비공식의
conform [kənfɔ́ːrm]	따르게 하다, 순응시키다(규범·관습) = adapt, adjust 일치하다, 일치시키다
deform [difɔ́ːrm]	흉하게 되다, 불구로 하다 = disfigure, mar, maim, mangle
inform [infɔ́ːrm]	알리다, 정보를 주다, 밀고하다 = advise, apprise, notify
perform [pərfɔ́ːrm]	실행·이행하다, 공연·연기하다 ⓝ performance 공연·실행
reform [riːfɔ́ːrm]	개혁하다, 개정하다 = amend, better, correct
transform [trænsfɔ́ːrm]	변형시키다, 바꾸다(성질·기능·구조) = change, transmute

uniform [júːnəfɔ̀ːrm]	제복, 한결같은 ↔ multiform 다양한, 여러 모양을 한
formula [fɔ́ːrmjələ]	수학공식, 화학식 ☞ reformulate 공식화 하다

formation [fɔːrméiʃən]	형성, 구성, 편성, 편대(대형)
conformation [kànfɔːrméiʃən]	구조(構造) ☞ conformity 순응, 복종, 적합
deformation [dìːfɔːrméiʃən]	추함, 모양을 망침 ☞ deformity 기형, 불구(자)
information [ìnfərméiʃən]	지식, 정보자료 ☞ informant 정보·기밀제공자
malformation [mælfɔːrméiʃən]	기형, 불구, 볼꼴 사나움
reformation [rèfərméiʃən]	개혁, 개정, 개선 = improvement, revision
transformation [trænsfərméiʃən]	변형 = metamorphosis, transmutation

fort [fɔːrt]	요새, 성채, 보루 = bastion, bulwark, citadel, rampart 상설 주둔지(미 : 육군) ☞ fortress 요새, 안전 견고한 곳 ☞ comfort 편안, 위로(하다) ↔ discomfort 불쾌, 불안, 불편
effort [éfərt]	노력, 수고 = endeavor, exertion
forte [fɔːrt]	강점, 특기 = strong point, strength ☞ 포르테의 ↔ foible, weakness, weak point 약점
fortitude [fɔ́ːrtətjùːd]	용기, 불굴의 정신, 강한 참을성 = mettle, tenacity

foul [faul]	더러운, 부정한 = adulterated, filthy, soiled
afoul [əfául]	충돌하여, 엉클어져(서술적) ☞ run afoul of~ : ~와 충돌하다, 귀찮게·시끄럽게 되다
befoul [bifául]	오염시키다 = pollute, contaminate

found [faund]	설립하다 = build, establish ☞ foundation 창설, 기초, 바탕 ☞ pound 때려 부수다, 연타하다
confound [kənfáund]	혼동하다, 당황케 하다 = baffle, bewilder, perplex 좌절시키다, 깨뜨리다 = disconcert ☞ compound 합성하다, 혼합물

profound [prəfáund]	깊은, 심오한 = deep / 심연, 심해 ↔ shallow, superficial 얕은, 피상적인
founder [fáundər]	침몰하다, 실패하다(사업·경제) = collapse, fail, sink

fracture [fræktʃər]	파열, 골절 / 부수다, 부러뜨리다 (뼈)
refract [rifrǽkt]	굴절시키다(광선)
fraction [frǽkʃən]	단편, 파편, 소량(빵을 뗌: 미사·성찬식) = particle
infraction [infrǽkʃən]	위반, 침해, 반칙 = breach, encroachment, infringement

fragile [frǽdʒəl]	망가지기 쉬운, 허약한 = brittle, flimsy, frail
fragrant [fréigrənt]	향기로운 = aromatic　ⓝ fragrance 향기 = aroma 향기, 기품 ☞ flagrant 극악무도한, 악명 높은 = notorious
fragment [frǽgmənt]	파편, 조각, 단편　☞ frag 파편 수류탄 / frog 개구리 ⓐ fragmentary 단편적인, 미완성의
fragmentation [frǽgməntéiʃən]	분열, 분단, 붕괴 = disintegration

fray [frei]	논쟁, 소동, 싸움 = broil, conflict, fight, fracas, melee 문지르다, 소모하다(신경)　☞ pray 기도하다
affray [əfréi]	경기(미), 싸움(공공장소)
defray [difréi]	지불하다(비용), 부담하다

fringe [frindʒ]	외곽, 근교, 가장자리 = border, edging, outskirts, suburbs 술 장식, 과격파 그룹(경제·사회·정치)
infringe [infríndʒ]	위반하다(법규), 침해하다(권리·특허)　ⓝ infringement = encroach, entrench, trespass, violate

front [frʌnt]	정면, 앞면, 프런트(호텔) = facade 정면, 외관
affront [əfrʌ́nt]	창피를 주다, 모욕하다(면전) = humiliate, insult, offend 직면하다, 태연히 맞서다(죽음·위험)
confront [kənfrʌ́nt]	직면하다, 맞서다 = encounter, face ↔ avoid, dodge 피하다

forefront [fɔ́:rfrʌ̀nt]	맨 앞, 선두, 선봉 = head, lead, vanguard
frontier [frʌntíər]	국경, 변경 = borders, boundary ↔ heartland 심장지대
effrontery [efrʌ́ntəri]	철면피, 파렴치, 뻔뻔스러움 = audacity, gall, impudence

fume [fju:m]	못마땅해 하다, 노발대발하다 = rage, rant, rave, seethe
perfume [pɔ́:rfju:m]	향기, 향료, 향수 = aroma, bouquet, fragrance ↔ stench 악취 = stink

function [fʌ́ŋkʃən]	기능(역할), 함수, 작용하다 = act, operate, work ☞ compunction 양심의 가책(후회) = remorse, repentance
dysfunction [disfʌ́ŋkʃən]	역(逆)기능, 기능장애, 부전(不全) = disfunction
malfunction [mælfʌ́ŋkʃən]	기능불량 = breakdown, failure
functionary [fʌ́ŋkʃənèri]	공무원, 관리, 직원 = official
defunct [difʌ́ŋkt]	죽은, 현존하지 않는 = dead, perished, bygone, vanished
perfunctory [pərfʌ́ŋktəri]	형식적인, 기계적인 = automatic, cursory, superficial

fur [fə:r]	모피, 모피동물 ☞ furs 모피제품
furnace [fɔ́:rnis]	노(爐), 아궁이, 용광로, 혹독한 시련
furor [fjúrɔ:r]	벅찬 감격, 열광 = frenzy
furtive [fɔ́:rtiv]	은밀한, 교활한 = clandestine, covert, stealthy

furbish [fɔ́:rbiʃ]	닦다, 윤을 내다 = polish, brush up ☞ refurbish 다시 닦다, 일신하다 = renovate
furnish [fɔ́:rniʃ]	공급·제공하다, 비치·설비하다 = equip, provide, supply ☞ punish 벌하다, 응징하다 ↔ pardon, forgive 용서하다 ☞ burnish 닦다, 윤내다 = gloss, luster

fuse [fju:z]	신관(도화선), 융화시키다
circumfuse [sə̀:rkəmfjú:z]	붓다(빛·액체), 끼얹다 ⓝ circumfusion
confuse [kənfjú:z]	혼동(혼란)시키다 = baffle

defuse [di(:)fjú:z]	위험을 제거하다, 신관을 제거하다(폭탄·지뢰) 완화하다 = alleviate, mitigate
diffuse [difjú:z]	만연된, 널리 퍼진 = dispersed, prevalent / 산만한, 말 많은 발산·확산하다, 퍼뜨리다 = disseminate ⓝ diffusion
profuse [prəfjú:s]	후한, 아낌없는, 풍부한 = lavish, opulent, plentiful 사치스러운 = extravagant, luxurious, prodigal
refuse [rifjú:z]	거부하다, 거절하다 ⓝ refusal 거부, 거절
suffuse [səfjú:z]	뒤덮다, 가득하게 하다
transfuse [trænsfjú:z]	스며들게 하다(액체·정신·색), 불어넣다 = permeate

fusion [fjú:ʒən]	용해(융합), 제휴, 연합 ↔ fission 분열 ☞ fissure 균열, 틈
confusion [kənfjú:ʒən]	혼동, 당황 ☞ contusion 타박상 = bruise
effusion [efjú:ʒən]	발산(빛·향기), 유출 ⓐ effusive 심정을 토로하는
profusion [prəfjú:ʒən]	풍부, 낭비
suffusion [səfjú:ʒən]	뒤덮음, 충일
transfusion [trænsfjú:ʒən]	수혈(혈관주사), 주입(注入)

fuss [fʌs]	안달하다, 공연한 소란 = ado, bustle
fussy [fʌ́si]	까다로운(성격) = fastidious
fuzzy [fʌ́zi]	흐릿한, 불분명한 = hazy, obscure, blurred

Regrouping G

gain [gein]	얻다, 빠르다(시계) ↔ lose 잃다, 늦다(시계), 지다 ☞ again 다시, 또, 다시 한 번
bargain [báːrgən]	매매, 거래 ☞ 싸게 산 물건, 떨이
regain [rigéin]	되찾다, 회복하다 = recover, recoup

gale [geil]	강풍, 질풍 = gust, blast, tempest ↔ breeze 미풍 ☞ galore 푸짐한, 풍부한(명사 뒤)
regale [rigéil]	향응, 즐겁게 하다 = amuse, entertain, please, delight

gap [gæp]	갈라진 틈, 간격, 차이, 격차 = hiatus
gasp [gæsp]	숨 막힘, 헐떡거림 ⓐ gasping = panting 헐떡거리는

garb [gaːrb]	의장, 복장 = apparel, costume, garment, outfit
garble [gáːrbəl]	왜곡하다(사실·문서) = distort
garbage [gáːrbidʒ]	쓰레기, 폐품 = trash, junk, waste, debris
garage [gərάːʒ]	차고, 자동차 수리소 ☞ garage sale 헐값처분

gastrology [gæstrάlədʒi]	위학(胃學), 요리학 ☞ astrology 점성술
gastronomy [gæstrάnəmi]	식도락, 요리법 ☞ gastroscope 위내시경 ☞ gastronome 미식가 = epicure, gourmet

gate [geit]	입구, 요금 징수소 ☞ tollgate 통행료 징수소(도로)
negate [nigéit]	부정·취소하다, 무효로 하다 = annul, cancel, deny, nullify
legate [ligéit]	유산으로서 물려주다, 유증하다 = bequeath
ligate [láigeit]	묶다, 동여매다 로마교황사절(특사), 공식사절(대사·공사)
relegate [réləgèit]	좌천시키다, 지위를 떨어뜨리다, 뒷전으로 미루다

gauge [geidʒ]	측정·평가·판단하다 = assess, estimate, evaluate, measure
gouge [gaudʒ]	도려내다, 착취하다, 바가지 씌우다 ☞ gorge 게걸스레 먹다 ↔ disgorge 게워(토해)내다

gem [dʒem]	보석, 귀중품 = bijou, jewel, precious stone
germ [dʒəːrm]	미생물, 병원균, 싹틈, 어린 싹(조짐) ⓥ germinate 싹트다, 생겨나다(생각·감정)
german [dʒə́ːrmən]	부모가 같은 ☞ German 독일의, 독일사람
germane [dʒəːrméin]	밀접한 관계가 있는, 적절한 = pertinent, apropos

gender [dʒéndər]	성(性), 성별 = sex ☞ sexism 성차별주의(여성)
engender [endʒéndər]	야기 시키다, 감정이 생기게 하다 = cause, generate, provoke
trans-gender [trænsdʒéndər]	성전환자 = transsexual

gene [dʒiːn]	유전자 ⓐ genetic 유전적인 / genetics 유전학 ☞ gene therapy 유전자 치료 / therapy 치료, 요법
genealogy [dʒìːniǽlədʒi]	가계, 혈통 = family tree, lineage, pedigree
generality [dʒènərǽləti]	일반적인 진술, 대부분, 일반성 ⓐ general 일반적인
generation [dʒènəréiʃən]	세대 ☞ progeny 자손
generic [dʒənérik]	총칭적인(문법 : 수·인칭·시제), 일반적인 = general
generosity [dʒènərásəti]	관대(함) ⓐ generous 인심 좋은, 돈을 잘 쓰는
genesis [dʒénəsis]	발단, 기원, 창세기 = origin, beginning ☞ autogenesis 자연(우연)발생설 = abiogenesis

generate [dʒénərèit]	낳다, 발생시키다 ⓝ generation 세대, 발생, 산출
degenerate [didʒénərèit]	타락·퇴보하다, 나빠지다 = degrade, retrogress ⓝ degeneration 타락, 퇴보, 퇴화
regenerate [ridʒénərèit]	혁신하다, 재생시키다 ⓝ regeneration 재생, 혁신

genial [dʒíːnjəl]	온화한, 상냥한 = affable, amiable ⓝ geniality 온화
congenial [kəndʒíːnjəl]	같은 성질의, 마음에 맞는 = cordial, sympathetic ↔ uncongenial 마음에 맞지·들지 않는

genital [dʒénətəl]	생식(기)의 ☞ genitals 생식기 / eugenics 우생학
congenital [kɑndʒénətl]	선천적인, 타고난 = hereditary, inborn, innate

agent [éidʒənt]	대리인, 첩보원 ☞ enemy agent 첩자, 스파이 = spy ☞ agency 기관, 국(정부), 대리점 = bureau, department
cogent [kóudʒənt]	강력한, 설득력 있는 = convincing, persuasive, influential
pungent [pʌ́ndʒənt]	신랄한, 자극성의 = sour, acerbic, acrid, bitter, poignant
regent [ríːdʒənt]	섭정, 학생감 ☞ the Queen Regent 섭정여왕
urgent [ə́ːrdʒənt]	긴급한, 급박한, 중대한 ⓝ urgency 긴급, 화급 = exigency

gentle [dʒéntl]	예의바른, 온화한 = moderate, mild, courteous ☞ gentleman 신사 ↔ lady 숙녀 ☞ Ladies & gentlemen! 신사, 숙녀 여러분! = You guys!
genteel [dʒentíːl]	가문이 좋은, 품위 있는 = aristocratic, refined, elegant

geoid [dʒíːɔid]	지오이드, 지구의 모양 ☞ geo 지구, 토지
geography [dʒiːǽgrəfi]	지리학, 지리(형) ☞ graphy 서법(書法), 기록법 ⓐ geographic 지리적인, 지리학상의
geology [dʒiːɑ́lədʒi]	지질학 ☞ logy ~학, ~론(論), 말, 담화
geometry [dʒiːɑ́mətri]	기하학 ☞ metry 측정법(술·학)

gesture [dʒéstʃər]	몸짓, 동작, 제스처 = gesticulation 몸짓, 손짓 ☞ jest 농담, 익살 / zest 풍미, 열정
congest [kəndʒést]	혼잡하게·넘치게 하다, 충혈 시키다 ⓝ congestion 밀집, 과잉, 혼잡, 충혈
digest [didʒést]	소화하다, 요약하다 ☞ metabolize 물질 대사시키다 요약, 개요 = abstract, summary, synopsis

ingest [indʒést]	섭취하다(음식·약), 수집하다(정보) ↔ egest 배출하다, 배설하다
	☞ vomit 토해내다 = disgorge ↔ gorge 게걸스레 먹다
suggest [səgdʒést]	암시하다 = hint, imply, insinuate, intimate
	제안하다 = propose, submit

dagger [dǽɡər]	단검, 칼표(†) ☞ nagger 바가지 긁는 여자
stagger [stǽɡər]	비틀거리다, 놀라게 하다
	☞ staggering 비틀거리는, 어마어마한, 경이적인
	= astonishing, overwhelming, stunning
swagger [swǽɡər]	활보하다, 으스대며 걷다 = strut

ghastly [ɡǽstli]	끔찍한, 소름끼치는 = horrible, appalling, grisly
ghostly [ɡóustli]	유령의, 망령의 = spectral, spooky
	☞ ghost 유령 = apparition, phantom, specter, spook

rigid [rídʒid]	굳은, 완고한(엄격한) = adamant, inflexible, obdurate
	↔ supple, flexible, lenient 부드러운, 관대한
frigid [frídʒid]	추운, 혹한(극한)의 = chilly, cold, freezing, frosty
	↔ scorching, torrid 타는 듯한 / sultry 무더운
turgid [tə́:rdʒid]	부어오른, 과장된
	= bloated, swollen, bombastic, exaggerated

agitate [ǽdʒətèit]	선동하다, 동요시키다 = churn, stir
cogitate [kádʒətèit]	숙고하다, 궁리하다 = contemplate, deliberate, meditate
	ⓝ cogitation 사고, 숙고, 명상 = meditation, contemplation

give [ɡiv]	주다, 수여·부여하다 = bestow, confer, endow
	☞ give in 제출하다 = submit / 항복하다 = surrender
	☞ give off 방출하다(냄새·빛) / give over 넘겨주다, 양도하다
	☞ give out 배포하다, 공표하다 / give up 포기하다, 단념하다
forgive [fərɡív]	용서하다, 탕감하다 = absolve, acquit, exonerate, pardon
misgiving [misɡíviŋ]	의혹, 불안 = doubt, qualm, suspicion

glitch [glitʃ]		고장(갑작스런), 순간적 이상(전류) = error, malfunction
glitz [glits]		눈부신 것(현란한 것), 야함, 현혹
		ⓐ glitzy 현란한, 번지르르한 = dazzling, showy

glory [glɔ́:ri]	영광, 영예 = accolade, honor, laurel
	ⓐ glorious 영광스러운, 거룩한
	☞ morning-glory 나팔꽃
vainglory [vèinglɔ́:ri]	허영심, 자만심 = conceit, pride, vanity
	ⓐ vainglorious 허영심이 강한 ☞ vain 헛된, 공허한

globe [gloub]	구, 지구 ⓐ global 지구의, 전 세계의
glove [glʌv]	장갑, 글러브 ☞ gauntlet 손등, 팔의 보호구
grove [grouv]	작은 숲 = bush, shrub ☞ prove 증명하다, 판명되다
grovel [grávəl]	기다 = creep, crawl
	굴복하다, 아첨·비하하다 = fawn, flatter, toady

glut [glʌt]	포식, 공급과잉, 재고과다 = oversupply, plethora, surplus
	포식시키다, 물리게 하다, 과다하게 공급하다
glutton [glʌ́tn]	대식가, 열중하는 사람 = gourmand, hog
gluttonous [glʌ́tənəs]	게걸스러운 = greedy, ravenous, voracious
glutinous [glú:tənəs]	끈적끈적한, 아교질의 = viscous ☞ glue 아교, 접착제

go [gou]	가다, 떠나다, ~가 되다 ☞ go out 외출하다, 정전되다
forgo [fɔ:rgóu]	그만두다, 버리다, ~없이 지내다 = abdicate, relinquish
forego [fɔ:rgóu]	선행하다, 앞서다 ☞ foregoing 전의, 전술한
outgo [áutgóu]	지출, 퇴출 = expenditure ↔ income 수입 / revenue 세입
	☞ outgoing 은퇴하는, 사교적인, 개방적인 / outcome 결과
undergo [ʌ̀ndərgóu]	경험하다(겪다), 당하다(받다) = suffer(from)
	☞ go-between 중매인 / between ~사이에(둘) / among(셋 이상)
bygone [báigɔ̀:n]	지나간, 과거의, 과거(사)
gory [gɔ́:ri]	피투성이의, 잔학한, 처참한(전쟁·소설) = bloody, grisly

govern [gʌ́vərn]		통치하다 ☞ self-governing 자치의
		☞ govern colonies 자치식민지 / govern dominion 자치령
governor [gʌ́vərnər]		지사(주·도), 행정관 / mayor 시장 / president 대통령
		☞ premier 수상 = prime minister / minister 장관, 성직자
government [gʌ́vərnmənt]		정부, 통치(권) = administration(미)
		☞ federal government 연방정부 / federal 연방의

grade [greid]	성적, 등급, 정도 ⓐ gradual 점진적인
degrade [digréid]	지위를 낮추다, 강등, 격하(시키다)
	ⓝ degradation 퇴화, 좌천, 하강, 타락
upgrade [ʌ́pgrèid]	지위를 높이다, 증가, 향상(시키다)
	☞ update 최신의 것으로 하다

graduate [grǽdʒuèit]	졸업하다, 졸업자(대학) ⓝ graduation 졸업
postgraduate [póustgrǽdʒuit]	대학졸업 후의, 대학원생의
	☞ bachelor 학사 / master 석사 / doctor 박사, 의사
undergraduate [ʌ̀ndərgrǽdʒuit]	대학생, 학부생 ☞ graduate school 대학원(생)

anagram [ǽnəgrӕm]	철자 바꾸기(어구), 글자 수수께끼 ☞ gram 기록, 그림, 문서
cryptogram [kríptougrӕm]	암호(문) ☞ crypt 토굴, 지하실
	☞ cryptic 비밀의 = enigmatic, hidden, mysterious
diagram [dáiəgrӕm]	도형(도표), 도해 ☞ diaphragm 횡경 막
epigram [épigrӕm]	경구(警句), 풍자시(짧은) ☞ adage, aphorism, maxim 금언
monogram [mánəgrӕm]	모노그램(성명 첫 글자 등을 도안화(化)하여 짜 맞춘 글자)
program [próugrӕm]	프로그램, 차례표(계획) ☞ 상연종목, 연주곡목
telegram [téləgrӕm]	전보, 전신 = telegraph ☞ grammar 문법
	☞ telephone 전화 / telescope 망원경 / television TV

graph [grӕf]	그래프, 도식(圖式), 도표 ☞ graphite 흑연, 석묵
autograph [ɔ́:təgrӕf]	자필서명(유명인) ☞ endorsement 배서 / signature 서명
cartograph [ká:rtəgrǽf]	삽화지도 = map, atlas ☞ cartographer 지도제작자

di**graph** [dáigræf]	이중자, 2자 1음 ☞ 두 글자가 한 음(音)을 나타내는 것(ex : ch : k, t∫, ∫)
holo**graph** [háləgræf]	자필문서(증서), 자필의
homo**graph** [háməgræf]	동형이의어(同形異義語) (ex) : bark 짖다, 나무껍질
mono**graph** [mánəgræf]	전공논문 ☞ thesis 논문
para**graph** [pǽrəgræf]	문장의 절(節), 항(項), 단락 ☞ clause 문법의 절(節) / phrase 문법의 구(句)
steno**graph** [sténəgræf]	속기문자, 속기로 쓰다 ☞ stenograph**er** 속기사 ☞ shorthand 속기 / shorthand typist 속기 타이피스트

graphy [grǽfi]	서법(書法), 기록법 ⓐ graph**ic** 생생한, 그려놓은 듯한 ☞ graph**ically** 생생하게, 여실히, 사실적으로
biblio**graphy** [bìbliágrəfi]	서지학(書誌學), 서적해제(解題), 저서(출판·참고서)목록
calli**graphy** [kəlígrəfi]	서예, 달필 ↔ cacography 악필, 오철(誤綴)
choreo**graphy** [kɔ̀:riágrəfi]	안무(발레·무용), 안무기술(법) ⓐ choreographic 안무의
demo**graphy** [dimágrəfi]	인구통계학 ☞ demo**graphic** 인구통계학의 ☞ demographics 인구통계 / demo 민중
holo**graphy** [həlágrəfi]	입체영상, 레이저사진술 ☞ hologram 홀로그램
photo**graphy** [fətágrəfi]	사진촬영(술) ☞ photo 빛, 사진, 광전자 ☞ photocopy machine 복사기 ☞ aerial photography 항공사진술 / aerial 공기의, 항공의
picto**graphy** [pìktágrəfi]	그림문자, 상형문자
tomo**graphy** [təmágrəfi]	X선 단층(사진) 촬영(진단법)
topo**graphy** [toupágrəfi]	지형, 지세(도) ☞ terrain 지형, 영역 / contour 윤곽, 지형선
typo**graphy** [taipágrəfi]	활판인쇄술, 조판, 인쇄의 체재 ⓐ typographical 활판인쇄술의, 인쇄상의

grate [greit]	초조하게 만들다, 갈다(비비다·삐걱거리다 : 쇠창살)
deni**grate** [dénigrèit]	더럽히다(명성), 훼손하다(인격·명예) = defame
grateful [gréitfəl]	감사해 하는, 고마워하는 = thankful

gratify [grǽtəfài]	만족시키다, 기쁘게 하다 = please, rejoice, satisfy
	ⓐ gratifying 만족을 주는
gratification [grætəfikéiʃən]	만족, 충족 = contentment, satisfaction
gratitude [grǽtətjù:d]	감사, 사의(謝儀) = acknowledgment, appreciation

green [gri:n]	녹색의, 미숙한, 질투에 불타는
evergreen [évərgrì:n]	상록수, 상록의, 불후의(작품) ↔ deciduous 낙엽성의
greengrocer [grí:ngròusər]	청과물상인, 야채장수
	☞ grocer 식료품상인 / grocery 식료품점, 식료품류(pl)

aggregate [ǽgrigèit]	모이다, 총계 / 합계의 / ~에 달하다(총계)
	ⓝ aggregation 집합(체), 집단 = combination, conglomeration
congregate [káŋgrigèit]	모으다, 군집하다 = assemble, collect, flock, gather, throng
	ⓝ congregation 집회, 회중 = assembly, audience, crowd
segregate [ségrigèit]	분리·격리하다, 인종차별하다
	= seclude, separate, sequester
	ⓝ segregation 격리, 분리, 인종차별 = color bar, apartheid

gregarious [grigɛ́əriəs]	무리를 지어 사는, 군거하는 = sociable
egregious [igrí:dʒəs]	터무니없는, 엄청난, 언어도단의

aggress [əgrés]	공격하다, 시비 걸다 ⓝ aggression 공격, 침략
congress [káŋgris]	회의, 의회, 국회 ☞ Congress 의회(하원 : 미)
	☞ congressional committee 위원회(하원 : 미)
progress [prágres]	전진, 진보 = breakthrough, headway
regress [ri:grés]	후퇴하다, 퇴보하다 = retrogress
transgress [trænsgrés]	위반하다, 어기다 = breach, offend, violate

digression [daigréʃən]	본제를 벗어남, 여담 ⓥ digress 빗나가다, 벗어나다
egression [igréʃən]	외출, 나감 ⓥ egress 밖으로 나가다 = go out
introgression [intrəgréʃən]	유전자 이입(移入), 들어감

progression [prəgréʃən] 진행, 공정, 수열 ☞ progressionism 정치적·사회적 진보주의
regression [rigréʃən] 복귀, 퇴화
transgression [trænsgréʃən] 위반, 침해 = trespass, infraction, infringement

aggressive [əgrésiv] 공격적인, 적극적인 ↔ submissive 복종적인, 순종하는
progressive [prəgrésiv] 전진하는 ↔ stagnant 흐르지 않는, 정적인
진보적인 ↔ conservative 보수적인
retrogressive [rètrəgrésiv] 후퇴하는, 퇴보하는 = regressive 후퇴의, 역행하는

grievance [grí:vəns] 불만, 불평하기 = complaint, gripe, grumble, protest
grievous [grí:vəs] 중대한, 막대한, 가혹한 = critical, grave, serious
grieve [gri:v] 몹시 슬퍼하다 = lament, mourn ⓝ grief 슬픔 = sorrow
aggrieve [əgrí:v] 괴롭히다, 학대하다 = molest, oppress, persecute, harass

grim [grim] 냉혹한, 무자비한(무서운) = brutal, cruel, grisly, relentless
pilgrim [pílgrim] 순례자, 성지참배자 ☞ pilgrimage 순례여행, 인생행로
☞ the Pilgrims 영국의 청교도 단(1620년 America로 건너감)
grimace [grímǝs] 얼굴을 찡그림(찡그린 얼굴) = frown, scowl, contortion
grimy [gráimi] 더러운, 때 묻은 = filthy, smudged, dirty, messy, soiled

grin [grin] 씨~익 웃다 ☞ laugh 웃다 / smile 미소 짓다
chagrin [ʃəgrín] 분함, 유감 ☞ giggle 킥킥 웃다 / chuckle 낄낄 웃다

grip [grip] 꽉 쥠, 지배, 파악 = grapple, grasp, clutch, comprehension
grit [grit] 용기, 담력, 투지 = mettle, pluck, tenacity, courage

gross [grous] 총체의, 뚱뚱한, 큰(잘못·부정) ☞ gloss 광을 내다, 닦다
engross [engróus] 몰두시키다, 열중시키다 = absorb, enthrall, immerse
ⓐ engrossed 몰두한 = absorbed, indulged
ⓐ engrossing 마음을 빼앗는, 몰두시키는

ground [graund]	근거, 이유 = reason ☞ 땅, 운동장	
back**ground** [bǽkgràund]	자라온 환경, 배경 = ambiance 주위, 환경	
fore**ground** [fɔ́ːrgràund]	그림의 전경(前景), 가장 잘 드러나는 위치	
play**ground** [pléigràund]	운동장(학교 따위), 놀이터(아이들) ☞ play 놀이, 연극	
under**ground** [ʌ́ndərgràund]	지하의, 숨은, 비밀의 / 지하조직(운동), 반체제 지하철 = tube, subway	

growth [grouθ]	성장, 발전, 증대 = development ☞ grow 자라다, 재배하다 / out**grow** 더 커지다
out**growth** [áutgròuθ]	자연적인 결과, 부산물 = by-product, result
under**growth** [ʌ́ndərgròuθ]	관목, 총림, 덤불(큰 나무 밑의)

grue [gruː]	공포의 몸서리 ⓐ **grue**some 섬뜩한, 무시무시한 = ghastly grim, grisly, hideous, macabre ☞ thrill 전율 = tremor / suspense 미결정, 지속적 긴장(불안)
gruel [grúːəl]	벌주다, 녹초로 만들다, 엄벌하다 ⓐ **grue**ling 호된, 심한 묽은 죽, 엄벌 = punishment

guide [gaid]	안내자(길잡이), 안내하다 ☞ usher 안내인, 수위
guile [gail]	교활, 간계(奸計), 기만 ☞ be**guile** 현혹시키다, 속이다
guise [gaiz]	외관, 복장, 가장, 구실 ☞ dis**guise** 변장, 가장, 위장

gust [gʌst]	돌풍, 질풍 = blast, blow, gale ⓐ **gust**y 돌풍의, 폭풍우가 휘몰아치는, 돌발적인
au**gust** [ɔ́ːgəst]	당당한, 존엄한 ☞ August 8월
dis**gust** [disgʌ́st]	혐오감, 메스껍게 하다 ⓐ dis**gust**ing 메스꺼운, 넌더리나는
gusto [gʌ́stou]	즐거움, 즐김, 취미, 기호(嗜好) = taste

Regrouping H

habit [hǽbit]	취미, 습관 ☞ custom 관습, 풍습 / 맞춘, 주문한
co**habit** [kouhǽbit]	동거생활하다(미혼 남·여) ☞ co**habit**ation 정치적 공존, 동거
in**habit** [inhǽbit]	살다, 거주·서식하다 ☞ in**habit**ant 주민, 거주자, 서식동물
habitat [hǽbətæ̀t]	서식지(동·식물), 생물의 환경 ☞ HABITAT 인간거주회의
habitation [hæ̀bətéiʃən]	주소, 거주 = abode, domicile, address

haggle [hǽgl]	옥신각신하다, 값을 깎다 = wrangle ☞ 값 깎기, 입씨름
hassle [hǽsl]	혼전, 싸움, 논쟁, 말다툼

hand [hænd]	손, 노동자, 건네주다 / **hand**s 일꾼, 일손 ☞ **hand** in 제출하다(서류) / **hand** out 건네주다 ☞ clean **hand**s 결백 / **hand**writing 필적, 쓴 것
handcuff [hǽndkʌ̀f]	수갑(채우다), 구속하다 ☞ cuff 소매
before**hand** [bifɔ́ːrhæ̀nd]	미리, 사전에 = in advance
off**hand** [ɔ́fhænd]	즉시, 준비 없이 = impromptu, extemporaneous, improvised ☞ on **hand** 바로 곁에, 수중에
handle [hǽndl]	다루다, 처리·취급하다 = manage
handy [hǽndi]	솜씨 좋은, 편리한 = convenient

hap [hæp]	우연, 우연히 생긴 일 ☞ **hap**less 불운한, 불행한
happen [hǽpən]	발생하다(우연히) = befall, ensue, occur, take place
mis**hap** [míshæp]	불행, 사고, 재난 = mischance, misfortune, calamity, disaster

hard [haːrd]	굳은, 견고한, 곤란한 ☞ h**erd** 짐승의 떼(소·돼지)
hardship [háːrdʃip]	고난, 역경 = adversity, suffering ↔ blessing 축복
die**hard** [dáihɑ̀ːrd]	완강한 저항자, 끝까지 버티는, 좀처럼 죽지 않는

hardy [háːrdi]	단련된, 대담한 = robust, stalwart, strong, sturdy	
foolhardy [fúːlhàːrdi]	무모한, 무작정한 = daredevil, heedless, impetuous	

hasten [héisn]	서두르다 = accelerate, expedite, hurry, hustle, rush ☞ haste 급함, 신속 / in haste 서둘러 = in a hurry
chasten [tʃéisn]	징벌하다(神), 단련시키다 = chastise, castigate, chide ☞ chaste 정숙한, 순결한 ↔ unchaste 정숙하지 않은

haul [hɔːl]	운반하다 = bear, carry, convey, transport 연행하다, 세게 당기다 = drag, draw, pull, tow
overhaul [òuvərhɔ́ːl]	분해수리하다 = fix up, refurbish, renew, repair 철저히 조사하다 = inspect, investigate, probe, scrutinize

haven [héivən]	안식처, 피난처, 항구 = asylum, shelter, harbor, sanctuary
heaven [hévən]	하늘, 천국 = nirvana, paradise ↔ hell 지옥 = abyss ☞ heave 들어 올리다, 융기시키다 = boost, hoist, lift, raise

hazard [hǽzərd]	위험, 장애구역(골프) = danger, jeopardy, menace, peril ⓐ hazardous 위험한 = dangerous, perilous, risky
haphazard [hæ̀phǽzərd]	우연의, 되는 대로의 = accidental, casual, random ☞ hap 우연, 요행 / happen 발생하다 = take place

head [hed]	지휘하다(조직), 선두에 서다 ☞ head for ~을 향하다
behead [bihéd]	참수하다, 목을 베다
headstrong [hédstrɔ̀ːŋ]	고집부리는, 제멋대로의 = obstinate, perverse, stubborn ☞ strong 강한, 힘센, 잘하는 ⓝ strength 힘
headway [hédwèi]	전진, 항해속도 ☞ headline 주요뉴스 제목, 큰 표제(신문)

health [helθ]	건강(상태), 건전, 보건 ☞ well-being 복지, 안녕, 행복 ☞ wealth 부(富), 재산 = riches, affluence, opulence
healthful [hélθfəl]	몸에 좋은 = nourishing, nutritious ☞ healthful food

healthy [hélθi]	건강한 = energetic, robust, vigorous ☞ healthy body ☞ wealthy 넉넉한, 유복한 = rich, affluent

hear [hiər]	듣다, 경청하다 ☞ listen(to) 귀를 기울이다
hearsay [híərsèi]	소문, 풍문 = gossip, rumor ☞ hearing 청문회
overhear [òuvərhíər]	우연히 듣다, 엿듣다(몰래) ☞ eavesdrop 도청하다 = tap
rehearsal [rihə́ːrsəl]	리허설, 예행연습, 시연, 대본(臺本)읽기 ⓥ rehearse 예행연습을 하다

heave [hiːv]	신음하다, 들어 올리다 = boost, hoist, lift, raise
upheave [ʌphíːv]	밀어 올리다, 융기시키다, 극단으로 혼란시키다 ⓝ upheaval 대변동, 격변 = disruption, tumult, turbulence

herd [həːrd]	짐승의 떼, 무리 = flock / school 물고기 떼 / swarm 곤충 떼
shepherd [ʃépərd]	양치기, 지도자, 목사 = leader, minister ☞ sheep 양 이끌다, 지도·인도하다 = guide, lead

here [hiər]	여기, 이 점, 이 세상 ☞ here and there 여기저기에
adhere [ædhíər]	붙다, 점착·집착·고수하다 = attach, cling, stick
cohere [kouhíər]	밀착·응집·결합하다, 조리가 서다(문제·이론), 시종 일관하다
inhere [inhíər]	본래부터 타고나다, 내재하다 ☞ inborn 타고난, 천부의
heresy [hérəsi]	이교, 이단 ☞ heterodox 이교의, 이단의
hereditary [hirédətèri]	세습의, 상속받은 = inherent ⓝ heredity 유전, 세습 유전의, 유전에 의한 = inherited, innate

adherent [ædhíərənt]	들러붙는, 부착하는, 지지자, 신봉자 ⓝ adherence 고수, 집착 / adhesive 접착제
coherent [kouhíərənt]	조리 있는, 일관성 있는 ↔ incoherent 일관성 없는 ⓝ coherence 일관성, 조리(문제·이론) / cohesive 결합력 있는
inherent [inhíərənt]	고유의, 본래의, 타고난 ↔ extraneous 외부로부터의, 무관계한 ⓝ inherence 고유, 타고남, 천부(天賦)

heritage [héritidʒ]	유산 = inheritance, legacy
inherit [inhérit]	상속하다 ↔ bequeath 유증(遺贈)하다 ☞ heir 상속인 / ⓝ inherit**ance** 상속재산, 유산

exhibit [igzíbit]	전시하다, 진열하다 = demonstrate, display, present ⓝ exhibition 전람, 전시(회) = exposition
inhibit [inhíbit]	금하다, 제지하다 = bridle, constrain, curb ⓝ inhibition 금지, 금제(禁制)
prohibit [prouhíbit]	금지하다, 방해하다 = ban, forbid ⓝ prohibition 금지, 금주법

hide [haid]	숨다, 감추다, 잠복하다 = cache, camouflage, conceal 가죽을 벗기다, 심하게 매질하다 ☞ 큰 짐승가죽
hide**ous** [hídiəs]	무시무시한, 끔찍한 = abhorrent, ghastly, grotesque
chide [tʃaid]	꾸짖다, 비난하다 = rebuke, reprimand, reproach, reprove

history [hístəri]	역사 ☞ History repeats itself. 역사는 되풀이 된다.
historic [histɔ́rik]	역사적으로 유명한 ☞ the historic scenes 사적, 유적
historical [histɔ́rikəl]	역사적인 ☞ a historical event(novel) 역사적인 사건(소설)
histri**o**nic [hìstriánik]	연극 같은, 꾸민 듯한, 배우 ☞ histri**o**nics 연극

hold [hould]	쥐다, 지니다, 마음에 품다, 개최·계속하다, 구류·보류하다 ☞ hold dear 소중히 여기다 = cherish
behold [bihóuld]	보다 = look, notice, see
uphold [ʌphóuld]	지탱하다, 지지하다, 유지하다(질서) = bolster, support, sustain
withhold [wiðhóuld]	보류·중단하다, 억제하다 = bridle, curb, detain 원천 징수하다(세금) ☞ withholding tax 원천과세

home [houm]	가정, 자택, 고향, 본국 ☞ homesickness 향수병
home**ly** [hóumli]	못생긴, 가정적인 = ugly, plain, un**attractive** ☞ hom**ily** 설교, 훈계, 장황한 꾸지람
home**spun** [hóumspʌ̀n]	손으로 짠, 서민적인, 평범한 ☞ spun 섬유로 만들어진

host [houst]	다수, 주인, 숙주 ↔ parasite 기생충 ☞ a host of 많은
host**age** [hástidʒ]	볼모, 인질 ☞ hostage-taking 인질극 담보, 저당물 ☞ captive 포로 = convict, prisoner 죄수
host**ile** [hástil]	적대적인, 반대의 = antagonistic

hub [hʌb]	중심, 중추 = axis, center, core, focus, heart ☞ herb 약초, 한방 ⓐ herbal 풀의 / herbicide 제초제
hub**bub** [hʌ́bʌb]	시끌시끌한 소음 = clamor, din, noise, ruckus
hub**ris** [hjúːbris]	지나친 자신, 오만에서 생기는 폭력

humid**ity** [hjuːmídəti]	습기 = dampness ⓐ humid 습한 = damp, dank, wet
humi**lity** [hjuːmíləti]	겸손, 비하, 겸양 = modesty ☞ humiliation 굴욕, 수치

hyper [háipər]	선전 꾼, 흥분 잘하는 ☞ 초과, 3차원을 넘은 ☞ hype 과대광고, 속이다 = ballyhoo, tout
hyper**bola** [haipə́ːrbələ]	쌍곡선 ☞ parabola 포물선, 파라볼라
hyper**bole** [haipə́ːrbəliː]	과장법(어구) = exaggeration, overstatement

Regrouping

field [fi:ld]	들(판), 싸움터, 경기장, 분야, 방면
wield [wi:ld]	칼·권력·영향력을 행사하다(휘두르다) = exercise, manipulate ⓐ wieldy 휘두르기 쉬운 ↔ unwieldy 버거운
yield [ji:ld]	항복하다, 양보하다, 산출하다

imaginary [imǽdʒənèri]	상상의, 가공의 ⓥ imagine 상상하다
imaginable [imǽdʒənəbəl]	상상할 수 있는 ⓝ imagination 상상
imaginative [imǽdʒənətiv]	상상력이 풍부한 ☞ image 상(像)

imitation [ìmitéiʃən]	모방, 모조(품) = mimicry, parody, emulation
limitation [lìmətéiʃən]	제한, 한정 ⓐ limited 한정된, 회사(유한책임) = Ltd

immunity [imjú:nəti]	면역, 면제 ⓐ immune 면역의, 면제된
impunity [impjú:nəti]	무사, 처벌 면함 ☞ with impunity 벌 받지 않고

imperil [impéril]	위태롭게 하다 = endanger, jeopardize, hazard ⓝ peril 위험 ⓐ perilous 위험한 = hazardous, risky
imperial [impíəriəl]	제국의, 최고 권력의 = regal, royal ☞ empire 제국(帝國) / emperor 황제 ☞ imperialism 제국주의
imperious [impíəriəs]	전제적인, 긴급한, 절박한
imperative [impérətiv]	명령적인, 피할 수 없는, 절박한 ☞ 명령하는(법의)

impetus [ímpətəs]	자극, 유인, 힘, 추진력(힘) = incentive, catalyst, stimulus
impetuous [impétʃuəs]	맹렬한, 격렬한 = ardent, violent 성급한, 충동적인 = hasty, rash

impose [impóuz]	강요하다, 부과하다　ⓝ imposition 부과, 과세 ☞ self-imposed 스스로 부과한(자기가 좋아서 부과하는)
superimpose [sù:pərimpóuz]	겹쳐놓다, 첨가하다　☞ overlap 겹침(한 장면과 다음 장면)

impress [imprés]	감명을 주다, 인상지우다　☞ 강제징집, 징용
impressive [imprésiv]	감동을 주는, 인상적인 = moving
impressionable [impréʃənəbəl]	감수성이 예민한　ⓝ impression 인상, 감명

incarnate [inkáːrneit]	구현된, 화신(化身)의 = embodied, manifest, personified 구현시키다 = embody, realize　ⓝ incarnation 구체화
incarcerate [inkáːrsərèit]	투옥·감금·유폐·구속하다 = confine, immure, jail, imprison ⓝ incarceration 투옥, 감금, 유폐, 구속

incendiary [inséndièri]	방화의, 방화범, 선동자 = agitator, fomenter, provocateur
incense [ínsens]	향료, 성나게 하다 = enrage, inflame, infuriate, provoke
incentive [inséntiv]	자극적인, 동기, 장려금　☞ motive 동기

every inch [évəri intʃ]	어디까지나, 완전히, 철두철미
clinch [klintʃ]	고정시키다, 결말을 내다, 격렬하게 포옹하다　☞ 껴안다(권투)
flinch [flintʃ]	겁내다, 주춤하다, 꽁무니 빼다 = cower, falter, recoil, wince
pinch [pintʃ]	꼬집다, 괴롭히다, 답답하게 하다 ☞ winch 윈치, 권양기(捲揚機), 굽은 축

incidence [ínsədəns]	발생률, 발병률 = occurrence ☞ incident 사건, 생긴 일 / accident 사고, 사건
coincidence [kouínsədəns]	일치, 동시에 발생함 = concurrence　ⓐ coincident

indigenous [indídʒənəs]	토착의, 고유의 = native
indigence [índidʒəns]	빈곤, 궁핍 = penury, paucity, scarcity, dearth
indulgence [indʌ́ldʒəns]	관대, 방자 = clemency, leniency ⓐ indulgent

indite [indáit]	작문하다, 짓다(시·문장) = compose ⓝ inditer ☞ indict 기소하다, 고발하다 = accuse, arraign, prosecute
invite [inváit]	초대·권유하다, 이끌다(주의·흥미), 초래하다(비난·위험)

indolent [índələnt]	나태한, 게으른 = idle, lazy, slothful, lethargic
insolent [ínsələnt]	거만한, 무례한 = arrogant, impudent, rude

infer [infə́:r]	추론하다, 암시하다 ⓝ inference 추측, 암시
inferno [infə́:rnou]	지옥, 대화재 = conflagration, hell, Hades, perdition ⓐ infernal 지독한, 지옥의 ↔ supernal 천국의, 신의

binge [bindʒ]	법석(법석대는 술잔치), 혼란 = spree, bacchanalia
hinge [hindʒ]	돌쩌귀(경첩), 중심점 = axis, fulcrum, hub, pivot ☞ hinge on ~에 달려있다 = depend·rely·count on
tinge [tindʒ]	약간 물들이다, 기미를 띠게 하다 = tincture, tint

ingenious [indʒí:njəs]	재능이 있는 ⓝ ingenuity 발명의 재능, 재주
ingenuous [indʒénju:əs]	순진한, 잘 속는 = naive, credulous, gullible 솔직한, 꾸밈없는 = candid, forthright, frank

inn [in]	여인숙, 여관 = lodge, hotel, tavern
inning [íniŋ]	이닝, 회(야구) / 날리던 때, 행운시대
innings [íniŋs]	정권담당기간(정당), 능력발휘의 기회(개인)

insidious [insídiəs]	틈을 엿보는, 음흉한 = deceitful, perfidious, treacherous
invidious [invídiəs]	비위에 거슬리는, 불쾌한 = malicious, malignant, spiteful

instigate [ínstəgèit]	부추기다, 선동·교사하다 = foment, incite, kindle
in**ves**tigate [invéstəgèit]	조사하다, 연구하다 = delve, inspect, examine ☞ invest 투자하다 ⓝ investment 투자

insular [ínsələr]	섬의, 외떨어진, 편협한 = narrow-minded
peninsular [pinínʃələr]	반도의 ☞ peninsula 반도 / continent 대륙 / ocean 대양
insula**te** [ínsəlèit]	격리하다, 고립시키다 = isolate, seclude ☞ insulated 격리된, 고립된, 절연된

intellect [íntəlèkt]	지성, 지식인 ↔ emotion 감정 / simpleton 숙맥, 바보
intellect**ual** [ìntəléktʃuəl]	지성적인 ☞ intellectualism 주지주의, 지성주의

intelligent [intélədʒənt]	지적인, 총명한 ⓝ intelligentsia 지식계급, 인텔리
intelli**gible** [intélədʒəbəl]	이해할 수 있는, 알기 쉬운 ⓝ intelligence 지능, 기밀정보(국가)

interest [íntərist]	흥미, 이자, 이익 ☞ 원금 principal ☞ hobby, pastime, pursuit 취미, 소일거리
interest**ed** [íntəristid]	(S가)흥미를 가지고 있는, 관심 있는
interest**ing** [íntəristiŋ]	(S가)흥미를 일으키게 하는, 흥미·재미있는
disinterested [disíntəristid]	사심 없는 = **im**partial, **dis**passionate
uninterested [ʌníntərəstid]	무관심한 = **in**different, **a**pathetic, **n**onchalant

interim [íntərim]	중간의, 잠정적인(임시의) = provisional, temporary 중간시기 = meantime ☞ interval 사이, 간격
inter**fere** [ìntərfíər]	참견하다, 간섭하다 ⓝ interference 간섭, 참견
inter**mediary** [ìntərmíːdièri]	중개자, 중재자 = mediator, go-between
inter**mittent** [ìntərmítənt]	간헐적인 = periodic, recurrent, sporadic
inter**pellate** [ìntərpéleit]	질문하다(의원이 장관에게) = interrogate
inter**pret** [intə́ːrprit]	통역하다, 해명하다 ⓝ interpretation 통역
inter**stice** [intə́ːrstis]	갈라진 틈, 간극 = crevice, chasm, crack, fissure

interment [intə́ːrmənt]	매장, 묻기 = burial ⓥ inter 매장하다, 묻다 = bury	
inter**n**ment [intə́ːrnmənt]	억류, 수용 ⓥ intern 억류하다, 강제수용하다, 수련의(醫)	

ire [áiər]	화나게 하다 / 분노, 화냄 = anger, fury, rage ☞ irk 애먹이다, 괴롭히다 = annoy, bother, disturb, vex
dire [daiər]	극단적인, 무시무시한 = formidable, grisly, macabre ☞ dirge 장송곡(애도가), 비가 = requiem, elegy, threnode
fire [faiər]	해고하다, 발사하다, 화재
hire [háiər]	고용하다 = employ ☞ lease 차용계약 / rent 임대·차하다
tire [taiər]	피로하다, 물리다 ☞ tiresome 지치는, 싫증이 오는

irrigation [ìrəgéiʃən]	관개(물을 끌어들임) ⓥ irrigate 물을 끌어대다
irritation [ìrətéiʃən]	초조, 짜증 ☞ irritant 골칫거리 ⓐ irritable 성 잘 내는

itch [itʃ]	가려워지다, ~하고 싶어 못 견디다 ☞ bitch 암캐
ditch [ditʃ]	도랑(에 빠지다), 개천, 홈, 호 ☞ last-ditch 끝까지 버티는, 완강한, 진퇴양난의 ☞ last 최후의(마지막의) / latest 최신의(가장 늦은)
pitch [pitʃ]	가락, 고저(음률), 던지다
etch [etʃ]	새기다(동판) ⓝ etching 부식 동판 술(에칭)

Regrouping J

abject [ǽbdʒekt]	비참한, 불쌍한 = miserable, poor, wretched 비열한, 야비한 = ignoble, mean, servile ⓝ abjection 영락, 천함(신분) / adjective 형용사(의)
de**ject** [didʒékt]	낙심하다, 낙담시키다 = frustrate, disappoint ⓐ dejected 낙심한 = despondent
e**ject** [idʒékt]	쫓아내다, 배출하다 = banish, evict, oust ⓝ ejection 축출, 방출, 배출 = ouster
in**ject** [indʒékt]	주사하다, 주입하다 = infuse, instill ⓝ injection 주사, 주입, 투입
inter**ject** [ìntərdʒékt]	불쑥 끼워 넣다, 사이에 끼우다, 첨가하다
ob**ject** [ɑ́bdʒikt]	물건, 대상, 객체, 목적(어) ☞ object to 반대하다 ⓝ objection 반대, 이의 ⓐ objective 객관적인
pro**ject** [prədʒékt]	중요사업, 연구과제, 계획 = plan, scheme 계획하다, 입안하다 ☞ 영사하다, 투영하다, 발사하다
re**ject** [ridʒékt]	거절하다, 각하하다 = refuse, deny, rebuff ⓝ rejection 거절, 각하, 거부반응
sub**ject** [sʌ́bdʒikt]	국민, 주제, 학과, 주어, 신하 ⓐ subjective 복종하는 ☞ be subjected to 당하다, ~을 받다

jiggle [dʒígl]	가볍게 흔들다, 당기다 ☞ giggle 킥킥(낄낄)웃다
ju**ggle** [dʒʌ́gl]	기만하다, 속이다, 조작하다 = manipulate 동시에 여러 가지 일을 수행하다, 요술부리다

join [dʒɔin]	결합 · 합류하다, 연결하다 = unite, connect
ad**join** [ədʒɔ́in]	접하다, ~에 인접(이웃)하다 ☞ adjoining 인접한
con**join** [kəndʒɔ́in]	합치다, 결합하다 = put (join) together
dis**join** [disdʒɔ́in]	떼다, 분리시키다 = detach, disconnect, separate, sever
en**join** [endʒɔ́in]	명령하다 = adjure, command, dictate, order 금지시키다 = ban, forbid, prohibit

joint [dʒɔint]	이음매, 접합하다, 공동의
conjoint [kəndʒɔ́int]	잇닿은, 꼭 붙은, 공동의, 연대의
disjoint [disdʒɔ́int]	관절을 삐게 하다, 어지럽히다

journey [dʒə́ːrni]	여행 = excursion, tour, trip / voyage 긴 배 여행
adjourn [ədʒə́ːrn]	연기하다, 휴회하다 = delay, postpone, suspend
sojourn [sóudʒəːrn]	체류하다, 머무르다 = stay, stop, remain, linger
journal [dʒə́ːrnəl]	일간신문, 잡지, 일지, 정기 간행물
journal**ism** [dʒə́ːrnəlizəm]	신문잡지, 저널리즘 ☞ journalist 저널리스트, 신문잡지기자

judicial [dʒuːdíʃəl]	사법의, 재판상의 = judiciary, juristic, legal
judiciary [dʒuːdíʃièri]	사법부(의), 재판관 ☞ judge 판사 ☞ judicature 사법(권), 재판관의 권한
judicious [dʒuːdíʃəs]	사려 깊은, 현명한 = prudent, sagacious, sage, wise
prejudice [prédʒədis]	편견, 선입관, 치우친 생각, 편애 = bias, partiality

conjugate [kándʒəgèit]	활용·변화시키다(동사) ⓝ conjugation 활용, 어형 변화
subjugate [sʌ́bdʒugèit]	정복하다, 복종시키다 ⓝ subjugation 정복, 진압
objurgate [ábdʒərgèit]	비난하다, 심하게 꾸짖다 ⓝ objurgation 질책, 비난

juncture [dʒʌ́ŋktʃər]	연결, 접합 = joint, connection, link, nexus
adjunct [ǽdʒʌŋkt]	부속물, 종속물 = annex, appendage, attachment 조수, 보조자 = assistant ☞ adjunctive 부속의
conjunct [kəndʒʌ́ŋkt]	결합된, 연결된 = united
subjunct**ive** [səbdʒʌ́ŋktiv]	가정하는, 가정법의 / subjective 복종하는

junction [dʒʌ́ŋkʃən]	교차점, 갈아타는 역 = interchange, intersection, crossroads
conjunction [kəndʒʌ́ŋkʃən]	접속사 ☞ in conjunction with ~와 관련하여, 더불어

abjure [æbdʒúər]	맹세하고 버리다, 포기하다(주의·신앙·나라) = forswear
ad**j**ure [ədʒúər]	엄명하다, 간원·탄원하다 = appeal, entreat, petition, plead
con**j**ure [kándʒər]	마력(魔力)으로 좌우하다·불러내다(악마·영혼) ☞ conjur**or** 마법사, 마술사 = magician
de**j**ure [di:ʒúər]	권리·법에 의한, 정당한
in**j**ure [índʒər]	상처를 입히다, 손상시키다(명예) = afflict, damage, harm, hurt ☞ inure 익숙케 하다, 효력을 발생하다
per**j**ure [pə́:rdʒər]	위증케 하다, 맹세를 저버리게 하다 = forswear, abjure ☞ perjure oneself 거짓 맹세하다, 위증하다

jury [dʒúəri]	배심원단, 심사위원단 ☞ juror 배심원, 심사위원 ☞ judge 판사, 심판 / prosecutor 검사 / attorney 변호사
in**jury** [índʒəri]	상해, 손상 ⓐ injurious 해로운 = harmful
per**jury** [pə́:rdʒəri]	위증(죄), 거짓맹세 = forswearing

just [dʒʌst]	정당한, 공정한, 이제방금
ad**just** [ədʒʌ́st]	맞추다, 조정하다 ⓝ adjust**ment** 조정, 조절
justice [dʒʌ́stis]	정의, 정당, 사법 = equity, fairness, right
justification [dʒʌ̀stəfikéiʃən]	정당화, 변명 ⓥ justi**fy** 정당화하다

Regrouping K

ken [ken]	시야, 지식의 범위 ☞ kin 친족, 일족 = kindred
ke**en** [kiːn]	날카로운, 열심인, 예민한 = sharp, acute, poignant

kid [kid]	놀리다, 염소새끼, 어린아이 ↔ adult, grown-up 성인 ☞ No kidding! 농담하지 매! ☞ kidnap 유괴하다
kid**ney** [kídni]	신장, 콩팥 ☞ stomach 위 / liver 간 / lung 폐
skid [skid]	내리막, 몰락의 길, 미끄러지다 = glide, slide, slip

kill [kil]	죽이다, 살해하다 = assassinate, murder, slay
skill [skil]	숙련, 능숙함, 기능, 기술 = adeptness, deftness, dexterity ⓐ skill**ed** = 숙련된, 능숙한 / **semi**skilled 반 숙련의 ☞ management skill**s** 경영기법

kin [kin]	친족, 혈연 = relatives, kindred ☞ kin**ship** 혈연관계, 친근감
akin [əkín]	혈족의, 유사한, ~와 같은 종류의 = similar
skin [skin]	피부, 껍질(가죽)을 벗기다 ⓐ skin**ny** 피골이 상접한, 바싹 여윈
welkin [wélkin]	창공, 하늘 = blue sky

kind [kaind]	종류 = class, sort, type, species 친절한 = amiable, benign, hospitable
mankind [mænkáind]	인류, 인간, 사람 = mortal, human(being), man
kind**red** [kíndrid]	친족, 혈연(의) ⓐ 혈연의, 친족관계의
kind**le** [kíndl]	불을 붙이다, 밝게 하다 = ignite, light, illuminate 선동하다, 부추기다 = agitate, foment, inflame, instigate ☞ **re**kindle ~에 다시 불붙이다, 다시 기운을 북 돋우다

kit [kit]	연장통, 도구 한 벌(다 갖추어진) ☞ first-aid kit 구급상자	
skit [skit]	촌극(寸劇 : 짧은 희극), 가벼운 풍자, 떼, 군중 ☞ skits 다수	

kneel [ni:l]	무릎 꿇다 ⓝ kneeling 무릎 꿇기 ☞ knee 무릎(관절) / lap 무릎(허벅지)
knell [nel]	조종(弔鐘), 종소리(교회장례식), 불길한 징조(흉조)
knoll [noul]	작은 산, 둥그런 언덕, 야산

knowledge [nálidʒ]	지식, 학식 = information, learning ⓥ know 알다
acknowledge [æknálidʒ]	인정하다, 자인하다 = admit, confess, recognize

Regrouping L

label [léibəl]	~라고 칭하다, 분류하다 (라벨부착)
libel [láibəl]	명예훼손(하다), 중상·비방(하다) = calumny, defame, revile, slander, vilify

labor [léibər]	노동(자), 애씀 ⓐ laborious 힘든, 곤란한 일하다, 애쓰다, 괴로워하다 ☞ labor union 노동조합
be**labor** [biléibər]	세게 치다, 호되게 꾸짖다, 장황하게 검토하다
col**laborate** [kəlǽbərèit]	공동연구하다, 공동으로 일하다 = cooperate, join, unite
e**laborate** [ilǽbərèit]	정교한, 공들인 = ornate, adorned, decorated 정성들여 만들다 = embellish, adorn, decorate
laboratory [lǽbərətɔ̀ːri]	실험실, 시험실 연구소 = lab

lack [læk]	부족, 결핍 = want, deficiency, shortage
b**lack** [blæk]	순수한, 흑자의, 더럽히다 ☞ clack 찰칵 소리를 내다
s**lack** [slæk]	부주의한, 태만한(느슨한) = sluggish, negligent, sloppy 불경기(의), 침체된 = drooping, sagging, sluggish

lad [læd]	젊은이(청년), 소년 ↔ lass 젊은 여자(미혼), 소녀
c**lad** [klæd]	(~로)씌운, 차려입은, 다른 금속을 입히다 ☞ 장비한, 덮인
g**lad** [glæd]	기쁜, 반가운 = joyful, delighted
ladder [lǽdər]	사다리, 출세의 발판 ☞ rung 사다리의 발을 딛는 가로장

lag [læg]	지체, 지연시키다 ☞ rag 꾸짖다 / rags 넝마 줄어들다, 뒤떨어지다 = linger, retard, slacken ☞ culture lag 문화지체 / jet lag 시차에 의한 멍한 상태
laggard [lǽgərd]	느림보, 꾸물대는 사람 / 느린, 꾸물거리는 ☞ haggard 야윈, 초췌한 = gaunt / 길들지 않은 매

lake [leik]		호수 / 공원연못 = pond ☞ 진홍색
flake [fleik]		얇은 조각, 박편(薄片), 떨어져 내리다
slake [sleik]		갈증을 풀다, 만족시키다 = quench, satiate

lamb [læm]	새끼 양 ☞ sheep 양 / mutton 양고기 / goat 염소
lambaste [læmbéist]	비난하다, 혹평하다 = chide, reprimand, rebuke, reproach
lambent [lǽmbənt]	어른거리는, 가볍게 흔들리는(불꽃·빛), 부드럽게 빛나는

lame [leim]	절름발이의, 불구의 = crippled, disabled, handicapped
blame [bleim]	나무라다, 비난하다 = accuse, censure, condemn

lance [læns]	창, 작살 = spear ☞ free lancer 자유기고가
glance [glæns]	힐끗 봄, 일견(一見) = glimpse, peek, peep
parlance [páːrləns]	말투, 어법(어조) ☞ parlous 위험한, 다루기 힘든
semblance [sémbləns]	외형, 외관, 겉보기 = appearance, guise, look, facade ☞ resemblance 닮음, 유사 = similarity

land [lænd]	땅, 나라, 상륙·착륙하다(시키다) ☞ take off 이륙하다 손에 넣다(계약·직업·상) ☞ emergency landing 비상착륙
bland [blænd]	온화한(기후), 온후한(말·태도) = mild, gentle, soft ☞ blandish 아첨하다 (n) blandishment 아첨, 감언
gland [glænd]	선(腺) ☞ sweat glands 땀샘, 한선(汗腺)
mainland [méinlænd]	대륙, 본토(섬·반도와 구별) ☞ landfill 쓰레기 매립지
outland [áutlænd]	변두리(의) ☞ outlandish 이국풍의, 벽촌의 = exotic
overland [óuvərlænd]	육로의, 육로로 ☞ inland 내륙의
upland [ʌ́plənd]	고지, 산지 = highland

lander [lǽndər]	상륙 자, 착륙선(달 표면)
colander [kʌ́ləndər]	여과기, 여과하다 ☞ calendar 달력
slander [slǽndər]	비방, 중상, 명예훼손 = calumny, defamation, libel ☞ slender 홀쭉한, 가느다란, 가냘픈, 날씬한

lank [læŋk]	여윈, 길고 부드러운(머리카락·풀)
blank [blæŋk]	공백(의), 멍한, 텅 빈 = empty, hollow, vacant, void
flank [flæŋk]	측면(옆구리), 국경(지역) = border, frontier
plank [plæŋk]	정당강령(=platform)의 항목·조항 = article, clause ☞ prank 장난, 농담 / frank 솔직한

lap [læp]	게걸스럽게 먹다, 열심히 받아들이다 = devour ☞ 무릎(허벅지) / knee 무릎(관절) / laptop 노트북(컴퓨터)
clap [klæp]	철썩 때리다, 박수갈채하다(손뼉 치다) = applaud, slap, smack ☞ clasp 힘주어 쥐다 / 걸쇠, 버클, 죔쇠
flap [flæp]	대소동, 공황, 실패 ☞ panic 공황, 공포
slap [slæp]	보복·제재하다, 강요·집행하다(소환장·금지령) ☞ 타격 ☞ slab 평석(平石 : 석판), 평판(平板)
overlap [òuvərlǽp]	~위에 겹치다, 중복, 오버랩(한 장면과 다음 장면의 겹침)

lapse [læps]	시간의 흐름, 경과, 경과·소멸하다 실수(하다), 실책, 과실, 착오 = blunder, mistake
collapse [kəlǽps]	붕괴하다, 무너지다 = give way, fall down
elapse [ilǽps]	경과하다(시간·때) = expire, lapse, pass
relapse [rilǽps]	타락, 퇴보하다 = backslide, degenerate, deteriorate

blare [blɛər]	울리다(나팔·경적·싸이렌), 큰소리 = howl, roar, bawl, bellow
flare [flɛər]	조명탄, 섬광장치, 섬광을 발하다 = beacon, torch, flambeau
glare [glɛər]	번쩍번쩍 빛나다(현란함), 노려보다 = dazzle, stare
declare [diklɛ́ər]	선언하다, 신고하다(세관) ⓝ declaration 선언, 포고, 신고

lash [læʃ]	비난하다, 채찍질하다 ☞ lash 채찍질, 통렬한 비난 ☞ backlash 반발, 반동 / 반발하다 = recoil, repulsion
clash [klæʃ]	충돌, 의견불일치 / 충돌하다 = bump, collide ☞ crash 추락, 파산, 충돌 = clash, shatter, smash, collision

flash [flæʃ]	번쩍이다, 섬광, 속보 ☞ flash-point 일촉즉발, 발화점 ☞ flesh 살, 과육(果肉) / blood 피 / bone 뼈 / skin 피부
slash [slæʃ]	삭감하다(가격·예산), 깎다 = cut, decrease, reduce
splash [splæʃ]	물 튀기다(흙탕), 첨벙첨벙 거리다

lassitude [læsitjùːd]	피로, 권태 ☞ lass 젊은 여자(미혼), 소녀
latitude [lǽtətjùːd]	위도(緯度), 씨줄 ↔ longitude 경도(經度), 날줄
platitude [plǽtətjùːd]	진부함(단조로움), 상투어

late [leit]	늦은, 지각한, 고(故) ☞ latest 최신의 ☞ belated 뒤늦은, 지각의 / belatedly 뒤늦게
collate [kəléit]	대조하다, 페이지의 순서를 확인하다
dilate [dailéit]	팽창시키다, 상세히 설명하다 ⓝ dilation 팽창, 상설(詳說) = distend, expand, inflate, swell ↔ constrict 수축시키다 ☞ dilute 묽게 하다, 희석시키다
elate [iléit]	의기양양하게 하다 = cheer, exhilarate ⓐ elated 우쭐대는, 의기양양한 = excited, exultant
isolate [áisəlèit]	고립시키다 ⓝ isolation 고립
prelate [prélit]	고위성직자 ☞ archbishop, bishop, metropolitan, patriarch
relate [riléit]	관련시키다, 이야기하다 ⓝ relation 관계, 관련
slate [sleit]	입후보(명단), 후보로 나서다(세우다) ☞ be slated to ~할 예정이다, 예정되어 있다
translate [trænsléit]	번역하다, 해석하다 = decipher, decode, interpret

lateral [lǽtərəl]	옆의, 측면의, 바깥쪽의 = flanking / flank 옆, 측면 ☞ lateral view 측면도 / quadrilateral 4변형 / square 정4각형
bilateral [bailǽtərəl]	상호적인, 쌍무적인 = reciprocal, mutual
collateral [kəlǽtərəl]	담보물, 방계친척 / 담보로 한, 평행한, 부수·부차적인
equilateral [íːkwəlǽtərəl]	등변의, 등변형 ☞ equilateral triangle 등변 3각형
multilateral [mʌltilǽtərəl]	다변의, 3개국 이상이 관계하고 있는
unilateral [jùːnəlǽtərəl]	일방적인, 편무적인, 한쪽만의

laud [lɔːd]	칭찬하다, 찬미·찬양하다 = acclaim, extol, praise ⓐ laudable 찬양하는 = admirable, exemplary ☞ loud 시끄러운 / load 짐을 싣다 / lord 지배자, 군주
applaud [əplɔ́ːd]	박수갈채하다　ⓝ applause 박수갈채 = clapping, ovation

law [lɔː]	법률, 규칙　☞ statute 법령(성문법), 법규 / code 법전, 암호 ☞ logic 조리(條理) / case law 판례법 / decree 법령, 포고 ☞ ordinance = regulations, local law 조례(條例 : 시·읍·면)
claw [klɔː]	발톱(매·고양이), 집게발(게·새우)　☞ nail 손톱, 발톱, 못 ☞ claw back 되찾다(서서히·애써서)
flaw [flɔː]	결점, 흠, 결함 = blemish, defect, error, fault
law-abiding [lɔ́ːəbàidiŋ]	법을 지키는　☞ abide 머무르다, 지속하다 ☞ abide by 지키다(약속·결의·규칙) ☞ brother(sister)-in-law 처남, 시동생(시누이, 올케) ☞ father(mother)-in-law 장인, 시아버지(장모, 시어머니)

lax [læks]	느슨한, 해이한, 단정치 못한 = negligent, remiss, careless
relax [rilǽks]	늦추다, 완화하다, 긴장을 풀다(마음)　☞ relaxation 기분전환

lay [lei]	두다, 눕히다, 알을 낳다　☞ lie 거짓말하다, 눕다 ↔ mislay 두고 잊어버리다, 잘못 두다
belay [biléi]	밧줄을 매다(밧줄걸이에)
delay [diléi]	미루다, 연기하다 = defer, put off, postpone, procrastinate
inlay [inléi]	아로새기다(장식), 상감하다, 세공하다
relay [ríːlei]	연계하다, 교체시키다 = transfer　☞ re-lay 다시 놓다
slay [slei]	살해하다 = kill, murder, slaughter, butcher ☞ clay 찰흙, 점토(粘土), 육체 / mud 진흙, 더럽히다

laze [leiz]	게으름 피우다　ⓐ lazy 게으른 = idle
blaze [bleiz]	화재, 불길, 확 타오름 = flame, flare, glare ☞ blazing 격렬한, 불타는 듯한
glaze [gleiz]	윤을 내다, 판유리를 끼우다 = polish

lead [liːd]	이끌다, 앞장서서 가다, 선도하는 / [led] 납(으로 만든)
mis**lead** [mislíːd]	현혹시키다, 속이다 = beguile, deceive, delude, entice
p**lead** [pliːd]	변호하다, 변론하다 = solicit, supplicate, beseech, implore

league [liːg]	연맹, 동맹, 동질그룹 = alliance, coalition, confederation ☞ tournament 승자진출전, 마상(馬上)시합
be**league**r [bilíːgər]	포위하다 = beset, besiege ⓐ beleaguered 포위·공격당한, 곤경에 처한, 비판받는 = besieged, encompassed
col**league** [káliːg]	동료(직업상) = co-worker, companion, peer

leak [liːk]	새다, 누설하다, 흘리다(정보·가스·액체) = ooze, exude ⓝ leakage 누출, 누설, 누전, 누수
b**leak** [bliːk]	비관적인(예측·전망), 황량한, 우울한 = dreary, dismal, gloomy

lean [liːn]	기대다, 의지하다 = depend, rely, recline
c**lean** [kliːn]	깨끗한, 오염 안 된 = immaculate, sanitary, spotless, pure
g**lean** [gliːn]	줍다(이삭), 수집하다(사실·정보) = collect, gather, garner ☞ gleaner 수집가

lease [liːs]	차용계약, 빌리다 / rent 임대·차하다 / hire 고용하다
p**lease** [pliːz]	기쁘게 하다, 비위를 맞추다 ↔ displease, disgust ⓝ pleasure 기쁨 ↔ ⓝ displeasure 불쾌
re**lease** [rilíːs]	풀어놓다, 해방·석방하다, 발사·투하다

leave [liːv]	떠나다, 남기다, 둔 채 잊다 ☞ absent without leave 무단결근, 무단외출
c**leave** [kliːv]	쪼개다, 찢다, 고수하다(주의·주장) 애착을 느끼다, 굳게 결합하다 ⓝ cleavage 균열, 갈라진 틈 = fissure, crevice

lecture [léktʃər]	강의, 강연 = discourse, lesson, oration, speech
col**lect** [kəlékt]	모으다, 수집하다 = gather, garner, glean
dia**lect** [dáiəlèkt]	방언, 지방 사투리
e**lect** [ilékt]	뽑다, 선거하다 = choose, vote / 당선된, 뽑힌
se**lect** [silékt]	고르다, 선택하다 = choose, cull

ledge [ledʒ]	선반, 바위 턱, 암초(해중·수중) ☞ 돌출된 곳
f**ledge** [fledʒ]	날 수 있게 되다, 화살에 깃을 달다 ☞ fledged 깃털이 난, 날수 있게 된 ↔ unfledged ☞ fledgling 새끼 새, 애송이, 풋내기, 햇병아리 ☞ full-fledged 정식의, 자격이 충분한 = qualified
p**ledge** [pledʒ]	맹세하다, 서약, 공약 = oath, promise, swear, vow ☞ election pledge 선거공약 / election 선거, 선출 = poll

legation [ligéiʃən]	공사관, 공사파견 ☞ minister 공사 / ambassador 대사 / consul 영사
al**leg**ation [æ̀ligéiʃən]	진술, 주장, 단언 = assertion, avowal, claim ⓥ allege 단언하다, 주장하다 ☞ allegedly 주장하는 · 전하는 바에 의하면
de**leg**ation [dèligéiʃən]	대표단 ☞ 각주선출 국회의원단(미)

legislate [lédʒislèit]	법률 · 법규를 제정하다, 법적으로 금지하다
legislation [lèdʒisléiʃən]	입법, 법률제정(법) ☞ legislator 입법자, 국회의원
legislature [lédʒislèitʃər]	입법부(기관), 주 의회(미) ☞ chamber 의원(議院)

lend [lend]	빌리다, 대부 · 대출하다, 임대(賃貸)하다 ☞ calendar 달력
b**lend** [blend]	섞다(섞이다), 혼합 · 조화되다 = mix, mingle
s**lend**er [sléndər]	날씬한, 홀쭉한 = lean, slim, thin ↔ stout, corpulent, portly

adolescent [æ̀dəlésənt]	청년기의　ⓝ adolescence 청년기(13~18세) ☞ puerile 어린애의 / juvenile 청소년의
calescent [kəlésənt]	열이 나는(차차 따스해지는)　☞ calorific 열을 내는, 발열의
convalescent [kɑ̀nvəlésnt]	차도를 보이는(환자), 회복기의

lessen [lésn]	줄이다, 감하다 = abate, diminish, decrease ↔ increase
lesson [lésn]	학과, 수업, 교훈　☞ 수업시간, 훈계하다

let [let]	시키다, 세주다 = rent / hire 고용하다 / lease 임대·차하다
amulet [ǽmjəlit]	부적, 호부 = talisman(불가사의한 힘이 있는 것)
inlet [ínlèt]	후미, 입구, 주입구　☞ hamlet 작은 마을
outlet [áutlet]	배출구, 판로, 대리점, 콘센트 ↔ intake 받아들이는 입구

liable [láiəbl]	책임을 져야 할, ~하기 쉬운 = apt, likely, prone
pliable [pláiəbl]	휘기 쉬운, 유연한, 융통성 있는 = ductile, plastic, pliant
reliable [riláiəbl]	의지가 되는, 믿음직한, 신뢰성 있는 = credible, dependable

liberate [líbərèit]	해방하다, 방면·석방하다 = emancipate, free, release ⓐ liberal 자유주의의　ⓝ liberation 해방, 석방, 방면 ☞ liberty 자유 = freedom / liberalist 자유·진보주의자
deliberate [dilíbərèit]	잘 생각하다, 숙고하다 = cogitate, contemplate, meditate 계획적인, 생각이 깊은, 신중한 = considered, premeditated ☞ deliberately 신중히, 유유히, 천천히, 침착하게

lick [lik]	핥다, 널름거리다(불길), 넘실거리다(물결)
click [klik]	성공·히트하다(극), 마음이 맞다, 의기 상통하다 짤까닥 소리 나다, 마우스의 단추를 누르다
flick [flik]	탁 때리기, 튀겨 날리다 ☞ flicker 서광, 깜박임, 깜박이다
slick [slik]	수완 좋은, 능란한, 교묘한 = deft, smooth 멋진, 일류의, 훌륭한 = glossy, sleek, impeccable

licit [lísit]	합법의, 적법한 = lawful, legal ↔ illicit 불법의, 불법적인 = unlawful, illegal
elicit [ilísit]	이끌어 내다, 꾀어내다 = draw, extract, pull 자아내다, 유도하다(동정·대답·웃음) = evoke
solicit [səlísit]	유혹하다, 끌어들이다 = entice, allure 간청하다, 구하다 = ask, beg, request

light [lait]	가벼운, 불 밝히다, 빛 ☞ right 정의, 우파, 권리 ☞ lighting 조명 / lightning 번개, 전광 ☞ electric light bulb 전구 / light year 광년
blight [blait]	해치는 것, 파괴하다, 시들게 하다(마름 병 : 식물) 꺾는 것(사기·희망), 앞날의 어두운 그림자
delight [diláit]	기쁨 = enjoyment, joy, pleasure, relish ⓐ delightful 매우 기쁜, 즐거운
flight [flait]	날기, 비행, 도망 ☞ refuge, escape 도피 ☞ flighty 변덕스러운, 경솔한
plight [plait]	곤경, 궁지 = dilemma, predicament, nonplus, quandary
slight [slait]	경멸·모욕·냉대하다 = ignore, disdain, snub, scorn 경미한, 약간의, 하찮은 = insignificant, petty, trifling
twilight [twáilàit]	황혼(땅거미), 여명기 = dusk, nightfall, sundown, sunset
lighten [láitn]	덜다, 가볍게 하다(부담·고통) = alleviate, ease, reduce, relieve 밝게 하다, 명백히 하다 = brighten ↔ darken 어둡게 하다
enlighten [enláitn]	계몽하다, 교화하다 = edify, educate, illuminate

like [laik]	좋아하다, 바라다 ↔ dislike 싫어하다 = hate, abhor ~처럼, ~와 같이·처럼·마찬가지로, ~와 같은 ☞ liken A to B : A를 B에 비유하다, 견주다
alike [əláik]	같은, 비슷한 = analogous, similar
lifelike [láiflàik]	살아 있는 것 같은, 실물 그대로의 ☞ life 생명, 삶, 인생
likewise [láikwàiz]	마찬가지로, 똑같이 ☞ wise ~와 같이, ~방향으로
likely-hood [láikli-hud]	있음직한 일 = probability, possibility

limb [lim]	수족(손발), 가지 ☞ lamb 어린양 / sheep 양 ☞ be out on a limb 궁지에 몰린, 고립된	
limbo [límbou]	망각, 잊혀 진 상태, 유치장 = oblivion	
limp [limp]	다리를 절다, 지지부진하다 / 무기력한, 생기 없는	
climb [klaim]	기어오르다, 등반하다 = ascend, clamber, escalate	

line [lain]	혈통, 계보선, 줄, 행(글자) ☞ lineal 직계의 ☞ hold the line 전화를 끊지 않고 기다리다 ☞ read between the lines 행간사이의 숨은 뜻을 읽다
lineage [líniidʒ]	혈통, 계보 = family tree, genealogy, pedigree
lineup [láinʌp]	일렬로 세우다 ☞ hot line 긴급직통전화(미·소)
underline [ʌ̀ndərláin]	밑줄 긋다, 강조하다 = accent, emphasize, underscore
interlinear [ìntərlíniər]	행간의, 행 사이에 써넣은 ☞ an interlinear gloss 행간 주석

cling [kliŋ]	집착하다, 고수하다 = adhere, stick
fling [fliŋ]	던지다, 뛰어들다 = hurl, throw
sling [sliŋ]	고무줄새총, 투석기, 투석기로 던지다

darling [dá:rliŋ]	가장 사랑하는 사람 = beloved, dear, favorite, sweetheart
ceiling [sí:liŋ]	천정, 상한(가격) = upper limit ☞ roof 지붕
inkling [íŋkliŋ]	어렴풋이 알아채기, 암시 = clue, hint, suggestion, whisper
sibling [síbliŋ]	형제, 자매 = siblings ☞ limb 수족, 손발 ☞ sib 집안의, 일가의, 혈족의 / sip 한 모금, 흡수하다(지식)

linger [líŋgər]	오래 머무르다, 우물쭈물 망설이다 = hesitate, loiter ⓐ lingering 오래 끄는, 망설이는 = hesitant
malinger [məlíŋgər]	꾀병을 부리다(군인) = goldbrick, procrastinate 꾸물거리다

lingual [líŋgwəl]	말의, 언어의 ☞ oral 구두(口頭)의 / verbal 말의 ☞ linguist 언어학자 / linguistics 언어학
bilingual [bailíŋgwəl]	두 나라말을 하는(사람)

multilingual [mÀltilíŋgwəl]	여러 나라말을 하는 = polyglot(수개국어 대역의 성서)	

link [liŋk]	잇다, 연접하다, 사슬고리 ☞ **p**link 찌르릉 소리를 내다 ☞ link**s** 골프장 / **r**ink 스케이트장(실내)
blink [bliŋk]	깜박거리다, 흘끗 보다 = wink, flicker, glimmer
slink [sliŋk]	살금살금 걷다, 조산하다(짐승) ☞ sli**ng** 투석기, 고무줄 새총

liquid [líkwid]	액체(의) ☞ solid 고체의 / fluid 유체의 / liquor 술
liquid**ate** [líkwidèit]	청산하다(빚), 정리하다 ☞ 종결시키다

list [list]	목록, 표, 일람표, 명세서, 리스트
list**less** [lístlis]	무관심한, 열의 없는, 냉담한 = impassive, phlegmatic
enlist [enlíst]	입대하다, 자발적으로 참가하다 도움 · 협력을 구하다 (얻다)

listen [lísən]	귀를 기울이다, 경청하다 ☞ hear 듣다
glisten [glísn]	번쩍번쩍 빛나다 = glitter, shine

literal [lítərəl]	문자그대로의, 축어적인 = verbatim
biliteral [bailítərəl]	두 글자의(언어요소) ☞ **bi**lateral 양쪽의
litera**ry** [lítərèri]	문학의, 문예의 ⓝ literature 문학, 문예, 문헌

literate [lítərit]	박식한 = erudite, learned, scholar**ly** ⓝ literacy 읽고 쓰는 능력 ☞ computer literacy 컴퓨터를 사용할 줄 앎
alliterate [əlítərèit]	두운(頭韻)을 달다 ☞ **al**literation 두운법(시)
illiterate [ilítərit]	문맹의 = **ig**norant, **un**educated, **un**learned, **un**versed
obliterate [əblítərèit]	지우다, 말살하다 = erase, raze, efface
semiliterate [sèmilítərit]	반문맹의, 읽고 쓰는 능력이 불충분한

lithe [laið]	유연한, 나긋나긋한 = lissom(e), supple ↔ rigid, stark	
blithe [blaið]	즐거운, 유쾌한 = cheerful, delighted, glad, merry 경솔한, 부주의한 = reckless　☞ blithe**ly**	

lithic [líθik]	돌의, 석질·석제의　☞ ~lithic : 석기문화(시대)의
monolithic [mànəlíθik]	통제된, 획일적인, 변화가 없는(조직·체제) ☞ monolith 완전한 통일체(정치적·사회적), 돌 하나로 된 비석
neolithic [nìːoulíθik]	신석기 시대의 ↔ paleolithic 구석기 시대의 ☞ the neolithic Age (Era·Period) 신석기 시대

live [láiv]	생방송의, 생중계로 / 살다, 생활하다 ☞ liv**ing** 살아있는 ☞ living thing 생물 ↔ non-living thing 무생물
live**ly** [láivli]	활기 있는 = active, brisk
lively-**hood** [láivli-hud]	생계, 부양수단　☞ hood 두건 / 신분, 계급, 상태, 집단

load [loud]	짐 싣다, 장전하다　☞ road map 도로지도(자동차)
unload [ʌ̀nlóud]	짐 내리다, 하역하다　☞ lord 지배자, 주인, 경(卿)
overload [òuvərlóud]	과적, 과적하다 / 너무 부담을 주다 = over**burden**

bloat [blout]	부풀게 하다, 우쭐하게 하다 = distend, inflate, swell ☞ bloat**ed** 부푼(물·공기) = inflated
float [flout]	떠(돌아) 다니다, 표류하다 = drift　☞ buoy 부표 ☞ afloat 표류하는, 뜬(물·공중), 벗어난(경제적 어려움)
gloat [glout]	흡족한·고소한 듯이 바라보다　☞ boast, brag 자랑하다 ⓐ gloat**ed** 흡족해 하는 = satisfied

locate [loukéit]	위치를 정하다 = place, situate ⓝ location 장소, 위치, 로케이션(영화) / local 장소의, 지역의
allocate [ǽləkèit]	할당하다, 배치하다 = allot, assign　ⓝ **al**location
relocate [riːlóukeit]	~을 재배치하다, 이전시키다 = reposition, resettle

lock [lak]	자물쇠(를 채우다), 잠그다 ↔ unlock 열다
block [blak]	한 구획, 장애, 막다 ☞ bloc 블록, 권(圈 : 정치·경제상 : F) ☞ blockade 봉쇄(하다 : 해안에서 물건의 도착을 막음)
clock [klak]	시계 ☞ clock in 출근하다 ↔ clock out 퇴근하다
flock [flak]	무리, 떼 = herd, shoal, school, swarm
interlock [ìntərlák]	맞물리다, 연결하다, 연동장치

locution [loukjúːʃən]	말투, 말씨, 어법, 표현, 어구 / 관용어법 = idiom
elocution [èləkjúːʃən]	웅변술, 연설(낭독·발성)법 = oratory ☞ eloquent 설득력 있는, 웅변적인(하는) ⓝ eloquence 웅변 = oratory
circumlocution [sə̀ːrkəmloukjúːʃən]	완곡어법, 에둘러 말함 = euphemism, periphrasis
interlocution [ìntərləkjúːʃən]	대화, 회담 = conversation, conference, talk

apologue [ǽpəlɔ̀ːg]	우화, 교훈담 = fable, allegory
collogue [kəlóug]	음모를 꾸미다, 공모하다 = conspire, intrigue
dialogue [dáiəlɔ̀ːg]	문답, 대화, 회화(會話) = colloquy, conversation, discussion
duologue [djúːəlɔ̀g]	둘만의 대화(연극) = dialogue
epilogue [épilɔ̀ːg]	맺음말, 결어, 발문(跋文 : 문학 작품) = epilog
monologue [mánəlɔ̀ːg]	모놀로그, 혼자 하는 대사, 독백(극·체) = soliloquy ☞ somniloquy 잠꼬대(하는 버릇)
prologue [próulɔːg]	머리말, 개막사(연극) = prolog ☞ prorogue 정회·연기하다

analogy [ənǽlədʒi]	유사, 유추 ⓐ analogous 유사한 = akin, similar
anthology [ænθálədʒi]	명시선집 ☞ poem 시 / poet 시인 / poetry 시가(詩歌)
apology [əpálədʒi]	사과, 해명 ⓥ apologize 사과하다 ⓐ apologetic 사과의 ☞ apologia 변명, 해명(서) = justification
biology [baiálədʒi]	생물학 ☞ microbiology 미생물학
ecology [iːkálədʒi]	생태학 ☞ ecologist 생태학자 / eco : 환경, 생태(학) ☞ echo 메아리, 반영하다(생각·입장), 동조하다(남의 의견)

eulogy [júːlədʒi]	칭찬, 찬사, 송덕문 = compliment, extollment, praise	
neurology [njuərálədʒi]	신경학 ☞ neuron 신경세포	
topology [təpálədʒi]	위상(位相)수학, 지지(풍토기)연구 ☞ algebra 대수학	

long [lɔːŋ]	동경하다, 열망하다 ☞ lung 폐(허파), 인공심폐
alongside [əlɔ́ːŋsáid]	나란히, 곁에 = side by side ☞ along ~을 따라서
headlong [hédlɔ̀ːŋ]	곤두박이로, 무모하게, 허둥지둥
oblong [áblɔːŋ]	타원형의, 옆으로 긴 ☞ oblongly 완곡하게, 에둘러서
overlong [óuvərlɔ́ːŋ]	지나치게 긴, 너무나 오랫동안
prolong [prouɫɔ́ːŋ]	연장하다, 오래 끌다 = elongate, extend, lengthen
longevity [lɑndʒévəti]	장수 ☞ longitude 경도, 날줄 ↔ latitude 위도, 씨줄

look [luk]	보다, ~처럼 보이다, 표정, 안색 ☞ looks 외관, 모양
outlook [áutlùk]	조망, 전망, 예측 = view, expectation, prediction, prospect
overlook [òuvərlúk]	내려다보다, 감독·감시하다, 눈감아 주다, 무시하다
onlooker [ánlùkər]	방관자, 구경꾼 = bystander, observer, spectator

loom [luːm]	어렴풋이 나타나다, 가시화되다 = appear, emerge 마음을 무겁게 하다(걱정거리) ☞ loom large 부각되다, 확대되다(문제·사안)
bloom [bluːm]	꽃, 개화하다 = blossom, burgeon ↔ wither 시들다, 쇠퇴하다 ☞ broom 비(로 청소하다) / room 공간, 여지
gloom [gluːm]	어둠, 우울 = dejection, despondency ☞ groom 마부, 신랑 ⓐ gloomy 어두운, 우울한 = melancholy, morose, woeful

lope [loup]	천천히 뛰다, 껑충껑충 뛰다 ☞ rope 밧줄 ☞ lop 자르다(가지·나무), 베다(목·손·발) / loop 고리, 루프
interlope [ìntərlóup]	남의 일에 간섭하다, 중뿔나게 나서다 = butt in, interfere in ☞ interloper 침입자, 훼방꾼
slope [sloup]	경사면, 비탈, 스키장 ☞ 기울기

loss [lɔs]	손실, 상실, 실패 ↔ gain 이익, 증가 ⓥ lose 잃다, 늦다(시계), 지다 ↔ gain 얻다, 빠르다(시계)
floss [flɔs]	명주솜, 옥수수수염(까끄라기) ☞ cotton 솜, 면화, 탈지면
gloss [glɔs]	광을 내다, 겉치레를 하다 = burnish, luster 주석을 달다, 그럴 듯한 해석을 하다 ☞ footnote 각주(脚注) ☞ gloss over 둘러대다, 얼버무리다 ☞ glossy 광택 있는, 그럴듯한
lot [lɑt]	제비뽑기, 몫, 운, 부지(땅) ☞ lottery 복권(뽑기), 추첨
allot [əlɑ́t]	할당하다, 분배하다 = allocate, assign, dispense, distribute ⓝ allotment 할당, 분배, 몫 = portion, quota, share
blot [blɑt]	얼룩(흠), 오점(인격·명성), 더럽히다 = blemish, blotch
plot [plɑt]	음모를 꾸미다, 계획하다(줄거리) = design, intrigue, scheme ☞ plod 터벅터벅 걷다, 무거운 발걸음으로 걷다 = trudge
slot [slɑt]	끼워 넣다, 배속하다(조직) ☞ 가늘고 긴 홈 = slit ☞ slot machine 슬롯머신, 자동도박 기(동전투입)
furlough [fə́:rlou]	일시해고(하다), 휴가(군인) = layoffs 일시해고
slough [slau]	진창길, 수렁(에 쳐 넣다), 허물 벗다, 탈피하다
lout [laut]	시골뜨기, 어리숙한사람 = boor, clown, buffoon, dunce ☞ loud 시끄러운, 목소리가 큰 = blaring, noisy ☞ aloud 소리를 내어 / loudly 큰 소리로, 시끄럽게
clout [klaut]	영향력(정치적), 권력 = puissance, influence, power ☞ cloud 구름, 우울 ⓐ cloudy 구름 낀, 흐린, 걱정스러운
flout [flaut]	비웃다, 조롱(하다) = mock, ridicule, scoff, scorn, sneer
love [lʌv]	사랑, 애정, 호의 = affection, favor ☞ beloved 가장 사랑하는
lovable [lʌ́vəbəl]	사랑스러운, 애교 있는 = adorable, endearing
loving [lʌ́viŋ]	사랑을 품고 있는 = tender ↔ callous 굳은, 무정한

low [lou]	낮은, 침울한, 비천한 ↔ high 높은, 기분 좋은, 고위의	
	☞ below 아래에 ↔ above 위쪽에 / low lying areas 저지대	
blow [blou]	한 번 불기(강풍), 강타 ☞ 자랑하다, 허풍떨다	
flow [flou]	밀물(만조), 범람, 흐름 ↔ ebb 썰물(간조), 쇠퇴	
	☞ flaw 결점, 흠, 결함 = blemish, defect	
glow [glou]	작열하다, 새빨갛게 타다 ☞ grow 자라다, 재배하다	
plow [plau]	투자하다, 투입하다 ☞ 쟁기, 갈다 = plough	

lucid [lúːsid]	투명한 = clear, transparent ⓝ lucidity 밝음, 투명, 명백함
	명석한, 제정신의 = rational, sober
elucidate [ilúːsədèit]	명백히 하다 ⓝ elucidation 설명, 해설

allude [əlúːd]	암시하다, 언급하다(간접적으로)
collude [kəlúːd]	결탁하다, 공모하다 ☞ collide 충돌하다, 상충되다
delude [dilúːd]	속이다 = deceive, beguile
elude [ilúːd]	교묘히 피하다, 빠져 나오다(추적·벌·책임)
interlude [íntərlùːd]	간주곡, 막간 = break, intermission, interval, recess
prelude [préljuːd]	전주곡, 서곡, 서막 = overture, preamble, preface
	전조가 되다, 예고하다 / 본론에 앞서 머리말을 하다
postlude [póustluːd]	후주곡, 결미(結尾 : 문학작품) ☞ 예배 마지막 오르간 연주

lumber [lʌ́mbər]	재목(을 베어내다), 제재하다
	ⓐ lumbering 육중한, 다루기 힘든, 방대한
plumber [plʌ́mər]	배관공, 비밀정보의 누설을 막는 사람 ☞ 망쳐놓다
slumber [slʌ́mbər]	잠(자다), 선잠 ☞ slumberless 잠 못 이루는 = sleepless
	☞ doze 졸음 = drowse / nap 낮잠 = siesta

lump [lʌmp]	덩어리, 혹 = chunk, hunk, mass
clump [klʌmp]	강타, 구타, 때리다 ☞ 수풀, 덤불(관목)
flump [flʌmp]	털썩 떨어뜨리다(떨어지다) ☞ flump down 쿵 넘어지다

plump [plʌmp]	포동포동한, 풍만한 = stout, corpulent, portly ↔ slender
slump [slʌmp]	폭락하다, 침체하다(경기) = collapse, depression ☞ slumpflation 불황 속에서도 인플레가 수습되지 않는 상태

lunge [lʌndʒ]	뛰어들다, 돌진하다 = dive, pitch
plunge [plʌndʒ]	곤두박질하다(가격·주가) = dip 뛰어들다 = plummet, swoop, drop, fall ☞ take the plunge 시도하다, 모험하다(과감하게)
lounge [laundʒ]	휴게실(로비), 어슬렁거리다(빈둥거리다)

lush [lʌʃ]	푸르게 우거진, 무성한, 풍부한 = abundant, lavish, luxuriant, profuse, rich
blush [blʌʃ]	얼굴을 붉히다, 홍조 = flush, redden
plush [plʌʃ]	사치스런, 호화로운, 값비싼 = lavish, luxurious ☞ flush 홍조를 띤 = blush / crimson 피로물들인
slush [slʌʃ]	진창 눈, 진창(길) ☞ slush fund 뇌물, 부정자금(정치)

allusion [əlúːʒən]	암시, 인유 ⓥ allude 암시·언급하다 / allure 유혹하다
collusion [kəlúːʒən]	공모, 결탁 = conspiracy, intrigue, plot
delusion [dilúːʒən]	현혹, 망상 ⓥ delude 속이다 = deceive, beguile
elusion [ilúːʒən]	회피, 속임수, 핑계 ⓐ elusive 회피적인, 교묘히 잘 빠지는 ⓥ elude 교묘히 피하다, 회피하다 = avoid, duck, evade, shun
illusion [ilúːʒən]	환영, 환각 ☞ apparition, ghost, phantom 유령 ☞ fantasy 공상, 환상 / fancy 공상, 상상

luster [lʌ́stər]	광택, 영광 = brilliance, glory ⓐ lustrous 빛나는, 광택 나는 = glistening
bluster [blʌ́stər]	호통 치다, 거세게 몰아치다(바람·파도) = blow, gust
cluster [klʌ́stər]	집단, 산업단지, 송이(과실·꽃) = group, bunch, bundle
fluster [flʌ́stər]	낭패, 당황하게 하다 = nonplus, bewilder, perplex

clutter [klʌ́tər]	혼란, 난장판, 혼잡하게하다 = mess, confusion	
flutter [flʌ́tər]	퍼덕거리다, 동요, 술렁거림 ☞ flu = influenza 유행성감기	

luxury [lʌ́kʃəri]	사치(품), 고급자동차(대형) ☞ extravagance 사치, 낭비	
luxuriant [lʌgʒúəriənt]	풍부한, 번성한 = abundant, bounteous, flourishing, lush	
luxurious [lʌgʒúəriəs]	사치스런, 호사스런 = sumptuous, extravagant	

lying [láiiŋ]	드러누워 있는, 드러누움 ☞ 거짓말을 하는, 거짓말하기	
underlying [ʌ̀ndərláiiŋ]	밑에 있는, 기초가 되는/ 우선하는(권리·담보) = prior	

Regrouping M

mad [mæd]	미친 = crazy, demented, deranged, insane, lunatic ⓝ madness 광기(狂氣), 정신착란 = lunacy, dementia
nomad [nóumæd]	유목민 ⓐ nomadic 방랑의, 유목의

main [mein]	주요한, 주된 = chief, dominant, principal
domain [douméin]	영역, 영토(소유지), 범위(세력) = realm, territory
remain [riméin]	남다, 체류하다, 유적 ☞ remains 잔해 = ruins
maintain [meintéin]	주장하다, 지속하다 ⓝ maintenance 주장, 지속, 생계

mall [mɔːl]	산책길(나무 그늘이 많은), 상점가(보행자전용) = avenue, boulevard ☞ shopping mall 상점가(보행자전용)
mill [mil]	맷돌로 갈다, 빻다, 방앗간 ☞ windmill 풍차 ☞ million 백만 / millions 무수 / millionaire 백만장자
mull [mʌl]	고려하다, 검토하다 = brood, meditate, ponder, weigh

man [mæn]	남자, 인간, 인류 ↔ woman 여자, 여성, 부인
foreman [fɔ́ːrmən]	현장감독, 십장(노동현장) = overseer
layman [léimən]	풋내기, 비전문가, 문외한 = amateur, nonprofessional, novice
talisman [tǽlismən]	호부(護符), 부적(불가사의한 힘이 있는 것) = amulet
yeoman [jóumən]	자유민, 소지주, 자작농

manage [mǽnidʒ]	다루다, 처리·관리하다 ☞ manager 관리자, (야구)감독
maneuver [mənúːvər]	기동(機動)작전, 계략, 책략 = ploy, stratagem, tactic ☞ outmaneuver (책략으로) ~에게 이기다, ~의 허를 찌르다
manner [mǽnər]	방법, 태도 ☞ manners 예절, 예의, 법식에 맞는 예법
manual [mǽnjuəl]	소책자, 사용설명서, 손의, 소형의
manure [mənjúər]	거름(똥), 비료(를 주다) ☞ fertilizer 거름, 화학비료

mandatory [mǽndətɔ̀:ri]	강제적인, 명령의, 위임의 = compulsory, imperative
com**mand** [kəmǽnd]	명령하다 = dictate, instruct, order 내려다 보다, 구사력(언어)
de**mand** [dimǽnd]	수요, 요구(하다), 소환하다 ↔ supply 공급
counter**mand** [kàuntərmǽnd]	취소하다, 철회하다 = annul, cancel, rescind, repeal
re**mand** [rimǽnd]	반송하다, ~을 되돌려 보내다 = return
repri**mand** [réprəmæ̀nd]	견책·징계하다, 호되게 꾸짖다 = rebuke, reproach, reprove

mania [méiniə]	~광(狂), 성벽(열광적) ☞ maniac 미치광이, (편집광적인) 애호가 ⓐ maniacal 미친, 광적인 = insane, lunatic, mad
biblio**mania** [bìblioʊméiniə]	서적광 ☞ bibliophile 애서가 / biblio~ 책, 성서
klepto**mania** [klèptəméiniə]	도벽, 절도광 = klepto
mono**mania** [mɑ̀nəméiniə]	편집광 ☞ megalomania 과대망상증
pyro**mania** [pàiərəméiniə]	방화광 ☞ arsonist 방화범(광) / arson 방화(죄)

mar [mɑ:r]	손상시키다, 망쳐놓다 = blemish, damage, impair, wreck
marble [mɑ́:rbl]	대리석, 단단한, 냉혹한 ☞ marbles 공깃돌
market [mɑ́:rkit]	시장(市場) ☞ mayor 시장(市長)
marry [mǽri]	~와 결혼하다, 결합시키다 ⓝ marriage ☞ merry 즐거운 ☞ marry into the purple 지체 높은 집안과 사돈을 맺다
marshal [mɑ́:rʃəl]	정리·정비·정돈시키다 = arrange, array, deploy, organize ☞ marsh 습지, 늪 = bog, morass, quagmire, slough swamp
marvel [mɑ́:rvəl]	놀라운 일, 경이 = miracle, wonder ⓐ marvelous 불가사의한

marine [mərí:n]	해양의(바다의), 해병대원 ☞ marine corps 해병대 ☞ maritime 바다의(해운의), 해상무역의
sub**marine** [sʌ́blmərì:n]	잠수함, 해저 동·식물 ☞ navy 해군 / navigation 운항, 항해

marital [mǽrətl]	결혼의, 부부의 ☞ married 기혼의 ↔ single 미혼의	
extramarital [èkstrəmǽrətəl]	간통의, 혼외정사의 ☞ adultery 간통 / adult 어른, 성인만의	
premarital [priːmǽritl]	결혼 전의, 혼전의 ☞ divorce 이혼, 분리 ↔ marriage 결혼	

mark [mɑːrk]
표시, 흔적, 기호, 채점하다
 ☞ hallmark 품질인증(증명) ☞ hall 회관, 집회장
 ☞ trademark 상표(등록), 특징 ☞ trade 매매, 무역

remark [rimɑ́ːrk]
주목하다, 말하다 ⓝ 주의, 소견
 ☞ remarkable 두드러진, 뛰어난 = outstanding, prominent

mart [mɑːrt]
시장, 상업 중심지 = emporium

martial [mɑ́ːrʃəl]
전쟁의(군사의), 호전적인(용감한) = bellicose, belligerent
 ☞ martial law 계엄령 / court-martial 군법회의(에 회부하다)

martinet [mɑ̀ːrtənét]
엄격한 사람(규율 : 군인), 까다로운 사람(몹시)

martyr [mɑ́ːrtər]
순교자, 희생자 / 박해하다 = martyrize
 ☞ martyrdom 순교(정신), 수난, 고통 / tyro 초심자
 ☞ pilgrim 순례자 / pilgrimage 순례여행, 인생행로

mash [mæʃ]
짓찧다, 짓이긴 것, 뒤섞임, 혼합 = latten, pound, squash

smash [smæʃ]
분쇄(하다), 세찬 일격(강하게 내리치다) = break, crash, crush

mass [mæs]
큰 덩어리, 다량, 미사(모임) = chunk, hunk, lump
 ⓐ massive 부피가 큰, 대량의, 육중한
 ☞ en masse 한꺼번에, 집단으로, 일괄하여, 전반적으로

amass [əmǽs]
축적하다, 쌓다
= accumulate, compile, hoard, save, storemassage

massage [məsɑ́ːʒ]
안마, 마사지 ☞ message 전갈, 전언, 메시지

master [mǽstər]
주인, 장, 선생, 대가, 명수 ☞ mast 돛대, 마스트 ⓝ mastery

masterful [mǽstərfəl]
오만한, 능숙한, 노련한 = deft, expert, proficient, skillful

masterly [mǽstərli]
교묘한, 교묘하게, 명인다운 = cunning, sly

mate [meit]	동료, 배우자 = colleague, companion, spouse, consort
co**mate** [kouméit]	친구, 한패(짝패) = buddy, chum, confidant, friend
in**mate** [ínmèit]	입원자(병원), 수감자(교도소), 피수용자
inti**mate** [íntəmit]	친근한 = bosom, close, familiar ⓝ intimacy 친근함, 암시, 암시하다 = hint, imply, insinuate, suggest
ulti**mate** [ʎltəmit]	최후의, 궁극적인, 근본적인 ☞ ultimatum 최후통첩

material [mətíəriəl]	물질의, 유물론의 ☞ materials 재료, 요소, 제재 ☞ materialism 유물론 ↔ spiritualism 유심론
materiel [mətìəriél]	군수품 설비, 장비(軍) = equipment ↔ personnel 병원(兵員)

mature [mətjúər]	성숙한, 심사숙고한, 익은 = adult, ripe, mellow ⓝ maturity 성숙, 숙성, 완전한 발달
im**mature** [ìmətjúər]	미숙한, 덜 익은 ☞ raw 날것의 / crude 가공안한
pre**mature** [prì:mətjúər]	조숙한, 조생의 = precocious, early, hasty

may [mei]	5월, 인생의 봄 = prime / 청춘 = youth
mayhem [méihem]	신체상해(죄), 파괴, 폭력(무차별·고의) ☞ hem 에워싸다
mayor [méiər]	시장(市長) ☞ market 시장(市場) / governor 주지사, 통치자
dis**may** [disméi]	당황·낙담·실망케 하다 = discourage, dishearten, unnerve 당황, 경악, 낙담 = disappointment, discouragement

maze [meiz]	미로, 미궁, 혼란시키다 = labyrinth 혼란, 분규 = jumble, bedlam, confusion
a**maze** [əméiz]	놀라게 하다 = astonish, astound ⓐ amazing 놀라운, 대단한

mean [mi:n]	비열한, 하잘 것 없는, 의미하다 ☞ meaningful 의미심장한 ☞ means 수단, 재산 / ends 목적
meander [miǽndər]	만담하다, 정처 없이 헤매다 = ramble, roam, rove, wander

| **mechanic** [məkǽnik] | 정비사, 기계공 ⓐ mechanical 기계적인 |
| mechanism [mékənìzəm] | 장치, 구조 ☞ machination 음모, 책략 = intrigue |

meddle [médl]	간섭하다 = butt in, interfere, intrude, tamper
	ⓐ meddlesome 간섭하기 좋아하는 = inquisitive, nosy
mettle [métl]	기개, 정열(열의) ☞ grit, pluck 기개, 용기
	ⓐ mettlesome 용감한 = valiant, intrepid

mediate [míːdièit]	중재하다, 화해시키다 ⓝ mediation 조정, 중재, 매개
immediate [imíːdiit]	바로 이웃의, 즉시의 = instant, prompt, adjacent
	☞ immediately 곧, 즉시
	= at once, instantly, without delay
intermediate [ìntərmíːdiit]	중간의, 중개하다 / 중개자 = agent, go-between
medicate [médəkèit]	의료행위를 하다(약으로 치료하다) ⓝ medication 약물치료
meditate [médətèit]	명상하다, 숙고하다 = contemplate, deliberate, ponder
	ⓝ meditation 명상(록), 숙고 ↔ disregard 무시, 등한

member [mémbər]	회원, 일원(단체·사회) ☞ membership 회원 자격(지위)
dismember [dismémbər]	해체하다, 분할하다(국토) = cut off, separate, sever
	손발을 자르다 = amputate, cripple, maim, mutilate
remember [rimémbər]	기억하다, 안부를 전하다
	ⓝ remembrance 기억(력), 회상

memo [mémou]	비망록, 메모(하다) ☞ memorandum 비망록
memoir [mémwɑːr]	전기, 연구보고 = monograph / (pl) 회상(회고)록, 논문집
commemorate [kəmémərèit]	기념하다(축사·의식), 축하하다 = celebrate, honor

memory [méməri]	기억, 기억장치(컴퓨터) ⓥ memorize 암기하다, 명심하다
memorable [mémərəbəl]	기억할만한, 중대한
	= monumental, striking, unforgettable
memorial [mimɔ́ːriəl]	기념의, 추도의, 기념물(비) = commemoration, monument

mend [mend]	수선하다, 개선하다 = repair, improve, reform	
amend [əménd]	수정·개정하다(법) ⓝ amendment 수정조항, 개정(안) ☞ amends 보상, 배상 / amendable 고칠 수 있는 ☞ the Amendments 헌법수정조항(미국) ☞ the Fifth Amendment 제 5 수정조항(미국헌법 : 강제증언금지)	
emend [iménd]	교정(校訂)하다(책), 수정하다(문서·잘못) = edit, revise	
commend [kəménd]	칭찬하다, 권하다 = extol, compliment, laud, praise	
recommend [rèkəménd]	추천하다, 맡기다 ⓝ recommendation 추천 ☞ a letter of recommendation 추천장	

mental [méntl]	마음의, 정신(병)의 ↔ bodily, physical 육체의 ☞ mentalism 유심론, 정신주의 / mentality 지성
mention [ménʃən]	언급하다 ☞ mansion 대저택 = chateau, castle ☞ not to mention = let alone = without mentioning ~은 말할 것도 없고 ☞ dimension 치수, 차원 / 부피 = bulk, volume
vehement [víːəmənt]	열심인, 격렬한, 맹렬한 = ardent, fervent

amentia [eiménʃiə]	백치, 정신박약 = mental weakness(deficiency)
dementia [diménʃiə]	치매 ☞ senile dementia 노인성 치매증
demented [diméntid]	미친, 발광한 = deranged, lunatic, insane, crazy

merge [məːrdʒ]	합병하다 ☞ merger 합병 / acquisition 취득, 인수
emerge [imə́ːrdʒ]	출현하다 = appear, advent ↔ disappear, fade 사라지다 ☞ emergence 출현, 발생 / emergency 비상사태
immerge [imə́ːrdʒ]	뛰어들다(물속), 사라지다(천체) ☞ immerse 담그다, 몰두시키다 ⓝ immersion 집중 훈련의
submerge [səbmə́ːrdʒ]	잠수하다, 가라앉다 = immerse, sink

mess [mes]	혼란(상태), 곤란한 상태 = plight, predicament, quandary
message [mésidʒ]	전갈, 전언, 메시지 ☞ massage 안마, 마사지
muss [mʌs]	엉망(으로 만들다), 헝클어 놓다 / 뒤죽박죽, 법석

metal [métl]	금속 / 지금(地金), 기질, 성품 ☞ heavy metal 중금속	
bimetal [baimétl]	바이메탈, 두 가지금속으로 된 물질	
metallurgy [métələ̀:rdʒi]	야금술 ⓐ metallurgic 야금술의	

meter [míːtər]	계량기, 계기, 미터(미터법) ☞ **odo**meter 계거기, 주행 기
altimeter [æltímitər]	고도계 ☞ water-meter 수량계 / pyrometer 고온계
barometer [bərámitər]	여론의 척도(지표), 기압계
diameter [daiǽmitər]	직경(지름) ☞ radius 반지름, 행동반경(활동범위)
micrometer [maikrámitər]	마이크로미터, 측미계(測微計 : 현미경·망원경)
parameter [pərǽmitər]	변수(매개), 한정요소, 제한(범위) = limit, restriction
perimeter [pərímitər]	주변, 둘레, 경계 = boundary, circumference, periphery
tachometer [tækámitər]	회전속도계, 유속계 ☞ photometer 광도계, 노출계 ☞ thermometer 온도계

might [mait]	힘, 세력, 권력, 실력, 병력 = power, force, strength
mighty [máiti]	강력한, 위대한 = forcible, potent, great
almighty [ɔːlmáiti]	전능한 = omnipotent ☞ the Almighty 전능자, 신 = God

migration [maigréiʃən]	이주, 이전, 이동(새 따위) ⓥ migrate 이주하다 ☞ transmigrate 이주·이동하다 ☞ migratory 이주성의 / migrant 철새 = migratory bird
emigration [èməgréiʃən]	이주나감(出) ⓥ emigrate 이주해 나가다
immigration [ìməgréiʃən]	이주해옴(入) ⓥ immigrate 이주해 오다

mind [maind]	정신, 지성 ☞ soul 영혼, 사람 / heart 마음(가슴), 심정 꺼리다, 걱정·유의하다 ⓐ mindful 주의 깊은, 정신 차리는 ☞ absent-minded 방심 상태의, 멍해 있는
remind [rimáind]	생각나게 하다, 깨닫게 하다
mind-set [máind-sèt]	관습적인 사고방식, 심적 경향

mine [main]		광산, 채굴하다 ☞ mineral 광물, 무기물 / miner 광부 ☞ mineral water = minerals 광천수, 탄산수 ☞ ore 광석
land-mine [lænd-main]		지뢰 ☞ land 땅, 나라, 상륙 · 착륙하다(시키다)
undermine [ʌ̀ndərmáin]		몰래 손상하다(명성 등) ☞ minor 하찮은 ↔ major 주요한

eminent [émənənt]		저명한, 특출한 = prominent, remarkable, outstanding ☞ preeminent 우수한, 탁월한 = celebrated, predominant
imminent [ímənənt]		절박한, 임박한, 곧 있을 예정인 = impending, urgent ☞ immanent 내재하는, 어디나 계시는 = omnipresent
prominent [prámənənt]		현저한, 두드러진 = conspicuous, distinguished ☞ prominent citizens 유지들

minister [mínistər]		목사, 공사, 장관 ☞ ministry 내각, 정부
administer [ædmínəstər]		관리 · 운영하다, 통치 · 투약하다 ⓝ administration 행정부

mire [maiər]		늪, 진창, 궁지, 곤경 = bog, morass, quagmire, swamp 진구렁에 빠뜨리다, 곤경에 몰아넣다
admire [ædmáiər]		감탄하다, 칭찬하다 = adore, esteem, honor, respect, revere ☞ admirer 찬미자, 감탄하는 자 ⓝ admiration 감탄, 찬미
quagmire [kwǽgmàiər]		꼼짝할 수 없는 곤경, 진구렁 = bog, predicament, quandary

demise [dimáiz]		서거, 별세 = death, decease, pass away, expiration 권리양도, 계승 / 소멸 · 붕괴하다(제도 · 존재)
premise [prémis]		전제(로 말하다), 전술한 내용 / 허두(虛頭)를 놓다, 제언하다 ☞ premises 건축물, 구내, 토지, 집과 대지
surmise [sərmáiz]		추측하다, 짐작하다 = assume, guess, infer, hypothesize
promise [prámis]		약속하다, 유망하다 = engage, pledge 밝은 전망, 촉망 ⓐ promising 전도유망한, 가망 있는
compromise [kámprəmàiz]		타협 · 화해 · 절충하다, 양보하다, 굽히다 손상하다, 더럽히다(명성 · 신용) = discredit

miser [máizər]	구두쇠, 수전노 ⓐ miserly 인색한 = stingy, niggardly
misery [mízəri]	비참, 불행, 고통 ⓐ miserable 비참한 = wretched

miss [mis]	잃어버리다, 그리워하다 = long for, yearn for ☞ missile 미사일, 날아가는 무기 / missing child 미아
amiss [əmís]	잘못하여, 틀리게 / 틀린, 잘못인(서술)
dismiss [dismís]	해고하다, 면직하다 = discharge, fire, sack 일축하다, 배척하다(생각·소문) ⓝ dismissal 간단히 처리하다(문제) = smooth over
remiss [rimís]	태만한, 게으른 = negligent, slack, lax, sluggish
emissary [émərsèri]	사자, 밀사(의)
hit-or-miss	소홀한, 닥치는 대로 ☞ at random 닥치는 대로

mission [míʃən]	임무, 사명, 파견(하다)
admission [ædmíʃən]	승인, 입장 ☞ admittance 입장, 허가
commission [kəmíʃən]	위임(장), 수수료, 중개(대리)
emission [imíʃən]	방출, 배출(열·빛·냄새)
intermission [ìntərmíʃən]	막간, 휴식시간, 중지 = break, interval, recess
omission [oumíʃən]	누락(빠뜨림), 태만, 부작위
permission [pərmíʃən]	허가, 면허 ↔ refusal 거절 = rebuff
remission [rimíʃən]	사면, 용서, 면제 = amnesty, pardon 누그러짐, 진정, 차도(병) = improvement
submission [səbmíʃən]	복종, 제안 ⓐ submissive 복종하는 = acquiescent, obedient
missionary [míʃənèri]	선교사, 전도(자)의 = evangelist 복음전도사

admit [ædmít]	승인하다, 들이다 = grant, let in
commit [kəmít]	위임하다, 범하다(죄·과실)
emit [imít]	방출하다(열·빛·냄새) = give off, issue, vent
omit [oumít]	빠뜨리다 = neglect
permit [pəːrmít]	허락하다, 허가증 = license
remit [rimít]	용서(면제)하다, 송금(발송)하다

submit [səbmít]	제출하다, 복종하다 = obey, succumb, surrender
vomit [vámit]	토하다, 뿜어내다, 분출하다 = disgorge

mode [moud]	양식, 형식, 유행 = fad, fangle, fashion, trend, vogue
modesty [mádisti]	겸손, 정숙 ⓐ modest 겸손한 = humble, meek

molt [moult]	털갈이 하다(새), 허물을 벗다(뱀)
molten [móultən]	용해된(녹은), 주조된(동상) ☞ mold 금형, 주조하다

moment [móumənt]	순간, 중요성 ↔ eternity 영원 = forever, infinity
momentary [móuməntèri]	순간의, 일시적인, 덧없는 = brief, temporary, ephemeral
momentous [mouméntəs]	중대한 = crucial, critical, pivotal, decisive, important
momentum [mouméntəm]	계기, 기세, 운동량 = impetus 추진력, 운동량

monition [mouníʃən]	계고(장 : 종교 재판소), 소환(법원) = summons
admonition [ædməníʃən]	훈계, 권고, 충고, 경고 = advice, warning
	ⓥ admonish 훈계하다, 타이르다 = advise, warn
premonition [prì:məníʃən]	사전경고, 예고, 징후, 전조 = forewarning, inkling, portent

demonstrate [démənstrèit]	증명하다, 시범하다 = illustrate, prove, show
	ⓝ demonstration 시범, 시위운동(데모) / demo 시범, 선전용견본
	☞ demonstrators 시위대 / demonstration effect 전시효과
remonstrate [rimánstreit]	이의를 말하다, 항의 · 질책하다

montage [mɑntá:ʒ]	합성화법 혼성화, 몽타주 사진
promontory [prámənt ɔ̀:ri]	융기, 돌기

monthly [mʌ́nθli]	매달의, 월 1회의 ☞ month (한)달, 월(月)
bimonthly [baimʌ́nθli]	두 달에 한번의, 격월의(한 달 걸러의)
semimonthly [sèmimʌ́nθli]	월 2회의, 한 달에 두 번의

moral [mɔ́rəl]	도덕적인, 교훈, 도덕(pl)
	ⓝ morality 도덕성, 윤리성
amoral [eimɔ́rəl]	도덕과는 관계없는, 도덕관념이 없는 = nonmoral
immoral [imɔ́rəl]	부도덕한, 음란한(행실 나쁜)
unmoral [ʌnmɔ́rəl]	도덕과 관계없는, 초 도덕적인
morale [mourǽl]	사기(군대), 근로의욕

mortal [mɔ́:rtl]	죽을 운명의, 치명적인 = deadly, fatal
	ⓝ mortality 반드시 죽는 운명, 인간 / moribund 죽어가는
immortal [imɔ́:rtl]	죽지 않는, 불후의, 불멸의
	= eternal, everlasting, undying
	ⓝ immortality 영원한 생명
mortify [mɔ́:rtəfài]	억제·고행하다, 굴욕감을 느끼게 하다
	ⓐ mortifying 분한, 고행의
postmortem [poustmɔ́:rtəm]	사후의(死後·事後) ☞ post 기둥, 지위, ~후에
	승부결정 뒤의 검토(특히 카드놀이)

most [moust]	최대의, 최고의, 대개의, 대부분의
almost [ɔ́:lmoust]	거의, 대체로 = approximately, nearly, roughly
foremost [fɔ́:rmòust]	최전방의 ↔ hindmost 최후방의
uppermost [ʌ́pərmòust]	최고의, 최상의 ↔ lowermost 최저의, 최하의
utmost [ʌ́tmòust]	최대한도의, 극도의 ↔ least 가장 작은

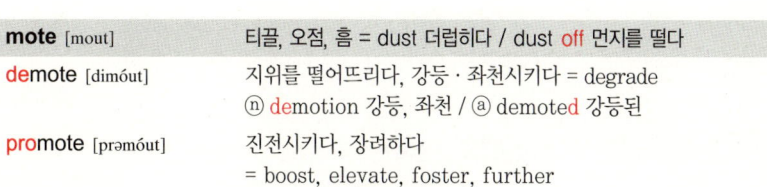

mote [mout]	티끌, 오점, 흠 = dust 더럽히다 / dust off 먼지를 떨다
demote [dimóut]	지위를 떨어뜨리다, 강등·좌천시키다 = degrade
	ⓝ demotion 강등, 좌천 / ⓐ demoted 강등된
promote [prəmóut]	진전시키다, 장려하다
	= boost, elevate, foster, further
	ⓝ promotion 승진, 판매촉진(상품)
remote [rimóut]	먼, 외딴 = distant, isolated, far-off
	☞ remote-controller 원격조정기(리모콘)

moth [mɔθ]	나방, 유혹에 몰려드는 것 ☞ mouth 입 / mouse 생쥐 / myth 신화
mother [mʌ́ðər]	근원, 원천, 출처 = source, origin ☞ the mother 모성애
smother [smʌ́ðər]	질식시키다, 덮어버리다 = asphyxiate, choke, suffocate

motion [móuʃən]	동작, 몸짓으로 알리다 = gesture, gesticulate, beckon ☞ notion 관념, 개념, 생각 = concept, idea
commotion [kəmóuʃən]	동요(소요), 폭동 = disturbance, tumult, turmoil, riot
emotion [imóuʃən]	감정, 감동 = feeling ☞ emotionalism 주정주의
locomotion [lòukəmóuʃən]	운동, 이동, 교통기관 ☞ locomotive 기관차, 견인차

mount [maunt]	오르다(물가), 늘다(빚·문제) = rise, soar, surge ⓐ mounted 말에 탄 ☞ mound 투수판(작은 언덕)
amount [əmàunt]	총액이 ~되다 ☞ the amount 총계, 총액
dismount [dismáunt]	내리다, 낙마시키다 = descend
paramount [pǽrəmàunt]	최고의, 막대한 = chief, dominant, preeminent, supreme
surmount [sərmáunt]	극복하다, 이겨내다 = conquer, overcome, get(tide) over
tantamount [tǽntəmàunt]	동등한, 같은 = equivalent, identical, same ☞ tantalize 탐나게 하다, 관심을 끌게 하다 = entice, tempt

move [mu:v]	움직이다, 감동시키다 ⓝ movement 운동, 움직임, 기동(軍)
remove [rimú:v]	제거하다, 해임하다 ⓝ removal 이동, 제거, 해임

muddle [mʌ́dl]	혼합하다, 혼란시키다 = confuse, rattle 혼란, 지리멸렬 = disorder, mess-up
muffle [mʌ́fl]	감싸다, 어둡게 하다, 억제하다 = stifle, suppress
muzzle [mʌ́zl]	재갈, 억압하다(언론) = censor, curb, gag, restrain, suppress

multifarious [mʌ̀ltifɛ́əriəs]	여러 부분으로 된, 여러 종류의
multiply [mʌ́ltəplài]	증가 · 번식시키다, 곱하다 = proliferate, propagate
multipurpose [mʌ̀ltipə́ːrpəs]	용도가 많은, 다목적의 ☞ purpose 목적, 용도
multiracial [mʌ̀ltiréiʃəl]	다민족(인종)의 ☞ race 인종, 종족, 경주
multitude [mʌ́ltitjùːd]	다수, 군중 = mass, throng, crowd, horde
multivocal [mʌltívəkəl]	뜻이 애매한, 여러 뜻을 가진 = ambiguous

murmur [mə́ːrmər]	중얼거림, 속삭임 / 불평하다 = complain, grouse, grumble
demur [dimə́ːr]	이의를 말하다, 항변 · 반대하다 = disapprove, dispute, dissent
murder [mə́ːrdər]	살해하다 = assassinate, kill, slay ☞ first-degree murder 1급살인 / homicide 살인(죄), 살인범
murrain [mə́ːrin]	병, 전염병(가축: 소) ☞ plague 역병(疫病), 재앙

mural [mjúərəl]	벽의 ☞ mural painting 벽화 / muralist 벽화가
extramural [èkstrəmjúərəl]	교외의, 성벽 밖의, 비공식 대항의(대학 간)
intramural [ìntrəmjúərəl]	교내의, 같은 대학의 ↔ interscholastic 학교간의, 학교대항의

muse [mjuːz]	명상하다, 깊이생각하다 = contemplate, ponder, reflect, ruminate
amuse [əmjúːz]	즐겁게 하다 = entertain, regale ⓝ amusement 오락, 즐거움
bemuse [bimjúːz]	멍하게 · 어리둥절하게 하다 = bewilder

mute [mjuːt]	무언의, 벙어리의, 묵비권을 행사하는 = dumb, mum, taciturn ☞ mutable 변하기 쉬운 / mutate 변하다 / mutual 상호간에
commute [kəmjúːt]	전환 · 교환 · 감형하다, 통근 · 통학하다 ☞ commuter 통근자(교외) / commuter train 통근열차
transmute [trænsmjúːt]	변형 · 변질 · 변화하다

Regrouping N

nag [næg]	괴롭히다, 잔소리하다 = torment, badger ⓐ nagging 늘 괴롭히는, 잔소리 심한, 끈질긴 (의심·통증)
snag [snæg]	재빨리 잡다 = catch, seize, snatch 방해하다, 장애가 되다, 난관 = difficulty, glitch, obstacle ☞ 물 속에 잠겨 있어 배의 통행을 방해하는 나무

name [neim]	이름, 명성 ☞ first name 이름 ↔ last name 성(姓)
by-name [bai-neim]	별명, 별칭 = nickname
surname [sɔ́ːrnèim]	성(姓) = family name, last name

nap [næp]	낮잠 = siesta, snooze ☞ map 지도 = atlas
kidnap [kídnæp]	유괴하다, 납치하다 = abduct ☞ kid 새끼염소, 아이
snap [snæp]	움켜잡다, 낚아채다 = grasp, seize, snatch ☞ 덥석 물다, 스냅 사진을 찍다 / snapshot 스냅(사진) ☞ snap election 조기총선 / election 선거, 표결

gnarl [naːrl]	나무의 마디·혹(를 만들다), 비틀(리)다 = twist
snarl [snaːrl]	호통·고함치다, 으르렁거리다(개) = growl, howl 혼란시키다(교통·통신), 뒤얽힘, 혼란 = chaos, disorder, muddle ☞ ensnarl 얽히게 하다, 혼란시키다 = confuse

nasty [nǽsti]	역겨운, 불쾌한 = disgusting, filthy, indecent, lewd, obscene 거친, 험악한 (날씨·관계) = disagreeable, offensive
dynasty [dáinəsti]	왕조(역대), 명가(名家) ☞ regime(정권) / reign(통치·지배)

innate [inéit]	타고난, 선천적인, 본질적인 = congenital, inborn, inherent ☞ native 토착의, 출생의 / naive 순진한, 때 묻지 않은
ornate [ɔ:rnéit]	화려하게 장식한 = adorned, embellished, flamboyant
senate [sénət]	상원, 원로원, 입법부 ☞ senator 상원의원, 원로원 의원

national [nǽʃənəl]	국가의, 국내의 = domestic ☞ nation 국민, 국가 = country, state ☞ nationalism 민족주의 / nationalist 민족주의자
international [ìntərnǽʃənəl]	국제적인, 국가 간의 = global, worldwide, universal
supranational [sù:prənǽʃənəl]	초(超)국가적인 ☞ supra 위에, 초월하여 ↔ infra 아래에

neglect [niglékt]	게을리 하다, 무시하다 = disregard, ignore, overlook, slight
negligent [néglidʒənt]	태만한, 무관심한 = delinquent, remiss, slovenly
negligible [néglidʒəbəl]	시시한, 무시해도 좋은 = insignificant, paltry

nib [nib]	부리, 첨단, 펜촉 ☞ nil 없음, 영, 무, 제로 = zero, nothing
nibble [níbəl]	조금씩 물어뜯다 / nibble at 흥미를 보이다 (유혹·거래 등)
nimble [nímbəl]	재빠른, 재치 있는, 민첩한 = agile, deft, swift ☞ numb 감각을 잃은 (곱은 : 추위), 마비시키다

night [nait]	어둠, 무지, 암흑시기·상태 = darkness, ignorance
benighted [bináitid]	어리석은, 미개한, 뒤진 (문화·시대에) = ignorant

nomination [nàmənéiʃən]	지명(권), 경마출전등록 = appointment, designation ⓥ nominate 지명하다 / nominal 명목상의 ☞ nominator 지명자 / nominee 지명된 자
denomination [dinàmənéiʃən]	화폐 호칭단위의 절하 / 명칭, 단위 (도량형) ⓥ denominate 명명하다
re-denomination [ri:dinàmənéiʃən]	화폐단위 하향조정

Regrouping **N** • 139

ignore [ignɔ́:r]	무시·묵살하다, 각하·기각하다 ⓝ ignorance 무지
snore [snɔ:r]	코곪, 코를 골다 ☞ sniff 코를 킁킁 거리다

norm [nɔ:rm]	기준, 일반표준 = average, standard
enormous [inɔ́:rməs]	거대한 = huge, gigantic, mammoth
enormity [inɔ́:rməti]	극악무도 = atrocity, brutality

normal [nɔ́:rməl]	정상적인, 보통인 = average, common, ordinary, usual ⓥ normalize 정상화하다
abnormal [æbnɔ́:rməl]	비정상적인, 변칙의 = aberrant, anomalous, deviant
paranormal [pæ̀rənɔ́:rməl]	과학적으로 설명할 수 없는

notate [nóuteit]	기록하다, 악보에 적다 ☞ rotate 회전하다, 교대하다 = turn
annotate [ǽnətèit]	주해하다, 주석을 달다 = footnote, gloss

note [nout]	적어두다, 주목하다, 각서, 주(註), 음표 ☞ notes 기록, 메모
connote [kənóut]	암시하다, 내포하다(딴 뜻) ⓝ connotation 함축적 의미
denote [dinóut]	표시하다, 의미하다 ⓝ denotation 의미, 부호, 표시
footnote [fútnòut]	각주(脚註)를 달다 ☞ foot 밑 부분, 기슭, 비용을 부담하다
keynote [kí:nòut]	요지, 기조(연설·책), 으뜸음 ☞ gist, crux, kernel 요점, 요지

notice [nóutis]	주의, 통지, 통고, 알아채다 = caution, information ⓥ notify 통지하다, 주의·유의하다 = announce, inform
notion [nóuʃən]	개념, 관념, 생각 = concept, idea

announce [ənáuns]	알리다, 방송하다 = declare, proclaim, promulgate ⓥ annunciate 통고하다 ⓝ announcement ☞ noun 명사 / pronoun 대명사
denounce [dináuns]	비난·규탄하다, 고발하다 = condemn, decry, reprove ⓝ denouncement = denunciation 고발, 탄핵, 비난

pronounce [prənáuns]	선언하다 = declare, proclaim ⓝ pronounce**ment** 선언 발음하다 = articulate, enunciate ⓝ pronunciation 발음
renounce [rináuns]	포기·단념하다(권리) = forgo, relinquish ⓝ renounce**ment** 부인·부정하다(입장·신앙) = deny, refuse, repudiate

nova [nóuvə]	신성(新星), 새별 ☞ nov**el** 새로운, 소설 / short story 단편소설
innov**ation** [ìnouvéiʃən]	혁신 ⓥ **in**novate 혁신하다 = revolutionize, transform ☞ technological innovation 기술혁신
renov**ation** [rènəvéiʃən]	쇄신 ⓥ **re**novate 쇄신하다 = fix up, refurbish, remake
nov**ice** [návis]	신참자, 풋내기 = amateur, apprentice, beginner, rookie
nov**elty** [návəlti]	진기함, 새로움 ☞ novelties 신제품

noxious [nákʃəs]	유해한, 유독한, 불건전한 = harmful, inimical, poisonous
innox**ious** [inákʃəs]	무해한, 독 없는 = harm**less**, **in**nocuous, **non**toxic
obnox**ious** [əbnákʃəs]	불쾌한, 싫은 = disgusting, odious

null [nʌl]	효력이 없는, 무효의, 영의, 공집합의, 빈
annull**able**	무효로 할 수 있는 ⓥ **an**nul 무효로 하다(의결·계약·법령), 취소하다

numeral [njúːmərəl]	수의, 숫자 ☞ number 수, 숫자, 번호, 번지 ☞ the Arabic(Roman) numerals 아라비아(로마)숫자
numer**ical** [njuːmérikəl]	수의, 숫자로 나타낸
numer**ous** [njúːmərəs]	무수한, 수많은 = myriad, countless, incalculable
enumer**ate** [injúːmərèit]	열거하다, 일일이 들다(세다)

acronym [ǽkrənìm]	약어(略成語 : 몇 개의 머리글자로 된말) ☞ radar : **r**adio **d**etecting **a**nd **r**anging
anonym [ǽnənìm]	작자불명의 저작, 가명, 익명(자) = incognito ⓐ anonymous 익명의, 작자불명의 ⓝ anonym**ity** 익명 = anonym, incognito

autonym [ɔ́:tənìm]	본명, 실명 ☞ synonym 동의어 ↔ antonym 반의어
eponym [épounìm]	이름의 시조(원조) ⓐ eponymous 이름의 시조가 된
pseudonym [súːdənim]	익명, 필명, 아호 = nickname, pen name, alias
	☞ pseudo 가짜의, 사이비(pl) = fake, mock, phony, bogus

Regrouping O

coach [koutʃ]	코치(경기), 지도원 ☞ loach 미꾸라지	
poach [poutʃ]	가로채다, 빼내다, 도용하다, 스카우트하다	
roach [routʃ]	바퀴벌레, 밑을 말아 올린 돛(머리·갈기)	
broach [broutʃ]	꺼내다(말·화제), 제창하다(학설) = air, divulge	

oar [ɔːr]	노, 노를 젓다 ☞ paddle 노, 철썩 때리다 ☞ ore 광석 / or 즉, 다시 말하면
boar [bɔːr]	수퇘지 ☞ pig, swine, hog 돼지
roar [rɔːr]	포효하다, 고함치다 = yell, holler, howl ↔ whisper 속삭이다
soar [sɔːr]	급등하다, 급상승하다 = skyrocket, zoom ↔ sink, fall

board [bɔːrd]	올라타다, 하숙하다 ☞ 판자, 게시판 부(部), 원(院), 청(廳) : 정부 ☞ board meeting 이사회 / aboard (탈것)을 타고 ☞ broad 폭이 넓은, 광대한 / abroad 널리, 해외로
hoard [hɔːrd]	모으다, 저장하다 = accumulate, amass, collect 저장물, 축적 = storage, accumulation ☞ horde 유목민의 무리, 유랑민의 떼, 대집단, 군중

coarse [kɔːrs]	거친, 야비한, 저속한 = harsh, rough, crass, uncouth ☞ course 진로, 진행, 교육과정 / curse 저주·악담하다
hoarse [hɔːrs]	목이 쉰, 귀에 거슬리는 = husky, gruff

boast [boust]	자랑하다, 떠벌리다 = brag, crow, trumpet, vaunt
coast [koust]	연안, 해안 = beach, seaboard, shore, strand
roast [roust]	비난하다(신랄하게), 굽다 = criticize, lambaste

oath [ouθ]	맹세, 선서 ☞ testify under oath 선서증언하다
loath [louθ]	싫어하고, 지긋지긋하여 ☞ loathsome 싫은 ☞ nothing loath 싫어하기는커녕, 기꺼이 ⓥ loathe 질색하다 = disgust, detest, abhor

obvious [ábviəs]	명백한, 분명한 = apparent, evident, manifest, clear
oblivious [əblíviəs]	잘 잊는, 염두에 없는 = forgetful, unconscious ⓝ oblivion 망각, 건망(증) = forgetfulness, unconsciousness

cock [kɑk]	수탉 = rooster ↔ hen 암탉 ☞ cocky 건방진, 으스대는 = arrogant, bloated
dock [dɑk]	피고석(형사법정), 선창 ☞ docks 조선소 ☞ dry dock 건선거(乾船渠)
mock [mɑk]	가짜의 / 모방하다 = imitate, mimic 비웃다, 조롱하다 = deride, ridicule, scoff ⓝ mockery 비웃음, 놀림감
rock [rɑk]	바위, 흔들어 움직이다 ☞ on the rocks 좌초·파멸하여 ☞ socks 양말 / knock 문을 두드림

docket [dákit]	의사일정, 소송사건 일람표 = agenda, calendar
pocket [pákit]	챙겨 넣다, 착복하다 ☞ pocket money 용돈
socket [sákit]	꽂는(끼우는)구멍, 소켓(전구 따위를 끼우는)

odium [óudiəm]	증오, 비난, 악평 ☞ hatred, detestation 증오 ☞ opium 아편, 마약 / drug, narcotic, dope 마약
podium [póudiəm]	연단, 지휘대 ☞ dais 연단 = platform 교단, 플랫폼
emporium [empɔ́:riəm]	상업 중심지, 중앙시장, 큰 상점 = department store, mart

offer [ɔ́fər]	권하다, 바치다, 제공·제출·제의하다
offering [ɔ́fəriŋ]	공물(신), 제물 / 헌금(교회), 헌납 = offertory, oblation ☞ offing 앞바다, 가까운 미래

| offertory [ɔ́:fərtɔ̀:ri] | 봉헌(교회), 헌금 = oblation, offering |
| coffer [kɔ́:fər] | 귀중품상자 / 국고, 금고 / 재원 = fund |

oil [ɔil]	기름, 석유 ☞ oils 유화 / oil colors 유화물감
boil [bɔil]	끓다, 비등하다 ☞ boil down to~ : ~으로 요약하다
foil [fɔil]	격퇴·저지하다, 좌절시키다 = balk, baffle, frustrate, thwart 미연에 방지하다, 피하다 = avert, deflect, prevent
moil [mɔil]	끊임없이 동요하다, 억척같이 일하다 ☞ 혼란상태 ☞ turmoil 혼란, 동요, 소요 = agitation, riot, tumult, upheaval
roil [rɔil]	휘젓다, 성나게 하다 = stir, provoke, anger
soil [sɔil]	오물, 더럽히다(더러워지다) ☞ 흙, 땅
toil [tɔil]	힘 드는 일, 수고하다 ☞ toil and moil 억척스럽게 일하다

foist [fɔist]	억지로 떠맡기다(가짜), ~의 작으로 하다(속여서 : 작품·문서)
hoist [hɔist]	기를 게양하다, 올리다(끌어, 말아) ☞ boost, heave, lift, raise 밀어(들어)올리다
moist [mɔist]	축축한, 습기 있는 = dank, damp, humid ⓝ moisture 습기
boisterous [bɔ́istərəs]	사나운, 시끄러운 = violent, noisy

bomb [bɑm]	폭탄 = explosive, grenade, mine 큰 실수(대실패) = dud, failure, flop ☞ neutron bomb 중성자탄 / hydrogen bomb 수소폭탄
comb [koum]	뒤지다, 샅샅이 찾다 = ferret out, ransack, rummage, scour
tomb [tu:m]	무덤, 묘(墓) = grave, cemetery ☞ tombstone 묘비, 묘석
womb [wu:m]	자궁, 태내(胎內), 요람 = uterus 자궁 / cradle 요람

book [buk]	기입하다, 예약하다 = reserve ⓝ booking 예약, 기장
cook [kuk]	요리하다, 요리사 = chef ☞ cooker 요리기구
hook [huk]	갈고리, 낚시 바늘, 올가미로 호리다 ☞ be(get·take) off the hook 위기, 책임에서 벗어나다

cool [ku:l]	대단한, 멋진, 현대풍의 / 에누리 없는, 냉담한
fool [fu:l]	바보, 놀리다, 우롱하다 ⓐ foolish 어리석은 = silly
pool [pu:l]	합동기금(자금), 공동출자, 공동계산 ☞ motor pool 주차장
tool [tu:l]	도구, 연장 = implement, instrument ☞ utensil 가정용품 ☞ stool 걸상, 권좌 / wool 양모, 모직물

boom [bu:m]	벼락경기, 가격폭등 ☞ boom and bust 번영과 불황
doom [du:m]	운명 = fate, fortune, lot / 죽음, 판결 운명 짓다 = destine / 사형선고하다, 판결을 내리다 ☞ doomsday 최후심판일, 지구최후의 날(핵전쟁)
loom [lu:m]	아련히 나타나다, 가시화 되다 = appear, emerge ☞ loom large 중요하게 확대·부각되다(문제·사안)
room [ru:m]	공간, 여지, 묵다, 하숙하다 ⓐ roomy 널찍한, 여유가 있는 ☞ anteroom 앞방(안방으로 통하는), 대기실, 대합실 ☞ broom 비(로 쓸다), 쓸어내다 / a new broom 신임 관리(개혁적)

choose [tʃu:z]	고르다, 선택하다 = cull, select, adopt ⓝ choice 선택
goose [gu:s]	거위, 바보, 얼간이 = idiot, moron, simpleton
loose [lu:s]	헐거운, 느슨한(풀린) ↔ tight 꽉 조인(단단한), 빈틈없는
footloose [fútlu:s]	자유로운(어디나 갈 수 있는) ☞ free, liberal 자유로운

ooze [u:z]	스미어 나오다, 누설하다 = leak, exude ↔ gush 분출하다
booze [bu:z]	과음하다, 폭음, 독주 ☞ booze it up 벌컥벌컥 마시다(독한 술)
snooze [snu:z]	꾸벅꾸벅 졸다 = doze, nap, siesta ☞ sneeze 재채기(하다), 경멸하다

cope [koup]	대처하다, 대항하다 ☞ cop 순경 / rope 새끼줄, 밧줄
lope [loup]	껑충껑충 뛰다, 성큼성큼 달리다 ☞ gallop 질주하다
pope [poup]	로마교황 ☞ cardinal 추기경 / archbishop 대주교

| **operation** [àpəréiʃən] | 작동, 수술(내과) ☞ operative 첩보요원, 스파이 = spy
☞ surgery 수술(외과) / surgeon 외과의사 |
| cooperation [kouàpəréiʃən] | 협동, 협력 ⓥ cooperate 협력하다 = collaborate
☞ cooperative 협력하는 = collaborate
☞ corporation 법인, 유한회사 ⓐ corporate 법인의, 회사의 |

optics [áptiks]	광학 ☞ optical 눈의, 광학의 / optician 안경상
optimum [áptiməm]	최적조건, 최적의 = optimal 최적의 / adopt 채택하다
option [ápʃən]	선택권, 선택의 자유 ⓐ optional 마음대로 선택가능한 ☞ alternative, choice, selection 선택

oral [ɔ́ːrəl]	구두(口頭)의, 구술의 = spoken, uttered, verbal
oratory [ɔ́ːrətɔ̀ːri]	웅변술, 수사(修辭) = rhetoric ⓥ orate 연설하다
oration [ɔːréiʃən]	연설, 식사(式辭) = address, discourse, speech
peroration [pèrəréiʃən]	결론(연설), 맺음말 = declamation 낭독(법), 연설

ordinate [ɔ́ːrdənèit]	세로좌표 ☞ abscissa 가로좌표 ☞ ordinance 조례, 법령 = decree, edict, regulation, rule
coordinate [kouɔ́ːrdənit]	동등한, 동의의, 등위(等位)의, 좌표의
inordinate [inɔ́ːrdənət]	과도한, 무절제의 = excessive, exorbitant, extravagant
subordinate [səbɔ́ːrdinit]	예하의, 차위·하위의, 부수·종속하는

ore [ɔːr]	광석 ☞ iron ore 철광석 / oar 노(를 젓다)
bore [bɔːr]	구멍을 뚫다 = drill, penetrate, pierce 지루하게하다 = weary ⓝ boredom 무료함, 권태 ☞ full-bore 최대한의(으로), 최고속력의
core [kɔːr]	핵심, 정수, 중심부 = nucleus, crux, essence, gist
lore [lɔːr]	지식, 구비(口碑), 민간전승 ☞ folklore 민속, 민속학
pore [pɔːr]	모공, 숙고하다(곰곰이 생각하다) = muse, ponder, scrutinize
chore [tʃɔːr]	지루한 일(잡일), 허드렛일(가정) = assignment, duty, task ☞ household chore 집안의 허드렛일 / nuisance 폐, 성가신 것

organ [ɔ́:rɡən]	기관(器官 : 생물), 파이프오르간 ☞ organic 유기체의, 유기적 ↔ inorganic 무생물의, 무기의
organism [ɔ́:rɡənìzəm]	유기체(생물), 유기적 조직체(사회) ☞ microorganism 미생물(박테리아 등) / orgasm 격렬한 흥분
organization [ɔ̀:rɡənəzéiʃən]	조직(화·체), 기구, 구성 ☞ league 연맹, 동맹 ☞ association 연합, 협회 / coalition 연립(정치적), 제휴(提携)

origin [ɔ́:rədʒin]	기원(근원), 발단 = beginning, commencement, initiation ⓥ originate ~에 시작되다 / originative 독창성 있는
original [ərídʒənəl]	원래의 / 원본, 원문 ↔ version, translation 번역(문)
aboriginal [æ̀bərídʒənəl]	토착의(토속적인), 원주민의 = native 출생의, 원주민
originality [ərìdʒənǽləti:]	독창성, 창의 = creativity, ingenuity

bough [bau]	큰 가지 ☞ branch 가지, 지점 / twig 잔가지
dough [dou]	밀가루 반죽 ☞ flour 밀가루 / wheat 밀 / barley 보리
doughty [dáuti]	용감한, 용맹스러운 = plucky, gallant, valiant, daring

cough [kɔf]	기침(하다) ☞ sneeze 재채기 하다 / yawn 하품하다
rough [rʌf]	거친, 울퉁불퉁한 = coarse, harsh, jagged, rugged, stony
tough [tʌf]	강인한, 불굴의 = durable, stalwart, sturdy

out-and-out	철저한, 완전한 = complete, thorough ☞ outing 소풍, 여행 = excursion
bout [baut]	한판승부, 시합(권투), 발작(병) ☞ doubt 의심, 불확실함 ☞ a bout of : 한차례의(승부·논쟁·병)
pout [paut]	불만을 표시하다(입을 삐죽거리다) = sulk, whimper, grumble
shout [ʃaut]	외치다, 고함치다 = bellow, holler, scream, yell
outdo [áutdú:]	능가하다, 이기다, ~보다 낫다 = better, outstrip, surpass 물리쳐 이기다 = defeat, subjugate, vanquish

owl [aul]	올빼미, 밤을 새우는 사람 ☞ eared owl 부엉이	
bowl [boul]	수세식 변기, 나무공, 사발 ☞ bowling 볼링	
fowl [faul]	가금(家禽), 닭 ☞ foul 더러운 / befoul 더럽히다	
howl [haul]	짖다, 아우성 소리, 불평, 반대 ☞ bark 짖다(개)	

Regrouping P

pact [pækt]	계약, 협정, 조약 = contract, treaty ☞ fact 사실, 진상(眞相)
com**pact** [kəmpǽkt]	밀집한(빽빽한), 소형인 = crammed, crowded, dense
im**pact** [ímpækt]	충돌 = collision, crash ☞ deep impact

page [peidʒ]	에피소드, 사건(역사상) ☞ 쪽, 면, 급사, 사환
ram**page** [rǽmpeidʒ]	난동부리다, 미쳐 날뛰다 ☞ shooting rampage 총기난동 성나서 날뜀, 난동 = rage, uproar

pair [pɛər]	한 쌍(의 남녀), 한 짝, 부부 = couple, duo, spouse
des**pair** [dispɛ́ər]	절망하다, 자포자기 = desperation, resignation 사직, 체념
im**pair** [impɛ́ər]	해치다(건강), 손상시키다(질·가치) = mar, injure, undermine
re**pair** [ripɛ́ə:r]	수리(하다) = fix, mend, patch, revamp ☞ repair shop 수리소 ↔ dis**repair** 파손, 황폐 = devastation, havoc, ruin, wreckage

pale [peil]	창백한 = ashen, pallid, sallow ☞ pail 들통 = bucket 버킷
im**pale** [impéil]	찌르다, 꼼짝 못하게 하다 = thrust, pierce, stab

pall [pɔ:l]	장막, 관(영구차)을 덮는 보 / 시시해 지다, 김빠지다
pallid [pǽlid]	핼쑥한, 창백한 = ashen, pale
palliate [pǽlièit]	완화시키다(병·통증), 변명·참작하다 = mitigate, alleviate, justify
ap**pall** [əpɔ́:l]	놀라게·섬뜩하게 하다 = awe, consternate, frighten, shock ☞ appall**ing** 엄청난, 끔찍한 / appalling**ly** 엄청나게

pa**nder** [pǽndər]	영합하다(욕망), 중개자(뚜쟁이 : 못된 짓) ☞ e**xp**and 넓히다
p**o**nder [pándər]	깊이 생각하다 = consider, contemplate, meditate, muse ⓐ ponderous 다루기 힘든, 대단히 무거운 ☞ pond 연못 = hefty, cumbersome, lumbering

pant [pænt]	헐떡거리다, 숨차다 = gasp / 전(全), 총(總) ☞ panting 숨을 헐떡거리는 = gasping, breathless
flippant [flípənt]	경박한, 까부는 = frivolous, glib ☞ flip 튀기다(손톱)
rampant [rǽmpənt]	사나운, 만연하는 = epidemic, prevalent, widespread

parachute [pǽrəʃùːt]	낙하산 ☞ bailout 긴급탈출(낙하산), 기업구제(정부자금)
para**military** [pæ̀rəmílətèri]	준군사조직의 ☞ military 군대의 / military bench 군사법정
para**mour** [pǽrəmùər]	정부(情夫·婦), 애인 = concubine, gigolo, lover
para**site** [pǽrəsàit]	기생충, 식객 = bloodsucker, freeloader ☞ site 위치, 용지(장소) = location, place / cite 인용하다

pa**rch** [pɑːrtʃ]	볶다, 태우다, 바싹 말리다 ⓐ parched 그을린, 탄, 바짝 마른
p**e**rch [pəːrtʃ]	횃대에 앉다, 자리를 차지하다, 높은 지위
p**o**rch [pɔːrtʃ]	현관, 입구(차대는 곳) ☞ portal 입구(우람), 정문 ☞ torch 횃불, 지식·문화의 등불 = beacon, flambeau

pare [pɛər]	껍질을 벗기다(과일), 절감하다(비용)
com**pare** [kəmpɛ́ər]	비교하다(with), 비유하다(to)
pre**pare** [pripɛ́ər]	준비·채비하다, 각오하다

parent [pɛ́ərənt]	어버이(father or mother) ☞ parents 양친
ap**parent** [əpǽrənt]	또렷한, 명백한 = evident, explicit, manifest, obvious ☞ heir apparent 법정상속인, 확실한 후계자 / heir 상속자

Regrouping **P** · 151

transparent [trænspέərənt]	투명한 ☞ translucent 반투명의 / opaque 불투명한	

pariah [pəráiə]	최하층, 부랑자, 버림받은 사람 = outcast, untouchable
parish [pǽriʃ]	본당, 교구, 지역교회
perish [périʃ]	소멸·멸망하다, 죽다 = demise, pass away, die

park [pɑ:rk]	주차하다, 두다 ☞ 공원, 유원지 / parking lot 주차장 ☞ valet parking 대리주차 / valet 시종, 주차담당자 ☞ spark 불꽃(스파크), 섬광 ☞ 발화시키다, 구애하다
perk [pə:rk]	특전(임직원), 급료이외의 수입
pork [pɔ:rk]	돼지고기 ☞ poke 쿡 찌르다, 쑥 넣다 ☞ beef 소고기 / chicken 닭고기 / mutton 양고기

part [pɑ:rt]	헤어지다, 분리하다 = separate ☞ parts 부품, 재능 역할, 배역 = role ☞ party 당, 일행, 당사자 ☞ take part in 참가하다 = participate in, join in
apart [əpá:rt]	떨어져서, 갈라져서 ☞ apartment house 아파트
compart [kəmpá:rt]	칸을 막다, 구획하다 ⓝ compartment 구획, 객실(열차)
counterpart [káuntərpɑ̀:rt]	부본(사본), 짝의 한쪽 = companion, twin, analogue, clone
depart [dipá:rt]	출발하다, 이탈하다 = deviate, digress ⓝ departure 출발 ☞ department 부서, 부, 과, 국(局) = agency, bureau ☞ department store 백화점 / partner 동업자, 공동경영자
impart [impá:rt]	나누어 주다, 전하다 = bestow, confer, give
rampart [rǽmpɑ:rt]	성벽, 수비, 방어(하다) ☞ rampant 사나운, 만연하는
repartee [rèpɑ:rtí:]	명답, 재치 있는 즉답 = retort

particle [pá:rtikl]	미·소립자, 분자, 극소량 = iota, molecule
participle [pá:rtəsìpəl]	분사 ☞ gerund 동명사 / infinitive 부정사
participant [pɑ:rtísəpənt]	참가자 ⓝ participation 참가 ⓥ participate 참가하다

pass [pæs]	통과하다, 지나가다 ☞ pass up 기회를 놓치다, 무시하다 (무료)입장권, 통행증 ☞ pass out 기절하다
by**pass** [báipæ̀s]	우회로, 우회하다, 회피하다 = avoid, detour, dodge, skirt ☞ pass by 옆을 지나다 / passerby 통행인, 지나가는 사람
com**pass** [kʌ́mpəs]	한계, 범위, 둘레, 주위 ☞ 나침반, 컴퍼스 ☞ encompass 품다, 포함하다, 포위하다, 에워싸다
sur**pass** [sərpǽs]	능가하다, 보다낫다 = outdo, transcend
tres**pass** [tréspəs]	침입하다, 침해하다 = encroach, infringe, invade, transgress
passage [pǽsidʒ]	통행, 경과, 단락(한 구절) ☞ passenger 승객, 여객
passport [pǽspɔ̀:rt]	패스포트, 여권, 허가증, 수단(어떤 목적을 위한)

passe [pæséi]	한물간, 시대에 뒤진 = obsolete, old-fashioned, outmoded
im**passe** [ímpæs]	막다름, 곤경, 난국, 교착상태 = blind alley, deadlock, gridlock, quandary, stalemate

passion [pǽʃən]	열정, 열애 = lust, ardor, fervor, intensity, craving
com**passion** [kəmpǽʃən]	연민, 동정심 = condolence, pity, sympathy

passive [pǽsiv]	수동적인, 소극적인 ↔ active 활동적인, 적극·능동적인 ☞ positive 단정적인, 긍정적인 ↔ negative 부정적인
im**passive** [impǽsiv]	냉정한, 무감동의 = apathetic, nonchalant, phlegmatic

past [pæst]	지나간, 과거 ☞ present 현재 / future 미래 ☞ paste 풀, 반죽 / glue 아교, 접착제 = adhesive
pasture [pǽstʃər]	목장, 목초지, 풀을 뜯기다(가축) = meadow 풀밭, 목초지
pastor [pǽstər]	목사, 정신적 지도자 = clergyman, minister
pastoral [pǽstərəl]	전원(생활)의, 목가적인 = rural

pat [pæt]	가볍게 두드리기 ☞ pet 페트, 애완동물
patrol [pətróul]	순찰(대), 순찰(초계)하다 ☞ sentry 보초, 파수 ☞ petroleum 석유 / crude oil 원유

| patron [péitrən] | 보호자, 후원자 ☞ patronage 보호, 후원
ⓥ patronize 후원하다, 생색내다
ⓐ patronizing 생색내는(은인인 체하는), 건방진, 거만한 |

patch [pætʃ]	깁다(헝겊을 대고), 날조하다 = darn, mend, sew, stitch
patch-up [pætʃ-ʌp]	수습하다(사건 · 논쟁 · 분규), 가라앉히다 = settle
patchwork [pǽtʃwə̀ːrk]	잡동사니, 미봉
dispatch [dispǽtʃ]	급파(하다), 빨리해치우다 = alacrity, celerity, haste 신속, 기민

apathy [ǽpəθi]	냉담(무감동), 무관심 = aloofness, indifference, nonchalance ⓐ apathetic 냉담한, 무관심한 = indifferent, nonchalant
antipathy [æntípəθi]	반감, 혐오 = animosity, antagonism, enmity, hostility
empathy [émpəθi]	감정이입(하다) = comfort, compassion, solace, sympathy
sympathy [símpəθi]	동정, 공감 = commiseration, compassion, empathy, pity ⓥ sympathize 공감하다 / sympathizer 지지자, 동지 ⓐ sympathetic 공감하는, 동정적인
telepathy [təlépəθi]	정신감응, 이심전심(텔레파시) ☞ pathos 비애감 ↔ logos 이성

patriate [péitrièit]	처음으로 본국에 보내다(사람 · 물건)
expatriate [ekspéitrièit]	추방하다(국외) = banish, deport, extradite 국적이탈자, 국외로 추방된 = outcast
repatriate [riːpéitrièit]	본국으로 송환하다, 송환자 ⓝ repatriation 송환

| patriot [péitriət] | 애국자, 우국지사 ☞ patriotism 애국심 |
| compatriot [kəmpéitriət] | 동포 = fellow citizen(korean), countryman
☞ compatriotism 동포의 정의(情誼) |

| pawn [pɔːn] | 저당 잡히다, 전당물 ☞ pawn shop 전당포 / paw 발(동물) |
| spawn [spɔːn] | 산란하다(어류), 대량생산하다 = mass production
~의 원인이 되다, 야기하다 = cause, engender, generate |

pay [pei]	지불·상환하다, 임금(급료), 이익이 되다, 수고한 보람이 있다 ☞ taxpayer 납세자 / payment 지불, 납부, 납입, 보수
repay [ripéi]	돈을 갚다, 반제(返濟)·보답하다 = refund, reimburse ⓝ repayment 반제, 보은, 앙갚음 = reimbursement
underpay [ʌ̀ndərpéi]	저임금을 지불하다, 임금·급료를 충분히 지불하지 않다 ⓝ underpayment 저임금, 불충분한 급료지급
payroll [péiròul]	급여총액(종업원)

peal [piːl]	종 울림 = chime, knell, reverberate, toll
appeal [əpíːl]	호소하다, 상소하다 = plea, petition, solicit ☞ anneal 버리다, 단련하다(강철·정신) / annealing 가열냉각, 벼림
repeal [ripíːl]	폐지하다, 무효화 하다 = abrogate, annul, nullify, rescind ☞ veal 송아지 고기 / reveal 드러내다, 폭로하다

pebble [pébəl]	조약돌, 자갈 ☞ cement 시멘트 / sand 모래 / sands 사막
peddle [pédl]	행상·강요하다, 밀매하다(마약) = traffic ☞ peddler 행상인, 마약 판매인 = trafficker
puddle [pʌ́dl]	뒤죽박죽, 웅덩이, 더럽히다(진흙투성이로 만들다)

peer [piər]	귀족, 동료, 자세히 보다, 응시하다 ☞ pear 배
pier [piər]	부두, 잔교(棧橋), 방파제
pierce [piərs]	관통하다, 통찰하다 = penetrate, perforate, puncture ☞ fierce 흉포한, 맹렬한, 모진 = ferocious, ruthless, fervent

peculation [pèkjəléiʃən]	횡령(공금·위탁금), 유용 ⓥ peculate 유용하다 ☞ peculiar 독특한, 고유의 / liar 거짓말쟁이
speculation [spèkjəléiʃən]	사색, 투기 ⓥ speculate 사색하다

pedestal [pédəstl]	받침대, 기초 = foundation, base
pedestrian [pədéstriən]	도보(의), 보행자 ☞ equestrian 마술가(馬術家)의

pedagogue [pédəgɑ̀g]	교사(경멸적), 현학자
pedagogy [pédəgòudʒi]	교육학, 교수법
pedology [pi:dálədʒi]	아동학, 육아법 ☞ pediatrics 소아과

compel [kəmpél]	강요하다, 강제하다 = coerce, constrain ⓐ compelling 강제적인, ~하지 않을 수 없는
dispel [dispél]	없애다, 쫓아버리다(근심·의심·공포) = dismiss, expel, oust
expel [ikspél]	구축·추방하다, 방출·분출하다 = banish, deport, evict, oust ⓝ expulsion 제적, 제명, 배제, 추방
impel [impél]	재촉하다, 추진하다 = exhort, urge
propel [prəpél]	몰아대다, 추진시키다(앞으로) ☞ jet-propelled 분사추진의
repel [ripél]	격퇴·반박하다, 저항·거절하다 = rebuff, rebut, repulse, resist 혐오감을 주다 = disgust, revolt ⓐ repellent 불쾌한, 싫은 = repugnant, repulsive

pend [pend]	미결인 채로 있다, 매달리다 ⓐ pendent 매달린, 미결의 ☞ pending 미정의, 현안중인 / patent pending 특허출원 중
append [əpénd]	걸다, 붙이다, 첨부하다, 추가하다 = add, affix, attach ⓝ appendage 부속기관, 부속물, 부하, 수행원
depend [dipénd]	의존하다, 믿다 ☞ dependent 의존적인(의존자) ☞ defend 막다, 방어하다 = protect, shield
expend [ikspénd]	소비하다, 들이다(시간·노력) = disburse, spend, consume
impend [impénd]	절박하다, 바야흐로 일어나려 하다(위험·사건) ☞ impending 긴박한, 곧 일어날 듯한 = imminent, looming
spend [spend]	돈을 쓰다, 소비·낭비하다(돈)
stipend [stáipend]	봉급(목사), 급비(학생·연구원) ☞ pay, salary, wages 봉급, 급료
suspend [səspénd]	매달다, 중지하다, 정학시키다

dispense [dispéns]	분배하다, 베풀다 = allocate, dole out, distribute 면제하다, 관면하다 = exempt, excuse, pardon ☞ dispense with ~없이 지내다, 때우다 = go(do) without
expense [ikspéns]	지출, 비용 = expenditure, outlay, cost ☞ sixpence 6펜스 은화, 하찮은 것

suspense [səspéns]	미결정, 권리정지, 긴장감, 지속적 불안(소설·영화) ☞ thrill 스릴, 전율
pension [pénʃən]	연금, 부조금 = annuity, subsidy, stipend
suspension [səspénʃən]	매달기, 중지, 정학, 버팀대, 현가장치
pensive [pénsiv]	애수를 띤, 생각에 잠겨있는
expensive [ikspénsiv]	값비싼, 사치스러운 = costly, high-priced, extravagant
inexpensive [ìnikspénsiv]	값이 싼, 비용이 들지 않는 = cheap
pent [pent]	울적한, 갇힌 = confined ☞ pant 헐떡거리다, 숨차다
repent [ripént]	후회·회개하다, 유감으로 생각하다 = lament, regret, rue ⓐ repentant 후회하고 있는, 참회의 = penitent ⓝ repentance 후회 = penitence 참회, 개전 ↔ impenitence
pent-up [péntʌ́p]	구속된, 억눌린, 누적된 ☞ pent-up fury(rage) 울분
percussion [pəːrkʌ́ʃən]	충격(충동), 진동 = collision, crash, impact
repercussion [rìːpərkʌ́ʃən]	영향(사건·행동), 반향 = echo, effect, reverberation 반발, 반동 = backlash, reaction
periapt [périæpt]	부적 = amulet, talisman
periphrastic [pèrəfræstik]	우회적인(문법), 에둘러 말하는, 완곡한
peristyle [pérəstàil]	건물을 둘러싼 열주랑(列柱廊) ☞ style 스타일, 문체, 모양 ⓐ stylish 유행의, 현대적인
period [píəriəd]	마침표, 기간, 시대, 수업시간 ☞ comma 쉼표 ☞ colon 콜론(:) / semicolon 세미콜론(;)
periodic [pìəriádik]	주기적인, 정기의 = intermittent, regular ↔ sporadic 때때로 일어나는, 간헐적인 = occasional
periodical [pìəriádikəl]	정기 간행물, 잡지 = journal, magazine, review

| **perpetrate** [pə́:rpətrèit] | 저지르다(범죄·과실) = commit
☞ perpetrator 범인, 범죄자 = culprit, criminal |
| perpetuate [pərpétʃueit] | 영구화 시키다, 불멸케 하다 ⓐ perpetual 영원한, 불멸의 |

| **persecute** [pə́:rsikjù:t] | 박해하다, 괴롭히다 ⓝ persecution 박해
= badger, harass, rack, torture, torment |
| prosecute [prásəkjù:t] | 기소하다, 구형하다 = arraign, indict, sue ↔ defend
☞ prosecution 기소 / prosecutor 검사 / judge 판사 |

personal [pə́:rsənəl]	개인의, 스스로의 ☞ person 사람, 인물, 풍채
personable [pə́:rsənəbəl]	풍채 좋은, 의젓한 ☞ in person 친히, 몸소
personnel [pə̀:rsənél]	전 직원(인원), 인사부 = crew, employees, staff
personalty [pə́:rsənəlti]	동산 = personal property ☞ personality 개성, 성격

| **pert** [pə:rt] | 버릇없는, 주제넘은 = impertinent, impudent, insolent |
| expert [ékspə:rt] | 전문가, 숙련가 = authority, master, professional, specialist
↔ layman, tyro, neophyte, rookie 초심자 |

pest [pest]	해충, 흑사병(페스트) ☞ pesticide 살충제, 구충제 / parasite 기생충 ☞ the Black Death 흑사병(14세기 : 유럽)
tempest [témpist]	폭풍우, 사나운 날씨 = blizzard, storm 대소동, 법석 = tumult, turmoil, upheaval
pester [péstər]	괴롭히다, 고통을 주다 = badger, harass, irk, nag, torment

pet [pet]	페트, 애완동물 / 마음에 드는, 총애하는, 애완의
parapet [pǽrəpit]	난간(지붕·다리), 방어벽, 흉벽(胸壁)
petty [péti]	사소한 = insignificant, minor, paltry, slight, trivial 마음이 좁은 = narrow minded

petition [pitíʃən]	청원(서), 탄원하다 = appeal, entreaty, plea, supplication
com**petition** [kàmpətíʃən]	경쟁, 시합 = contest, match ⓥ compete 경쟁하다
re**petition** [rèpətíʃən]	반복, 되풀이 = reiteration ⓥ repeat 반복하다

phobia [fóubiə]	공포증(병) ☞ ~공(恐), ~병(病)
acro**phobia** [ækrəfóubiə]	고소(高所)공포증 ☞ acro 처음, 끝, 꼭대기 ☞ acropolis 성채(고대 그리스) / metropolis 수도, 대도시
agora**phobia** [ægərəfóubiə]	광장공포증 ☞ agora 광장, 집회장(시민의 정치집회)
anthro**phobia** [ænθrəfóubiə]	대인공포증 ☞ anthropology 인류학
claustro**phobia** [klɔ̀:strəfóubiə]	밀실공포증
pyro**phobia** [pàiərəfóubiə]	불 공포증 ☞ pyro 불, 열(熱)
xeno**phobia** [zènəfóubiə]	외국인 혐오(증) ⓐ xenophobic 외국인 혐오의

phone [foun]	전화(걸다), 전화기 / 음, 소리 ⓥ phonate 발음하다 / phonetic 음성의, 음성상의
phonology [founálədʒi]	음성학, 음운론 = phonetics
gramo**phone** [græməfòun]	축음기 = phonograph, record player
mega**phone** [mégəfòun]	메가폰, 확성기
micro**phone** [máikrəfòun]	마이크로폰 = mike / 송화기(라디오)

phony [fóuni]	사기꾼, 가짜, 엉터리 = charlatan, fake, fraud 가짜의, 속임수의 = bogus, fake, false / 음, 목소리
caco**phony** [kækáfəni]	불쾌한 음조 ☞ 불협화음 ↔ harmony 조화, 화음
eu**phony** [jú:fəni]	기분 좋은 소리 ☞ eu : 善, 美, 優, 良 / caco : 惡, 醜(추)
homo**phony** [həmáfəni]	동음, 동음화(어원이 다른 말의)
sym**phony** [símfəni]	교향곡, 심포니 ☞ symphony orchestra 교향악단 조화, 화음 = unison, harmony

phrase [freiz]	구(句), 말씨 ☞ phase 단계(국면), 면(面), 상(相) ☞ paragraph 문장의 절(節), 단락 / clause 문법의 절(節)

holophrase [hάləfrèiz]	포합어, 일어문(한 낱말로 句, 文의 기능) ☞ holophrastic 많은 개념을 일어(一語)로 표현하는	
metaphrase [métəfrèiz]	어렵게 풀어쓰다, 축어역하다, 자구를 바꾸다	
paraphrase [pǽrəfrèiz]	쉽게 풀어쓰다 = rephrase 고쳐(바꾸어) 말하다	

physician [fizíʃən]	내과의사 ↔ surgeon 외과의사 ☞ surgery 외과수술
physicist [fízisist]	물리학자 ↔ chemist 화학자 ☞ alchemist 연금술사
physics [fíziks]	물리학, 물리적 현상 ↔ chemistry 화학, 작용(복잡)
metaphysics [mètəfíziks]	형이상학, 우주·순수 철학 = metaphysical philosophy
physics science [fíziks sáiəns]	형이하학 = concrete science ☞ science 과학

pick [pik]	따다, 뜯다, 골라잡다 ☞ pickpocket 소매치기(하다)
pickup [píkʌp]	줍다, 태우다(차) ☞ pickle 절이다(소금물)
nitpick [nítpìk]	꼬치꼬치 캐다, 사소한 흠을 잡다, 수색하다

depict [dipíkt]	묘사하다 ⓝ depiction 묘사, 서술
pictogram [píktəgræ̀m]	그림문자, 상형문자 = pictograph ☞ gram 기록, 그림, 문서
picture [píktʃər]	모습, 그림, 사진, 묘사 ☞ pitcher 투수, 주전자
picturesque [pìktʃərésk]	그림같이 아름다운, 생생한(말·문체)

rapid [rǽpid]	빠른, 신속한 = fast, fleet, speedy, swift
tepid [tépid]	미지근한, 열의 없는, 시들한
torpid [tɔ́ːrpid]	마비된, 활기 없는 = inert, lackadaisical, languid, lethargic ☞ torpedo 어뢰(魚雷), 격침하다, 무력화시키다(정책·제도)

pile [pail]	쌓아올린 것, 더미, 대량, 큰돈 ☞ file 서류철(綴), 파일
compile [kəmpáil]	편집·편찬·편성하다, 수립·수집하다(예산·자료), 장만·이룩하다 ⓝ compilation 편집, 편찬

pill [pil]	알약, 싫은 것 ☞ medicine 약 / tablet 정제(錠劑)	
pill**age** [pílidʒ]	약탈(물), 강탈(특히 전쟁) ☞ age 나이, 연대, 시대	
pill**ar** [pílər]	기둥, 지주, 중요인물(국가·활동) = colonnade, column, post	
pill**ow** [pílou]	베개, 머리 받침대 / willow 버드나무	

pine [pain]	연모하다, 갈망하다 = long, yearn ☞ fine 벌금, 과료 파리해지다, 수척해지다 = languish, wither
al**pine** [ǽlpain]	높은 산의, 극히 높은 ☞ alpin**ist** 등산가 = climber, mountain**eer**
s**pine** [spain]	척추, 등뼈 = backbone, vertebra
su**pine** [su:páin]	반듯이 누운, 무관심한 ☞ prone 수그린, 납작 엎드린

piracy [páiərəsi]	저작권 침해, 해적행위 ☞ pirate 해적, 표절자 ☞ pirating factories 불법복제공장
cons**piracy** [kənspírəsi]	음모, 공모 ⓥ conspire 음모하다 = connivance, intrigue, machination, plot, scheme

em**pire** [émpaiər]	제국 ☞ emperor 황제 ⓐ imperial 제국의, 황제의
um**pire** [ʌ́mpaiər]	심판(자), 중재자 = judge, referee
vam**pire** [vǽmpaiər]	고혈착취자, 흡혈귀 ☞ vamp 유혹·날조하다, 요부

pit [pit]	구덩이, 갱(坑), 지옥, 최악의 상태 ☞ bottomless pit 지옥 싸움시키다, 경쟁시키다 ☞ pitfall 함정 = ambush, snare
s**pit** [spit]	뱉다(침·음식·피), 찌르다(칼·꼬챙이)

pitiable [pítiəbəl]	가련한(경멸적) ⓝ pity 동정, 연민 = compassion, sympathy
pitiful [pítifəl]	인정 많은, 가엾은
pitiless [pítilis]	무자비한, 냉혹한 = relentless, ruthless, merciless

pity [píti]	불쌍히 여김, 동정, 연민 = compassion, sympathy	
pi**thy** [píθi]	간결한, 함축성 있는 = brief, concise, succinct, terse	

placate [pléikeit]	달래다(노여움), 진정시키다 = appease, mollify, pacify	
plac**id** [plǽsid]	평온한, 침착한 = calm, pacific, tranquil	

complacent [kəmpléisənt]	기분 좋은, 마음에 흡족한 = self-satisfied, smug ⓝ complacence 자기만족, 안심	
compla**isant** [kəmpléisənt]	유순한, 고분고분한, 공손한 = affable, amiable, congenial ⓝ complaisance 은근함, 정중함 = civili**ty**	

place [pleis]	장소, 입장, 처지, 두다, 놓다	
displace [displéis]	바꾸어 놓다(치환하다), 제거하다	
misplace [mispléis]	잘못 두다, 둔 곳을 잊다 = mislay ⓝ misplace**ment**	
replace [ripléis]	대체하다, 대신하다 ☞ replace**ment** 치환, 대체물	

plain [plein]	평이한, 못생긴, 분명한 ↔ obscure, vague 애매한, 모호한 평야, 평원 ☞ flood plain 범람원 / delta 삼각주	
complain [kəmpléin]	불평하다, 한탄하다 = grumble ⓝ complain**t** 불평	
explain [ikspléin]	설명하다, 분명히 하다 = expound ⓝ explanation 설명	
plain**tiff** [pléintif]	원고, 고소인 ↔ defendant 피고 ☞ the accused 형사피고인 / detective 형사, 탐정	
plain**tive** [pléintiv]	구슬픈, 애조를 띤 = lamentable, mournful, pathetic	

plan [plæn]	계획, 플랜, 도면, 설계도 ☞ design, project, scheme	
plan**et** [plǽnət]	행성, 혹성 ☞ shooting star 유성 = comet 혜성, 살별 ☞ the planet 지구 = the earth / fixed star 항성	

plant [plænt]	심다, 식물, 공장(설비) = vegetation, factory ☞ power-plant 발전소 / power 힘, 동력, 전력, 전원	

implant [implǽnt]	불어넣다, 주입시키다, 심다, 끼워 넣다 = instill, insert	
supplant [səplǽnt]	대신 들어앉다(밀어내다), 빼앗다(지위·직) = replace	
transplant [trænsplǽnt]	이식(이주)하다 ☞ trans 횡단, 초월, 변화, 건너편	
plantation [plæntéiʃən]	대규모농장, 재배지, 농원	
pliant [pláiənt]	잘 휘는, 유연한, 유순한 = ductile, malleable, supple	

play [plei]	연극, 놀이, 활동 ⓥ 연주하다, 상연하다 ☞ miracle play 기적극(초기 기독교) / miracle 기적, 경이 ☞ role-playing 역할연기(심리극 따위) / role 배역, 역할
display [displéi]	전시, 발휘하다 = exhibition, presentation, show ☞ on display 진열·전시되어 있는
overplay [òuvərpléi]	과장되게 연기하다, 힘·능력을 지나치게 쓰다
playwright [pléiràit]	각본가, 극작가 = dramatist, scriptwriter(영화·방송)
play-down [plei-daun]	비중을 낮추다, 무시하다 = ignore, neglect

complete [kəmplí:t]	완전한, 완성하다 = entire, intact ⓝ completion 성취, 완성
deplete [diplí:t]	고갈·소모시키다, 빼앗다 = consume, devour, drain, exhaust ⓝ depletion 고갈, 소모
replete [riplí:t]	가득 찬, 충분한 = abundant, plenary, plentiful, profuse ⓝ repleteness 충만, 가득함

complex [kəmpléks]	복합시설, 열등감, 복잡한 ⓝ complexity 복잡(성)
duplex [djú:pleks]	중복의, 이중의, 두 배의 = double, two-fold
multiplex [mʌ́ltəplèks]	다양의, 복합의, 다중송신의 ☞ 영화센터 multiplex cinema
perplex [pərpléks]	어리둥절하게 하다 = bewilder, confuse, mystify
plexiform [pléksifɔ̀:rm]	망상(網狀)의, 복잡한 ☞ flex 습곡(褶曲)하다 / form 모양, 형태

complicate [kámpləkèit]	복잡하게 하다, 말려들게 하다 = confuse, entangle, involve ⓐ complicated 복잡한, 풀기 어려운 = intricate
duplicate [djú:pləkit]	이중(의), 복사(의), 등본, 사본 = copy, facsimile, replica

ⓝ duplicity 이중성, 표리부동

explicate [ékspləkèit]	해설(석·명)하다, 상설(詳說)하다 = explain, expound
implicate [ímpləkèit]	관련·연좌시키다, 휩쓸려들게 하다 = involve, embroil
supplicate [sʌ́pləkèit]	탄원하다, 애원하다 = beg, beseech, entreat, petition, plead

deplore [diplɔ́ːr]	한탄하다, 애도하다 = lament, grieve, mourn, sorrow ⓐ deplorable 통탄할 = lamentable, grievous
explore [ikspllɔ́ːr]	탐험하다, 탐구하다 ☞ survey 조사하다 / scout 정찰하다 ☞ space exploration 우주탐험(탐색) / space 우주 ⓝ exploration 탐험, 실지답사, 천착(탐구)
implore [implɔ́ːr]	탄원하다, 간청하다 = appeal, beseech ⓝ imploration 탄원

ploy [plɔi]	책략, 계획, 흥정 = gambit, maneuver, scheme, trick
deploy [diplɔ́i]	배치·분산하다 = arrange, position, station 전개하다(軍:전략적) = spread ⓝ deployment
employ [emplɔ́i]	고용하다, 소비하다(시간·정력) ⓝ employment 고용, 취직

plumb [plʌm]	수직의, 똑바른, 배관(配管)하다 ☞ plumber 배관공
plume [pluːm]	깃털, 명예의 표상 ☞ plum 서양자두 = prune
plummet [plʌ́mit]	수직으로 떨어지다(인기·수입·가격) = drop, plunge

ply [plai]	부지런히 일하다, 정기적으로 왕복하다
apply [əplái]	적용·적합하다, 지원·신청하다 ⓝ application 응모, 신청 ☞ applicant 신청자, 응모자 / appliance 기구, 전기제품
comply [kəmplái]	동의·승낙하다, 따르다 = accede, acquiesce, conform, consent
imply [implái]	함축하다, 암시하다 = insinuate, intimate, suggest
panoply [pǽnəpli]	갑옷·투구의 한 벌, 완전히 갖춘 차림
reply [riplái]	항변하다(원고), 대답하다 = answer, respond, retort

point [pɔint]	점, 끝, 요점, 요지, 학점, 포인트 ☞ standpoint 관점, 견해 = outlook, viewpoint
ap**point** [əpɔ́int]	약속하다, 지명·임명하다 = designate, nominate, promise ☞ anoint 임명하다, 기름부음하다(성직 : 기독교) ⓝ anointment
dis**appoint** [dìsəpɔ́int]	실망시키다, 낙담시키다 = baffle, frustrate, thwart, discourage

poke [pouk]	찌르다, 쑥 넣다 = thrust, stab, sting ☞ poker 포커
pole [poul]	막대기(로 받치다), 깃대, 극(極) ☞ the North Pole 북극 ☞ tadpole 올챙이 / tad 어린아이, 소년 / pope 교황
pore [pɔːr]	모공, 숙고하다(곰곰이 생각하다) = muse, ponder, scrutinize

polygamy [pəlígəmi]	일부다처제 ↔ polyandry 일처다부제 ⓐ polygamous 일부다처의
poly**glot** [páliglàt]	수개 국어를 하는 = multilingual / bilingual 두개 국어를 하는
poly**gon** [páligàn]	다각형, 다변형
poly**math** [páliməθ̀]	박학자, 박식가 = polyhistor
mono**poly** [mənápəli]	독점, 전매 ⓥ monopolize 독점하다 ☞ mono 일(一), 단(單) / poly 다(多), 복(複)

pond [pɑnd]	연못, 늪 ☞ lagoon 개펄, 석호 / lake 호수 / river 강
des**pond** [dispánd]	실망·낙담하다, 비관하다 ⓐ despondent 낙담한, 의기소침한 = dejected, depressed ⓝ despondency 어둠, 우울 = dejection, gloom
res**pond** [rispánd]	응답하다, 대답하다 = answer, react, reply ⓝ response
cor**respond** [kɔ̀ːrəspánd]	상당하다, 교신하다 ☞ correspondent 통신원, 특파원 ⓝ correspondence 일치, 통신, 서신왕래

ponder [pándər]	숙고하다, 신중히 고려하다 = contemplate, meditate, muse ⓐ ponderous 무거운, 다루기 힘든 = cumbersome, hefty
pre**ponder**ant [pripándərənt]	우세한(무게·힘·수량에서) = predominant

com‍ponent [kəmpóunənt]	성분, 구성요소 = element, ingredient, module, segment 구성하고 있는, 성분을 이루는	
de‍ponent [dipóunənt]	선서증인 ⓥ depone 선서하고 증언하다	
ex‍ponent [ikspóunənt]	설명자, 옹호자, 지수 ⓐ 설명적인, 해석적인 ☞ exponentially 기하급수적으로, 엄청나게, 급속하게	
im‍ponent [impóunənt]	부과하는 사람 ☞ impose 부과하다(의무·세금·벌 따위)	
op‍ponent [əpóunənt]	반대자, 적수 = foe, rival, adversary, antagonist	
pro‍ponent [prəpóunənt]	지지자, 옹호자 = advocate, backer, patron, supporter 제안자, 발의자 = proposer, mover	

popul‍ace [pápjələs]	대중, 민중, 서민 ☞ populism 풀뿌리 민주주의
popul‍ar [pápjələr]	인기 있는, 대중적인, 민중의 ☞ popularity 인기, 대중성
popul‍ous [pápjələs]	붐비는, 인구가 밀집한 ☞ population 인구, 주민 ☞ all segments of the population 모든 계층의 사람들

port [pɔːrt]	항구(도시) = harbor ☞ import 수입(하다) ↔ export 수출(하다) 운반하다 = bear, carry, convey ⓐ portable 휴대용의, 운반할 수 있는 / teleport 염력으로 움직이다
com‍port [kəmpɔ́ːrt]	처신하다, 거동하다 = behave, conduct ☞ comfort 편안한
de‍port [dipɔ́ːrt]	국외로 추방하다 = banish, exile, expatriate, extradite ⓝ deportation 국외추방 = exile 망명 / deportment 태도
dis‍port [dispɔ́ːrt]	놀다, 장난치다, 즐기게 하다 = amuse
pur‍port [pərpɔ́ːrt]	의미, 요지 = gist, crux / 의도하다, 꾀하다 = intend 의미하다, 주장하다 = mean, claim ☞ purported ~라고 알려진, 소문난 = alleged, reputed
sup‍port [səpɔ́ːrt]	지탱하다, 지지하다, 후원하다 = back, bolster, brace, prop ☞ supporter 지지자 = backer, advocate, follower

port‍al [pɔ́ːrtl]	정문(우람한), 관문, 입구(큰 건물, 공원, 도시 등)
port‍ly [pɔ́ːrtli]	풍채 좋은(살찐), 당당한 = corpulent, plump, rotund, stout
port‍ray [pɔːrtréi]	그리다, 묘사하다 = depict, draw / sketch 밑그림, 스케치

portion [pɔ́ːrʃən]	몫, 한 조각, 부분 = division, fragment, segment
ap**portion** [əpɔ́ːrʃən]	할당하다, 배분하다 ☞ apportionment 할당, 분배
pro**portion** [prəpɔ́ːrʃən]	비(比), 비율, 정도 ☞ proportions 면적, 용적, 크기
dis**proportion** [dìsprəpɔ́ːrʃən]	불균형, 불균등, 균형을 잃게 하다 ☞ disproportionate 불합리한(금액·크기), 불균형의, 어울리지 않는

pose [pouz]	초래하다, 제기하다(위협·문제) ☞ adipose 지방의, 동물성 지방
com**pose** [kəmpóuz]	조직·구성하다, 작문·작곡하다, 수습하다, 가라앉히다 ☞ decompose 분해·부패시키다(하다)
de**pose** [dipóuz]	면직·해임하다, 폐위하다 = dismiss, impeach ☞ depositor 예금주, 공탁자
dis**pose** [dispóuz]	배치하다 = arrange, array ☞ disposal 처분, 배치, 양도 처분하다 = discard, eliminate ↔ retain 보유하다
ex**pose** [ikspóuz]	드러내다, 폭로하다 = reveal, disclose, divulge
inter**pose** [ìntərpóuz]	사이에 끼우다, 삽입·중재·간섭하다
pro**pose** [prəpóuz]	구혼하다 ⓝ proposal 신청, 청혼 제안하다 ⓝ proposition 명제, 제안(사업)
pur**pose** [pə́ːrpəs]	목적, 의도, 취지 = aim, end, goal, objective ☞ multipurpose 용도가 많은, 다목적의
re**pose** [ripóuz]	휴양(휴식), 영면하다 ☞ repository 저장소, 납골당
sup**pose** [səpóuz]	추측하다, 가정하다 = assume, conjecture, infer, surmise ☞ presuppose 미리 가정하다, 전제로 하다 = presume
trans**pose** [trænspóuz]	위치를 바꾸어 놓다(문자·낱말), 이항하다(수학)

position [pəzíʃən]	지위, 입장, 위치를 정하다 = location, place, situation
ap**position** [æ̀pəzíʃən]	동격, 병치 ☞ apposite 적당한 / opposite 정반대의
com**position** [kɑ̀mpəzíʃən]	작문, 작곡, 구성 ⓥ compose 작곡하다, 작문하다 ☞ composed 침착한, 가라앉은(마음) = calm, cool, poised ⓝ composure 침착, 평정 = aplomb, poise, self-control
de**position** [dèpəzíʃən]	선서증언, 관직박탈(파면) = testimony, dethronement ☞ deposit 아래에 두다, 침전시키다, 예금하다(예치금)

disposition [dìspəzíʃən]		성벽, 기질, 배열
opposition [àpəzíʃən]		반대, 이의신청, 대립 ⓥ oppose 반대하다, 대항하다
preposition [prèpəzíʃən]		전치사 = prep ☞ pre-position 사전에 전개 배치하다(병기·부대)
proposition [pràpəzíʃən]		명제, 제안(사업)
supposition [sàpəzíʃən]		상상, 추측, 가정
transposition [trænspəzíʃən]		치환, 이항, 교차

possess [pəzés]	소유하다, 가지고 있다 ☞ be possessed with (악마·귀신)에 씌다, 들리다
prepossess [prì:pəzés]	호의를 품게 하다, ~에게 좋은 인상을 주다

post [poust]	공시·발표하다, 게시하여 알리다 기둥, 지위, 직(職), 우편 ☞ **lamp**post 가로등
compost [kámpoust]	배양토, 혼합비료, 퇴비(를 주다·만들다)
postpone [poustpóun]	연기하다, 미루다 = defer, delay, put off ↔ expedite ⓝ postponement 연기, 유예
posthumous [pástʃuməs]	유복자로 태어난, 저자의 사후에 출판된
postulate [pástʃəlèit]	가정하다(자명한 일), 자명한 원리 = truism, axiom
posture [pástʃər]	자세, 태도(정신적), 마음가짐 = attitude

poster [póustər]	포스터, 광고전단(을 붙이다) ☞ **f**oster 기르다
preposterous [pripástərəs]	터무니없는 = fabulous, absurd, groundless

pot [pat]	단지, 항아리(독) ☞ melting pot 도가니(미국)
depot [dí:pou]	창고, 저장소, 병참부 / 정거장(철도), 역
despot [déspət]	독재자, 폭군 = dictator, tyrant ⓐ despot**ic** 전제적인 ☞ despot**ism** 전제(정치·주의), 독재군주국 = autocracy
spot [spat]	반점, 얼룩, 장소, 현장 ☞ **s**unspot 태양의 흑점
potable [póutəbəl]	마시기에 알맞은 = good to drink

potent [póutənt]	강력한, 유력한 = forcible, powerful, vigorous 고성능의, 성적능력 있는(남성)
im**potent** [ímpətənt]	무기력한, 허약한 = powerless, feeble, frail 성교불능의(남성) ⓝ impotence 무력, 성교불능 ☞ important 중요한 = momentous, significant
omni**potent** [ɑmnípətənt]	전능한 = all-powerful, almighty
potential [poutén∫əl]	잠재적인, 가능성 있는 / 잠재력, 가능성

pound [paund]	때려 부수다, 폭격하다 = batter, hammer, pummel, thrash
com**pound** [kəmpáund]	합성하다, 합성물(의) = alloy, amalgam, blend, combination
ex**pound** [ikspáund]	상세히 설명하다 = explain, explicate
im**pound** [impáund]	압수하다, 몰수하다 = confiscate, expropriate 가두다, 구치하다 = confine, immure, imprison, incarcerate

power [páuər]	힘, 동력 = energy, strength
em**power** [empáuər]	~에게 권력·권한·능력·자격을 주다 = authorize
over**power** [òuvərpáuər]	힘으로 눌러 버리다, 제압하다
will**power** [wílpáuər]	의지력, 정신력 ☞ will 의지, 유언

practice [præktis]	실행, 실습, 관행, 연습(하다)
practical [præktikəl]	실용적인, 실제적인 = pragmatic ↔ idealistic, theoretical
practicable [præktikəbəl]	실행 할 수 있는 = possible, feasible, viable, workable

prandial [prændiəl]	정찬의, 식사의 ☞ dinner 정찬(夕) / supper 저녁식사
pre**prandial** [pri:prændiəl]	食前의, 정찬 전의 ☞ preprandial drink 식전의 음료
post**prandial** [pòustprændiəl]	食後의, 정찬 후의 ☞ postprandial speech 식후 연설

ap**preciate** [əprí:∫ièit]	평가·감상하다, 진가를 인정하다, 고맙게 여기다 ⓝ appreciation 가치인식, 평가절상
de**preciate** [deprí:∫ièit]	평가 절하하다, 경시하다 ⓝ depreciation 가치하락, 평가절하 ☞ deprecate 비난하다, 반대하다 = condemn, criticize

precious [préʃəs]	귀중한, 까다로운 ⓝ preciosity 세심함, 까다로움	
precocious [prikóuʃəs]	조숙한, 때 이른 = premature ⓝ precocity 조숙, 조생	
previous [príːviəs]	앞의, 이전의 = earlier, foregoing, former	
	☞ previous engagement 선약 / reservation 예약, 보류, 삼감	

apprehend [æ̀prihénd]	염려하다, 이해하다 ↔ misapprehend 오해하다
comprehend [kàmprihénd]	이해하다, 포함하다 ☞ comprehensible 이해하기 쉬운
reprehend [rèprihénd]	꾸짖다, 비난하다 = rebuke, reprove, reprimand

apprehension [æ̀prihénʃən]	염려, 이해, 체포 ↔ misapprehension 오해, 실수
comprehension [kàmprihénʃən]	이해, 포함, 내포 ☞ comprehensive 포괄적인, 이해력 있는
reprehension [rèprihénʃən]	비난 ⓐ reprehensible 비난할 만한, 괘씸한

present [prézənt]	진술·증정하다, 제출·선물하다 ☞ presentation 증여, 발표
	☞ presently 곧 = immediately, at once
represent [rèprizént]	기술하다, 대표하다 ⓝ representative 대표자, 하원의원
	☞ misrepresent 잘못 말하다, 거짓설명하다
	☞ representative government 대의정치
omnipresent [àmnəprézənt]	편재하는, 동시에 어디든지 있는 = ubiquitous

press [pres]	누르다, 강조하다, 출판 ☞ the press 언론(신문), 보도진(기자단)
	ⓝ pressure 압력, 기압 / press law 언론·출판 법
	☞ press conference(meeting) 기자회견
compress [kəmprés]	압축하다, 요약하다 ⓝ compression 압축, 축소
depress [diprés]	약화시키다, 불경기로 만들다
	ⓝ depression 불경기, 의기소침
	☞ depressed 불경기의, 의기소침한 / depressing 우울한
express [iksprés]	급행(특급), 표현하다 ☞ expression 표현, 말씨
	☞ nonstop 직행(의) / local 완행(의), 현지의
	☞ facial expressions 얼굴모양 / facial 얼굴의

im**press** [imprés]	인상 지우다, 감명을 주다 ⓝ impress**ion** 인상, 감명
re**press** [riprés]	진압 · 억압 · 탄압 · 제지하다 = curb, subdue, suppress ⓝ re**press**ion 진압, 제지, 억제, 억압(된 것)
sup**press** [səprés]	억압하다, 억제하다 ⓝ sup**press**ion 억압, 억제

pric**e** [prais]	가격, 대가(代價) ☞ rice 쌀 / boiled rice 밥 ☞ price**less** 아주고가의 = **in**valuable, precious
pri**d**e [praid]	긍지, 자만심 = conceit, hubris, vanity
pri**z**e [praiz]	존중하다, 높이 평가하다 = cherish ↔ disdain, despise

apprise [əpráiz]	알리다, 통지하다 = notify, inform
comprise [kəmpráiz]	포함하다, 의미하다 = include, contain, embrace 형성 · 설립시키다, 차지하다
enterprise [éntərpràiz]	기업, 도전정신(진취적 기질) ☞ public enterprise 공기업 / private enterprise 사기업 ☞ entrepreneur 기업가, 실업가 ⓐ entrepreneur**i**al
surprise [sərpráiz]	놀라게 하다(불시에), 놀람(의외의) ☞ alarm 경보, 놀람 ☞ surprise attack 기습 / air raid 공습

prig [prig]	학자연하는 사람, 까다로운 사람 = pedant, pedagogue
sprig [sprig]	잔가지, 어린가지 = twig, branch, shoot ☞ bough 큰 가지

prince [prins]	왕자, 귀공자 ↔ prince**ss** 공주, 뛰어난 여성
princi**p**al [prínsəpəl]	주요한, 정범, 원금 ☞ interest 이자, 흥미
princi**pl**e [prínsəpl]	원리, 원칙 = doctrine, dogma ☞ democratic principles 민주주의 원칙

approach [əpróutʃ]	가까이 가다, 접근하다 ☞ accost 다가가서 말을 걸다
reproach [ripróutʃ]	비난하다, 책망하다 = censure, rebuke

prod [prɑd]	자극, 촉구(하다) = goad, incite, nudge, poke, spur ☞ rod 막대, 회초리 = bar, pole, stick / baton 지휘봉
prodigal [prádigəl]	낭비하는, 방탕한, 풍부한 = extravagant, wasteful
prodigy [prádədʒi]	경이(驚異), 불가사의, 비범한 사람, 천재 = genius
plod [plɑd]	터벅터벅 걷다, 무거운 발걸음으로 걷다 = trudge

product [prádəkt]	산물, 생산품, 소산(결과) = commodity, merchandise, stock
production [prədʌ́kʃən]	생산, 제작 ☞ overproduction 과잉생산
productivity [pròudʌktívəti]	생산성 ☞ labor productivity 노동 생산성
by-product [baiprádəkt]	부산물, 부작용 ☞ side effect 부작용(약물)

profess [prəfés]	공언하다 = affirm, aver, avouch, pronounce
professor [prəfésər]	대학교수, 선생 ☞ full professor 정교수 ☞ associate professor 부교수 / assistant professor 조교수
profession [prəféʃən]	직업(전문), 공언 = career, occupation 직업
professional [prəféʃənəl]	전문가(프로) = authority, expert, specialist, veteran ☞ professional training 전문적인 교육

profligate [práfligit]	낭비하는, 방탕한 = extravagant licentious, wanton
promulgate [práməlgèit]	반포하다, 공표하다 = announce, declare, proclaim ⓝ promulgation 반포(頒布)
propagate [prápəgèit]	번식하다, 전파하다 = breed, multiply, procreate, proliferate ☞ propaganda 선전(기관), 선전활동

prompt [prɑmpt]	신속한, 기민한 = immediate, instant, quick 자극하다, 격려하다 = prod, goad, provoke, encourage
impromptu [imprámptju:]	즉흥의, 즉석의 = extemporaneous, immediate, offhand

prone [proun]	~에 걸리기 쉬운, ~경향이 있는 = inclined, susceptible ~하기 쉬운 = apt, liable, likely / 납작해진
prune [pru:n]	정리하다, 잘라내다 = eliminate, clip, shear, snip 낮추다, 줄이다 = reduce, shorten, trim

proof [pru:f]	증거, 증명 = evidence, testimony ☞ roof 지붕, 정상 막는(통과 안 시키는) ☞ waterproof 방수의 / bulletproof 방탄의
foolproof [fú:lprù:f]	아무라도 다룰 수 있는, 실패·고장 없는 = assured, guaranteed
proofread [pru:fri:d]	교정(校訂)보다 ☞ emend 교정·수정하다 ☞ proof 교정쇄 / read [red] 정통한, 잘 아는

proper [prápər]	적당한, 고유의, 본래의 = appropriate, suitable ☞ China proper 중국본토 / properly 적당하게, 당연히
improper [imprápər]	부적당한, 그릇된 = inappropriate, unsuitable
property [prápərti]	재산(소유물), 재산, 성질, 고유성
prosper [práspər]	번영하다, 잘 자라다 = flourish, thrive ☞ prosperous 번영하는 ⓝ prosperity 번영, 행운

propriety [prəpráiəti]	타당(성), 적당함 = appropriateness, properness
proprietary [prəpráiətèri]	소유자의, 독점·특허의 ☞ proprietary rights 소유권
appropriate [əpróuprièit]	착복·충당·횡령하다, 의회가 지출을 승인하다 적합한, 적당한 = proper, pertinent, relevant, suitable ☞ appropriation 세출, 정부특별예산, 할당, 착복, 착취
expropriate [ekspróuprièit]	몰수하다(토지·재산), 공용징수하다 = confiscate ⓝ expropriation 몰수

protogene [próutədʒì:n]	원(原)유전자(유전자의 원형) ☞ gene 유전자, 유전인자
protoplasm [próutəplæ̀zəm]	원형질 ☞ plasm = plasma 혈장(血漿), 원형질
prototype [próutoutàip]	원형, 모범, 본 = archetype, paradigm ☞ type 형(型), 타입
protozoan [pròutouzóun]	원생동물, 단세포동물

prove [pru:v]	증명하다, 판명되다	ⓝ proof 증거 = evidence, testimony
ap**prove** [əprú:v]	승인·허가하다, 찬성하다 = accept, ratify, sanction
	↔ disapprove 찬성하지 않다, 불가하다고 하다 = reject, deny
	☞ approval rating 지지도 / approval 승인, 허가, 찬성
dis**prove** [disprú:v]	반증을 들다 = contradict, refute
im**prove** [imprú:v]	개선하다, 개량하다 ⓝ improve**ment** 개선 = amelioration
re**prove** [riprú:v]	꾸짖다, 비난하다 = admonish, castigate, chide
	ⓝ reproof 비난, 질책 = admonition, censure, rebuke
provenance [právənəns]	기원(起源), 출처, 유래 = origin

proximity [prɑksíməti] 근접, 가까움 = closeness, nearness
ap**proximate** [əprάksəmèit] 가까워지다, 접근하다 / 근사한, 대략의
　　　　☞ ap**proxi**mately 대략, 대강 = roughly

prudence [prú:dəns] 신중, 사려분별 = circumspection, sensibility, wisdom
im**prudence** [imprú:dəns] 경솔, 무분별 = indiscretion, temerity, foolhardiness
　　　　☞ impudent 뻔뻔한, 철면피의 = brazen, insolent
juris**prudence** 　 법학, 법률지식　☞ jurisdiction 재판권, 사법권(관할권)
　[dʒùərisprú:dəns]

psyche [sáiki] 정신, 영혼, 프시케
psychedelic [sàikidélik] 황홀한, 도취적인, 환각제

psycho [sáikou] 정신신경증환자, 광인　☞ psycho**sis** 정신병
psychoanalysis 　 정신분석(학)　☞ psychoanalytic 정신분석학의
　[sàikouənǽləsis]
psychology [saikάlədʒi] 심리학　☞ psycholog**ist** 심리학자

public [pΛ́blik] 공공의 ↔ private 사적인　☞ privacy 사적자유, 사생활
re**public** [ripΛ́blik] 공화국, 사회(공동목적), 계(界)　☞ Republican 공화당원
publication [pΛ̀bləkéiʃən] 발행, 간행　ⓥ publish 출판하다, 발표하다

pugnacious [pʌgnéiʃəs]	싸움하기 좋아하는 = antagonistic, belligerent, contentious
im**pugn** [impjúːn]	비난하다, 반론하다, 공격하다 = libel, malign, slander ⓐ impugnable 비난(반박)의 여지가 있는
op**pugn** [əpjúːn]	항쟁·공격하다, 반대·논쟁하다
re**pugn**ant [ripʌ́gnənt]	비위에 거슬리는, 불유쾌한 = disgusting, obnoxious, sickening

pull [pul]	매력, 이점 = advantage ☞ full 가득한, 충분한 끌다, 당기다 ↔ push 밀고 나아가다, 압박하다
pull **off** [púl ɔf]	성공하다 = make good ☞ pull-off 간선도로 대피소
pullout [púlàut]	철수(군대·거류자), 이동 = removal, retreat, withdrawal

pulse [pʌls]	맥박, 약동 ⓥ pulsate 맥박이 뛰다, 고동치다
im**pulse** [ímpʌls]	충동(격), 추진력 ⓐ im**pulse**ive 추진력 있는, 충동적인
re**pulse** [ripʌ́ls]	격퇴하다, 반박하다 = defeat, repel, rebuff, spurn, reject

punctual [pʌ́ŋktʃuəl]	시간 잘 지키는 ↔ tardy 느린, 늦은, 지각
punctuate [pʌ́ŋktʃuèit]	중단시키다, 구두점을 찍다 = discontinue, suspend 강조하다 = emphasize ☞ punctuation mark 구두점
puncture [pʌ́ŋktʃər]	망쳐놓다, 결판내다 = rupture 찌르다(바늘) = perforation, sting
acu**puncture** [ǽkjupʌ̀ŋktʃər]	침술 ☞ cute 귀여운 / acute 날카로운 ↔ obtuse 무딘

put down [put daun]	진압하다(폭동), 억누르다, 내려놓다 ☞ put 놓다, 두다
put **off** [put ɔf]	연기하다, 미루다 = defer, delay, postpone ☞ put on 옷을 입다 = wear / put in 넣다, 첨가하다
put **together** [put təgéðər]	구성·조립하다, 종합·합계하다 ☞ together 함께, 전부

com**pute** [kəmpjúːt]	계산하다(컴퓨터) ☞ computer 컴퓨터, 전산기(電算機)
dis**pute** [dispjúːt]	논쟁하다, 반박하다 = argue, debate, contradict 저항·반대하다, 다투다 = resist, contend

impute [impjúːt]	(~의) 탓으로 돌리다 ⓝ imputation 허물, 누명
repute [ripjúːt]	평가하다, 평판 ⓝ reputation 평판, 명성
	☞ refute 논박하다, 이의를 제기하다
disrepute [dìsripjúːt]	악평하다, 악평 = disgrace, dishonor, ignominy, infamy

 Regrouping **Q**

quaint [kwéint]	기묘한, 고풍스러운 = curious, eccentric, bizarre	
acquainted [əkwéintid]	안면 있는, 정통한 ⓝ acquaintance 면식, 아는 사람	

quash [kwɑʃ]	진압하다(반란), 누르다 = crush, extinguish, quell, quench 무효로 하다, 취소하다(판결·명령) = abrogate, annul, nullify	
squash [skwɑʃ]	으깨다, 억누르다 = crush, smash, suppress	

quest [kwest]	탐구, 탐색, 추구(하다) = search, pursuit	
conquest [kɑ́ŋkwest]	정복, 획득 = triumph, victory ⓥ conquer 정복하다	
request [rikwést]	요구, 청하다 = demand, requirement, requisition	
question [kwéstʃən]	질문(하다), 의심, 문제 ↔ answer, reply 대답 의심하다, 이의를 제기하다 ☞ questionnaire 설문지	
sequester [sikwéstər]	격리하다, 일시압류 하다 = isolate, seclude, segregate, separate	

quip [kwip]	경구, 명언 = adage, aphorism, epigram, sally 신랄한 말, 빈정거림(거리다) = jest, joke, banter	
equip [ikwíp]	갖추어 주다 ⓝ equipment 장비, 기기 = apparatus, tools	

acquire [əkwáiər]	획득하다, 습득하다 = obtain, procure ↔ forfeit 상실하다	
inquire [inkwáiər]	묻다, 문의하다 = ask, query ↔ answer, reply 대답하다	
require [rikwáiər]	요구하다, 필요로 하다 ⓝ requirement 필요조건, 자격	

exquisite [ikskwízit]	세련된, 정교한, 훌륭한 = dainty, delicate, elegant, refined	
perquisite [pə́ːrkwəzit]	부수입(팁), 특권 = bonus, benefit, extra	
requisite [rékwəzit]	필요조건, 필요한(물건) ☞ requirement 필요조건, 자격	
prerequisite [priːrékwəzit]	필수불가결한, 선행조건, 기초필수과목	

quit [kwit]	중지하다, 포기하다 = cease, desist, discontinue
acquit [əkwít]	방면하다, 무죄로 하다 = absolve, exonerate, pardon ⓝ acquittal 석방, 무죄방면 = absolution, exoneration
equitable [ékwətəbəl]	공평한 = fair, impartial
iniquitous [iníkwitəs]	부정한, 사악한 = wicked, impious, degenerate, depraved
quite [kwait]	완전히, 전혀 = completely
requite [rikwáit]	복수하다, 보답하다 ⓝ requital 보답, 보복 = payback

Regrouping R

crab [kræb]	게, 흠잡다 = carp, cavil　ⓐ crabbed 심술궂은	
drab [dræb]	볼품없는, 생기 없는, 단조로운 = dull, monotonous	
grab [græb]	붙잡다(기회·권력·남의 마음 등), 가로채다 = capture, grasp, seize, snatch	

race [reis]	경주, 경마 = contest
grace [greis]	은총, 우아, 품위 = delicacy, dignity, elegance ↔ disgrace 불명예, 창피, 치욕
trace [treis]	자취, 자국을 밟다, 추적하다　☞ traces 자취, 흔적 = pursue, track, trail, chase, follow, hunt
brace [breis]	대비하다, 강화하다 = bolster, buttress, fortify 버팀대, 지주(支柱), 치열교정기 = braces ☞ brace for 대비하다, 대항하다(재난·곤경)
embrace [embréis]	포옹·지지하다, 받아들이다 = hug, accept, adopt

rack [ræk]	괴롭히다, 고문하다 = torment, torture 선반, 고문대 ☞ rack up 올리다(득점), 달성·성취하다(수입·승리)
crack [kræk]	기회, 돌파구, 갈라진 틈(금), 훌륭한, 일류의 결함, 쇠약증세(병·노약), 망가지다
track [træk]	지나간 자국, 흔적 = vestige　☞ 경주로, 육상경기, 트랙

racket [rǽkit]	소란, 야단법석 = clamor, commotion, din, uproar 공갈, 협박, 사기, 밀매, 부정, 부정한 돈벌이
racketeer [rækitíər]	갈취자, 부정한 돈벌이 꾼 / 총회꾼 공갈하다, 협박하다 = blackmail / 협박자
bracket [brǽkit]	계층(소득·납세자·가격대), 모난 괄호

radiate [réidièit]	빛을 발하다, 빛나다 = beam, gleam, illuminate, shine ⓐ radiant 빛나는, 밝은 = beaming, luminous, shining
eradiate [iréidièit]	방사하다(빛·열) ⓝ eradiation 방사, 발광, 발열

raft [ræft]	다수, 다량 ☞ a raft of = a lot of 많은 뗏목, 고무보트 ☞ rafting 고무보트(뗏목)타기
craft [kræft]	기능, 기술 = expertise, skill ☞ artifice 교묘한 솜씨 ☞ craft**y** 교활한, 간사한 / craft**s**man 장인(匠人) = artisan ☞ master craftsman 일류 기술자, 명장 / **air**craft 항공기
draft [dræft]	도안, 초안, 징집(병) = draught ☞ draft dodger 병역 기피자
graft [græft]	부정이득, 독직(瀆職) = bribery, corruption, jobbery, kickback ☞ engraft 접목하다, 접붙이다, 주입시키다(사상)

rag [ræg]	꾸짖다 = chastise, chide, reprimand, scold ☞ rags 넝마 = tatter**s**
brag [bræg]	허풍떨다, 자랑하다 = boast, crow, exaggerate, show off
crag [kræg]	가파른(험한) 바위산, 울퉁불퉁한 바위
drag [dræg]	훑다, 견인, 질질 끌다 ☞ draw, haul, pull 끌다, 당기다 장애, 걸림돌, 지체, 꾸물거림 ☞ drag**net** 수사망, 어망
frag**ment** [frǽgmənt]	단편, 조각 ☞ frag 파편 수류탄 / frog 개구리 ⓐ fragment**ary** 단편적인, 미완성의

rage [reidʒ]	격노, 사나움 = fury, wrath, ire ⓥ en**r**age 격분시키다
forage [fɔ́:ridʒ]	마구 뒤지며 찾다 = rummage, ransack
garage [gərɑ́:ʒ]	차고, 자동차 수리소 ☞ hanger 격납고

raid [reid]	급습, 투매, 불시단속(경찰) ☞ raid**er** 침입자, 기업매수가 급습하다, 주식시장을 어지럽히다(투기꾼) ☞ air raid 공습
afraid [əfréid]	유감스럽게 생각하는, 두려워하는 = scared, frightened

rail [reil]	난간, 레일, 매도하다 ☞ **d**rail 굴림 낚시 ☞ rail at(against) 욕설하다, 꾸짖다, 비난하다

brail [breil]	돛을 죄다, 돛의 밧줄
frail [freil]	무른, 허약한 = feeble, flimsy, fragile ↔ sturdy, hardy
trail [treil]	자국, 흔적, 추적하다 = chase, hunt, pursue, trace
	☞ crazy trail 꼬부랑 오솔길 / crazy 미친, 열중한, 최고의
derail [diréil]	탈선하다(시키다) ⓐ derailed 탈선한, 타락한
	실패하게 · 틀어지게 하다(계획)

rain [rein]	비(오다), 강우 ☞ rainy day 비오는 날, 어려운 때
rein [rein]	구속, 통제, 제어하다(비유) ☞ reins 고삐, 지배권
	☞ reign 지배·군림하다 / 통치, 지배 / 세력을 떨치다
ruin [rúːin]	파괴하다, 파멸(시키다) ☞ ruins 폐허 = remains
	= annihilate, demolish, destroy, ravage

rain [rein]	비(오다), 강우 ☞ heavy rain 폭우 ↔ light rain 이슬비
brain [brein]	브레인(두뇌), 지적지도자, 보스 ☞ brainchild 두뇌의 소산
drain [drein]	배수(유출)하다, 다 써버리다(고갈시키다)
	고갈, 소모, 낭비 = deplete, exhaust, impoverish
grain [grein]	곡물, 낱알 = cereal / rice 쌀 / barley 보리 / wheat 밀
	☞ grain crisis 식량위기 / crisis 위기, 갈림길(흥망), 중대국면
	☞ ingrained 뿌리 깊은(신념·습관) = deep-rooted
train [trein]	훈련하다, 수반하다 / 수행원 = entourage
	☞ tech-training 기술훈련 / training 훈련, 연수
terrain [təréin]	지형, 지세, 지역 = contour, region, topography
	영역, 분야 = scope, field, territory

raise [reiz]	올리다, 기르다 ☞ rise 오르다, 일어나다
	☞ sizable raise 상당한 승급 / sizable 꽤 큰, 알맞은
praise [preiz]	칭찬, 찬양 = accolade, applause, admiration, adoration
appraise [əpréiz]	평가·감정하다, 사정하다 = assess, estimate, evaluate

ram [ræm]	처박다, 부딪치다, 세게 밀어 넣다 = cram, pack, press
cram [kræm]	억지로 채워 넣다, 주입식 공부를 시키다 ☞ 주입식 공부의

☞ cram school 입시학원 / tram 시가전차 = street car(미)

ramble [ræmbəl]	거닐다, 소요, 산책 = amble, wander, stroll, roam, rove
rambling [ræmbliŋ]	사방으로 되는대로 뻗어있는(집·시가지) 산만한, 두서없는(말·생각·발표) = digressive, discursive

prance [præns]	날뛰며 달리다, 활개 치며 걷다 = cavort, frolic
trance [træns]	황홀, 몽환(夢幻)의 경지 = rapture, ecstasy 혼수상태, 인사불성 = coma, stupor
entrance [éntrəns]	입구, 들어감 = way in ↔ exit 출구 = way out ☞ enter 들어가다 / enter into 착수하다 ☞ entry 입장, 참가 / entrant 참가자, 신입자

brand [brænd]	품질, 상표, 브랜드 ⓥ 소인을 찍다, 상표를 붙이다 ☞ brandish 휘두르다(검·곤봉·채찍)
grand [grænd]	웅대한, 굉장한, 총괄적인 = magnificent, majestic ⓝ grandeur 웅장, 장관, 화려 ☞ grandiose 웅장한, 숭고한
errand [érənd]	심부름, 용건, 볼일 ☞ mission, task 임무

range [reindʒ]	범위, 미치는 거리, 정렬시키다 ☞ 레인지(요리기구) ☞ mountain range 산맥 / ranger 경비원(산·공원)
arrange [əréindʒ]	정돈하다, 배열하다 ⓝ arrangement 정돈, 배열, 편곡 ☞ prearrange 미리정하다, 예약하다 = predetermine
derange [diréindʒ]	혼란시키다, 어지럽히다, 미치게 하다 ⓝ derangement ⓐ deranged 미친 = crazy, demented, insane, lunatic ☞ deranged behavior 미친 행위 / orange 오렌지

rank [ræŋk]	ⓝ 지위, 계급, 계층, 신분 = position ☞ ranks 군대, 대열
crank out [kræŋk aut]	생산하다 = produce ☞ crank in 시작하다 = crank up
frank [fræŋk]	솔직한 = candid, forthright, outspoken ☞ flank 측면, 국경
prank [præŋk]	장난, 농담 = gag, joke, trick ☞ plank 조항, 항목(정당강령)
rankle [ræŋkl]	화나게 하다(불쾌한 감정), 가슴에 사무치다(원한)

rant [rænt]	폭언(하다), 고함치다 ☞ rent 임대(차)하다, 임대료
arrant [ǽrənt]	악명 높은, 딱지 붙은 = flagrant, notorious
currant [kə́:rənt]	건포도 ☞ current 현재의, 흐름
errant [érənt]	그릇된, 벗어난 ☞ erratic 엉뚱한, 변덕스러운, 괴짜 ☞ err 실수하다 ⓝ error 실수 = blunder, mistake
grant [grænt]	주다, 수여·부여하다, 승인·허가하다 = accord, bestow, give
tyrant [táiərənt]	폭군, 전제군주 = autocrat, despot, dictator ⓝ tyranny 독재정치, 전제정치 = domination
warrant [wɔ́rənt]	영장, 사유 / 보증하다 = assure, certify, guarantee ☞ warranty 담보, 보증(서), 근거 = security, guarantee

rap [ræp]	비난하다, 혹평하다 = criticize, denounce, reprove 지껄이다 = chat, jabber, prattle
crap [kræp]	허풍떨다, 거짓말하다 ☞ crab 게 / crabbed 심술궂은
frap [fræp]	단단히 죄다(사슬·밧줄)

rapt [ræpt]	정신이 팔린, 황홀한 = enchanted, enthralled
rapture [rǽptʃər]	황홀(경) = ecstasy, trance ↔ misery 비참함
enrapture [enrǽptʃər]	황홀케 하다(도취시키다) = enthrall, fascinate

rash [ræʃ]	무모한, 경솔한 = abrupt, audacious, bold, reckless 발진(뾰루지), 도처에서 일어나는 것 ☞ a rash of~ : 빈발하는, 다발하는
brash [bræʃ]	경솔한, 건방진 = rash, brazen, impetuous, insolent
crash [kræʃ]	추락, 파산, 충돌 = clash, shatter, smash, bang, collision
trash [træʃ]	파괴하다, 부수다 = annihilate, smash 쓰레기, 폐물 = debris, garbage
thrash [θræʃ]	타파하다, 패배시키다 = beat, buffet, pummel, trounce ☞ thrash out : 철저하게 검토·논의하다(문제), 결론에 이르다 ☞ thresh 탈곡·타작하다(곡식), 검토하다(사안)

brass [bræs]	고관, 고급장교, 놋쇠(철면피)
crass [kræs]	열등한, 품질이 낮은 = crude, dull, rough, rude ☞ class 종류, 등급, 계급 / lass 소녀, 미혼여성
grass [græs]	풀(을 먹이다) ☞ grass roots 민초(민중), 일반대중
harass [hǽrəs]	괴롭히다, 애먹이다 = annoy, badger, molest, plague, vex ⓝ harassment 애먹음, 괴로움, 골칫거리, harass 하기
morass [mərǽs]	늪, 궁지, 곤경 = mire, quagmire, predicament, swamp

rate [reit]	비율, 요금, 정도, 등급, 평가하다 ☞ interest rate 이자율 ☞ underrate 과소평가하다 ↔ overrate 과대평가하다
berate [biréit]	호되게 꾸짖다, 야단치다 = scold, chide
irate [áireit]	성난, 격노한 ⓝ ire 분노 = anger ☞ irascible 성잘 내는
prate [preit]	수다 떨다, 지껄이다(재잘재잘) = chatter, gab
pirate [páiərət]	해적, 표절자(저작권침해자) ☞ freebooter 해적 약탈하다, 표절하다 ☞ piracy 해적행위, 저작권침해

ratio [réiʃou]	비, 비율 = proportion 몫, 부분, 정도
ration [rǽʃən]	정액(定額), 정량, 배급(량) ☞ 군용식량(배급)
rational [rǽʃənl]	이성적인, 합리적인 = logical, reasonable, sensible ☞ rationalism 합리주의(론) ↔ empiricism 경험주의(론)
rationale [rӕ̀ʃənǽl]	이유(근본적), 근거(이론적) = grounds, reason

rave [reiv]	소리 지르다(미친 사람처럼), 떠들다 = rant 폭언(하다), 고함치다 ☞ rove 배회하다, 유랑하다 = roam, wander
brave [breiv]	용감한 = dauntless, fearless, intrepid ⓝ bravery 용기
crave [kreiv]	열망·갈망하다, 간절히 원하다 = desire, long, yearn ☞ carve 새기다, 조각하다 = inscribe, engrave, etch
grave [greiv]	무덤(죽음), 엄숙한 = serious, solemn, somber 명심하다 ☞ gravity 중력, 중량, 중대함, 위험
engrave [engréiv]	조각하다, 새기다 ⓝ engraving 조각(술), 판화(동판·목판)

raven [réivən]	약탈하다, 게걸스레 먹다, 큰 까마귀 ☞ ravening 약탈하는　ⓐ ravenous 게걸스러운
craven [kréivən]	겁쟁이, 비겁한 = timid, cowardly, dastardly
graven [gréivən]	새긴, 조각한, 감명을 받은

raw [rɔː]	날것의, 가공하지 않은 = crude, uncooked
braw [brɔː]	옷차림이 고운, 모양내어 입은
craw [krɔː]	모이주머니(새), 밥통(동물)　☞ claw 발톱
draw [drɔː]	끌다, 당기다, 접근하다, 그리다　☞ draw back 물러서다 ☞ withdraw 움츠리다, 철회하다　ⓝ withdrawal 철회, 회수 ⓐ withdrawn 수줍은, 철회한, 틀어박힌(집에)
straw [strɔː]	가짜의, 무가치한　☞ 밀짚, 빨대(음료용)

brawl [brɔːl]	말다툼, 권력다툼, 대소동 = fracas, fray, melee
drawl [drɔːl]	느리게 말하다(내키지 않는 듯이), 천천히 말하다(점잔빼며)
trawl [trɔːl]	트롤망(어업을 하다), 저인망
crawl [krɔːl]	기어가다, 서행하다 = creep / 득시글거리다(벌레) = swarm 크롤로 헤엄치다, TV 프로 끝날 때 보여주는 스태프 명단
scrawl [skrɔːl]	휘갈겨 쓰다, 낙서하다 = doodle, scratch　ⓝ 휘갈겨 쓴 글씨

ray [rei]	광선, 서광, 희망의 빛　☞ X-ray : X 광선
foray [fɔ́ːrei]	침략, 약탈(하다) = attack, incursion, invasion, raid 진출(다른 분야로)
pray [prei]	기도하다, 간청하다　☞ fray 소모하다(신경을 써서) ☞ prayer 기도 / the Lord's Prayer 주기도문 ☞ prey 희생, 미끼 / victim 희생(자) / bait 미끼 = lure
spray [sprei]	물보라(를 날리다), 분무기 / chemical spray 화학 살포제

raze [reiz]	지우다, 남김없이 파괴하다 = demolish, destroy, wreck ☞ razor 면도칼(전기면도기)
braze [breiz]	단단하게 하다, 땜질하다

ⓐ brazen 단단한, 뻔뻔한, 철면피한 = brash, impudent

graze [greiz]	풀을 뜯어먹다, 벗겨지다(스쳐서)

reach [ri:tʃ]	미치다, 뻗치다, 도달하다 ☞ arrive at = get to 도착하다
breach [bri:tʃ]	위반(계약·의무·규칙), 불이행 = infraction, infringement, violation ☞ breach electoral law 선거법 위반 / electoral 선거의
preach [pri:tʃ]	설교(전도)하다, 법화(法話) ☞ preacher 설교자, 전도사
outreach [àutrí:tʃ]	~보다 멀리 닿다, ~을 능가하다 = overreach
overreach [òuvərí:tʃ]	초과하다(목표·제한), 속이다, 너무 뻗다(팔·몸)

read [red]	정통한(공부하여), ~라고 적혀있다 ☞ 읽다, 알아차리다 ☞ read between the lines 행간사이의 숨은 뜻을 읽다
bread [bred]	빵, 생계, 식량 ☞ bread and butter 버터 바른 빵
dread [dred]	두려워하다, 염려하다 ☞ 공포, 불안, 외경(畏敬)
tread [tred]	걷다, 짓밟다, 유린하다 = stamp, stomp, trample
thread [θred]	실(마리), 줄거리 ☞ needle 바늘 / noodle 국수
spread [spred]	펴다, 퍼지다, 펼치다 = unfold, extend
widespread [wáidspréd]	널리 보급되어 있는, 만연(蔓延)된

ready [rédi]	준비가 된, 즉석에서의 ☞ readily 쾌히, 기꺼이 ☞ ready-made 기성의
already [ɔ:lrédi]	이미, 벌써 / 지금 곧 = right now

real [rí:əl]	진실의, 실제의, 부동산의 = authentic, genuine, veritable
ethereal [iθíriəl]	공기 같은, 우아한, 천상의 = airy, delicate, celestial
surreal [sərí:əl]	초현실적인, 기상천외의 ☞ surrealism 초현실주의
realm [relm]	왕국, 영역, 범위, 부문, 권(圈), 대(帶)
realty [rí:əlti]	부동산 = real estate ☞ realtor 중개인(부동산)
reality [riǽləti]	현실 ↔ fiction 허구 ☞ illusion 환상 = fantasy

rear [riər]	뒤의, 후방의 ↔ front 앞의, 전방의 ☞ frontier 변경, 국경	
arrear [əríər]	지체, 지불잔금, 연체금 ☞ area 지역, 범위, 면적 / arena 경기장	
dreary [dríəri]	황량한, 울적한, 따분한 = bleak, dismal, gloomy, drab	

reason [ríːzən]	이유, 이성 ⓐ reasonable 합리적인 = logical, rational
reason**ing** [ríːzəniŋ]	추론, 논거, 증명 = grounds, logic, rationality
treason [tríːzən]	모반, 반역(죄) = betrayal, mutiny, revolt, treachery

rebel [rébəl]	반역자, 반항자 ⓝ rebel**lion** 폭동, 반란 = revolt ☞ rebel against ~에 반대·반발하다 / rebel forces 반군
re**v**el [révəl]	한껏 즐기다, 흥청거리다(마시고) ☞ level 수평, 수준, 평등한 ⓝ revel**ry** 흥청망청 놀기, 환락 ☞ ravel 얽히게 하다, 혼란케 하다 ↔ unravel 해결(해명)하다

reed [riːd]	갈대 ☞ broken reed 믿을 수 없는 사람(부러진 갈대) ☞ thinking reed 생각하는 갈대(사람)
breed [briːd]	기르다, 번식·양육·교육하다 = bring up, foster, nurture, raise 초래하다, ~의 원인이 되다 = cause ☞ breed**ing** 예절
creed [kriːd]	교의, 신조, 강령, 주의 = belief, doctrine, dogma, faith, tenet ☞ creep 기다, 포복하다, 천천히 나아가다 = crawl
greed [griːd]	탐욕 = avarice, cupidity ⓐ greed**y** 탐욕스런 = avaricious ☞ greet 인사하다, 인사 장을 보내다 = salute 경례하다
screed [skriːd]	장황한 이야기(비난조) ☞ harangue 열변(하다), 장광설

regret [rigrét]	후회하다, 뉘우치다 = grieve, lament, repent, rue
regret**table** [rigrétəbəl]	후회하는, 유감스런
regret**ful** [rigrétfəl]	뉘우치는, 슬퍼하는

relation [riléiʃən]	관계, 관련 ☞ relative 관계하는, 관계사, 친척 ☞ relation**ship** 친족관계, 연고관계
correlation [kɔ̀ːrəléiʃən]	상호관계 ☞ nexus 서술적 관계(주어 + 동사)

relic [rélik]	유적, 유물, 잔재 = legacy, relics	
relict [rélikt]	잔존생물(광물)	
derelict [dérəlikt]	직무태만자, 버려진 물건(배)	

drench [drentʃ]	흠뻑 적시다, 담그다 = douse, soak　☞ 억수 = torrents ☞ French 프랑스의, 프랑스인의, 프랑스어	
wrench [rentʃ]	비틀다, 왜곡, 고통(모진) = twist, wrest ⓐ wrenching 모진, 격심한	

rend [rend]	째다, 찢다, 분열하다 = rip, tear　☞ lend 빌리다, 차용
trend [trend]	경향, 추세, 기울기 = inclination, propensity, tendency ☞ trendy 최신 유행의 = stylish, a la mode, chic

render [réndər]	주다, 갚다, ~로 만들다 = make
surrender [səréndər]	포기하다, 항복하다 = give up, submit, succumb, yield

fresh [freʃ]	새로운, 신선한(갓 만들어진), 신입생 = freshman 신입생 ☞ sophomore 2학년 / junior 3학년 / senior 4학년
refresh [rifréʃ]	상쾌하게 하다, 새롭게 하다 = invigorate, rejuvenate ☞ refreshment 간단한 식사, 음식물, 다과
thresh [θreʃ]	탈곡·타작하다(곡식), 검토하다(사안)
flesh [fleʃ]	살, 과육(果肉) / blood 피 / bone 뼈 / skin 피부

respect [rispékt]	존경(하다) = deference, esteem, honor, reverence
respectable [rispéktəbəl]	존경할만한, 훌륭한 = admirable, honorable, worthy
respectful [rispéktfəl]	정중한, 공손한 = civil, courteous, polite
respective [rispéktiv]	각각의, 각자의 = separate, individual, several
irrespective [ìrispéktiv]	관계없는, 상관하지 않는 = regardless

rest [rest]	휴식(하다), 영면, 나머지 ☞ forest 숲, 삼림의 수목
arrest [ərést]	체포하다, 검거(하다) = apprehend, capture, catch, seize
crest [krest]	물마루(파도), 꼭대기, 최고조, 클라이맥스 = apex, climax, crown, peak, pinnacle, summit ☞ crestfallen 풀이 죽은, 기운이 없는 / fallen 떨어진, 타락한
wrest [rest]	억지로 빼앗다, 비틀다, 왜곡하다(견강부회하다) ☞ wrist 손목
unrest [ʌnrést]	불안(사회적), 식성 ☞ social unrest 사회불안
rest**ive** [réstiv]	고집 센, 다루기 힘든 ☞ 나아가기를 싫어하는(말) = balky, intractable, perverse, unruly, recalcitrant, wayward

brew [bru:]	양조하다(맥주), 음모를 꾸미다, 파란을 일으키다 ☞ plot, intrigue, scheme 음모
crew [kru:]	승무원, 동아리, 동료(패거리) = corps, squad, staff
strew [stru:]	끼얹다, 흩뿌리다 = disperse, disseminate, sprinkle

rick [rik]	건초(짚·곡물)의 가리, 장작더미 ☞ stack 볏가리, 더미(건초·밀집)
brick [brik]	벽돌, 집짓기(장난감)
prick [prik]	가시, 가책, 따끔하게 찌르다 ⓐ prickly 가시 많은, 쑤시는, 성가신, 다루기 힘든
trick [trik]	묘기, 책략, 장난 ☞ 속이다 = deceive, dupe ☞ trickle 물방울, 소량 = paucity / 조금씩 떨어지다
wrick [rik]	접질리다, 삐다 ⓝ 접질림, 삠

rid [rid]	해방하다, 면하게 하다 ☞ get rid of ~을 면하다·제거하다
arid [ǽrid]	메마른, 불모의 = barren, desert, dry, infertile, sterile
acrid [ǽkrid]	쓴, 혹독한, 신랄한 = acrimonious, biting, bitter, caustic
lurid [lúːrid]	무시무시한, 타는 듯이 붉은 = ghastly, grisly, gruesome
torrid [tɔ́ːrid]	타는 듯한 = arid, scorching 열렬한, 열정적인 = ardent, passionate

ride [raid]		타다, 타고 가다(탈것) ☞ vehicle 수송수단, 탈것
bride [braid]		신부, 새색시 ↔ bridegroom 신랑 / groom 말구종, 신랑
pride [praid]		긍지, 자만심 = self-esteem(respect), arrogance, conceit
deride [diráid]		조소하다, 조롱하다 = jeer, mock, scoff, scorn, sneer
		ⓝ derision 조소, 조롱 ⓐ derisive 조롱하는

riffraff [rífræf]	하층민(계급), 인간쓰레기 = outcasts, rabble
	↔ gentry 귀족, 신사계급 = noble, peer
sheriff [ʃérif]	보안관(군 : 郡) ☞ county 군(郡), 주(州)
tariff [tǽrif]	관세 = import tax ☞ tax 세금 / duty 조세, 관세
	☞ punitive tariff 보복관세 / punitive 형벌의, 징벌의, 응보의

rift [rift]	갈라진 틈, 불화 = breach, crack, chasm, feud, schism
drift [drift]	표류(시키다), 떠내려 보내다 = float ☞ buoy 부표
thrift [θrift]	검약, 검소 = economy, frugality, prudence
	ⓐ thrift**y** 검소한 = frugal / 번성하는 = flourishing

right [rait]	권리, 정의, 우익, 보수 ↔ left 왼쪽, 좌파, 혁신
bright [brait]	빛나는, 머리가 좋은 = brilliant, luminous, radiant
fright [frait]	공포, 경악 = alarm, fear, horror, panic, terror, trepidation
	ⓥ fright**en** 겁주다 = scare, threaten
	☞ fr**e**ight 화물 / f**l**ight 비행
forthright [fɔ́ːrθràit]	솔직한, 단도직입적인 = candid, frank, outspoken
outright [áutràit]	솔직한, 명백한, 철저한 / 철저하게, 완전히 = out-and-out
upright [ʌ́pràit]	똑바로 선, 곧은(정신) = erect, perpendicular, vertical

rill [ril]	시내, 실개천 = rivulet, stream
drill [dril]	훈련(엄격), 반복연습, 천공기, 구멍을 뚫다(드릴)
frill [fril]	가장자리, 주름장식 = decoration
grill [gril]	엄하게 심문·문초하다, 석쇠로 굽다
shrill [ʃril]	날카로운(소리), 높은 = high-pitched, piercing, shrieking

thrill [θril]	전율, 공포, 오싹하다 = tremor, grue ☞ suspense 미결정, 불안

rim [rim]	가장자리(원형체), (원형)테
brim [brim]	가장자리, 언저리 ☞ brim-wide hat 테가 넓은 모자
grim [grim]	모진, 무자비한, 냉혹한 = implacable, relentless 무서운, 소름끼치는 = ghastly, grisly / 엄연한, 엄숙한
prim [prim]	꼼꼼한, 딱딱한, 새침 떠는
trim [trim]	깎아 다듬다, 정돈·손질하다, 삭감하다(예산·인원)

rime [raim]	서리(로 덮다) = frost ☞ dime 10 센트(은화)
crime [kraim]	죄, 범죄(법률상) ☞ criminal 범죄의, 형사상의, 범죄자 ⓥ criminate ~을 고소하다
grime [graim]	더러움(도덕적), 때, 검댕 ☞ dirt 먼지, 쓰레기 / filth 오물 ☞ begrime 더럽히다 = soil ⓐ grimy 때 묻은, 더러워진 = dirty, filthy
prime [praim]	첫째의, 가장 중요한, 일류의, 기초(근본)적인 ☞ 소수(素數)의 준비시키다 = prepare ☞ prime minister = premier 총리, 수상
primeval [praimí:vəl]	태고의, 원시(선사)시대의 = prehistoric, primitive

rink [riŋk]	스케이트장(실내) ☞ links 골프장 / sink 가라앉다
brink [riŋk]	위기, 고비 = crisis ☞ economy crisis 경제위기 가장자리 = border, edge, fringe
drink [driŋk]	마시다, 마실 것 ☞ beverage 음료 / liquor 독한 증류주 ☞ alcoholic beverage 술 / cooling beverage 청량음료
prink [priŋk]	화려하게 꾸미다, 치장하다 = primp
shrink [ʃriŋk]	움츠리다, 주춤하다, 피하다 = cower, flinch, recoil, wince ⓝ shrinkage 축소 = constrict, contract

rip [rip]	쪼개다, 힘주어 찢다 = cleave, rend, tear
drip [drip]	물방울이 떨어지다, 흠뻑 젖다, 음악이 흐르다(조용히)

grip [grip]	꽉 쥐다, 파악(하다) = grasp, clutch, comprehend, hold 지배, 장악, 이해력, 통제력 = control, grab, grasp
trip [trip]	헛디디다(넘어지다), 실패하다 = stumble, topple, tumble
strip [strip]	벗기다, 박탈하다, 제거하다 = deprive, divest

ripe [raip]	익은, 여문(과일·곡식) = mature ↔ immature 미숙한 ☞ be ripe to 막 ~하게 되어있다 / premature 조숙한 ☞ rife 꽉 찬, 성행·만연하는 = prevalent, prevailing
gripe [graip]	불평하다, 투덜대다, 불평, 불만 = complain, grouse, grumble
tripe [traip]	하찮은 것, 변변찮은 것

rise [raiz]	오르다, 증가하다, 일어나다 = increase, get up
arise [əráiz]	발생하다 = happen, occur

risk [risk]	위험, 염려(손해·손상) = danger, hazard, jeopardy, peril 위험에 내맡기다, 감행하다 = endanger, imperil, jeopardize
brisk [brisk]	활발한, 활기찬, 기운찬 = active, energetic, nimble, sprightly
frisk [frisk]	뛰놀다, 장난치다 ☞ 몸수색(옷 위로 몸을 더듬는)

road [roud]	길, 도로, 방법, 수단 ☞ road map 도로지도
broad [brɔːd]	폭이 넓은, 광대한 = wide, spacious
abroad [əbrɔ́ːd]	해외에서, 해외로 ☞ overseas 해외(로부터)의, 외국의

rob [rɑb]	강도질하다 = burglarize, loot, pillage ☞ robber 강도 / robbery 강도(행위), 강도죄
throb [θrɑb]	두근거리다, 고동치다(맥박) = beat, pulsate

robe [roub]	관복, 법복(길고 품이 넓은 겉옷) ☞ rove 헤매다, 배회하다
probe [proub]	면밀히 조사하다, 살피다 = investigate, scrutinize, rummage

abrogate [ǽbrəgèit]	취소 · 폐지하다(법률 · 습관) = abolish, annul, cancel
arrogate [ǽrəgèit]	사취 · 사칭하다, 속여 빼앗다 = fleece 침해하다(남의 권리) = appropriate ☞ arrogant 건방진 = haughty, insolent, supercilious
derogate [dérougèit]	떨어뜨리다, 훼손하다(가치 · 명예) = detract ⓐ derogat**ory** 경멸적인, 손상하는(명예 · 품격 · 가치) = belittling, contemptuous, disparaging
surrogate [sə́:rəgèit]	대리인 = agent, proxy

rogue [roug]	흉포한, 깡패 짓 하는 / 속이다 깡패, 악당, 악한 = villain, gangster, outlaw, desperado
prorogue [prouróug]	정회하다(의회), 연기하다 ☞ prologue 머리말, 개막사

roll [roul]	구르다, 기복하다, 흔들리다(좌 · 우로) ☞ rolling stone 구르는 돌 ☞ roll**back** 인하정책(물가 · 임금의 이전 수준으로)
rol**lick** [rálik]	까불다, 신이 나서 떠들다 ☞ rollick**ing** 까부는, 쾌활한
droll [droul]	익살스러운, 익살떨다 = hilarious, humorous, ludicrous
enroll [enróul]	등록하다, 입회시키다 = enlist, register, recruit
stroll [stroul]	산책하다, 어슬렁거리다 ☞ stroll**er** 유모차 = amble, ramble, roam, rove, saunter, wander
unroll [ʌ̀nróul]	풀다(말린 것), 펴다 = unfold

rook [ruk]	야바위 치다(도박), 사기꾼 ☞ 체스 : 성장(城將)
brook [bruk]	시내, 개울 = rivulet, stream ☞ ditch 도랑, 개천
crook [kruk]	사기꾼, 굽은 것, 악한 ⓐ crook**ed** 심사가 꼬인, 구부러진
rook**ie** [rúki]	신병, 풋내기 = novice, tyro, neophyte, apprentice

crop [krɑp]	농작물, 수확고 = harvest, product
drop [drɑp]	중지하다, 낙오하다, 떨어지다, 버리다, 한 방울 ☞ drop in 잠깐 들르다 / drop off (도중에) 차에서 내려놓다

| prop [prɑp] | 지지자, 후원자, 버팀목 = backer, brace |
| | 버티다, 지지·지탱하다 = back, bolster, buttress |

rope [roup]	새끼, 올가미밧줄 ☞ **rape** 강간, 성폭행 = assault
	☞ **tight**rope 팽팽하게 맨 줄(줄타기용)
grope [group]	모색하다(암중), 더듬어 찾다 = fumble, probe, search
trope [troup]	비유(적용법), 말의수사(修辭) ☞ figurative 비유적인

rose [rouz]	장미 ☞ gather roses 쾌락을 쫓다 / gather 모으다
	☞ **rose**ate 장밋빛의 = pink, rosy
morose [məróus]	까다로운, 침울한 = gloomy, somber, sullen, surly
prose [prouz]	산문, 단조로운 이야기 ↔ verse 운문, 정통하다
ruse [ruːz]	책략, 계략 = trick, machination

cross [krɔːs]	수난, 잡종, 교차하다 ☞ **cross**ing 교차로
	☞ No cross, no crown. 고난 없이, 영광 없다.(속담)
dross [drɔːs]	불순물, 부스러기(비유), 찌꺼기 = debris, rubbish
gross [grous]	뚱뚱한, 큰(잘못·부정), 막돼먹은
	총체의, 총계의 = aggregate, total, whole

round [raund]	노골적인, 왕복의 ☞ **round**ly 노골적으로, 가차 없이 = flatly
surround [səráund]	에워싸다, 포위하다
	= beset, encircle, enclose, encompass
	☞ **surround**ing area 주변지역
well-rounded [wélráundid]	원만한(인격), 균형이 잡혀 완벽한, 다재다능한
round-the-clock [ráundðəklák]	24시간 계속되는

rot [rɑt]	썩다, 부패 = corruption, decay ⓐ **rot**ten 부패한
rote [rout]	기계적인 방식 = repetition
root [ruːt]	뿌리, 근원, 기반, 정착하다, 뿌리 깊게 심다(비유)

	☞ root-up 근절하다, 뿌리째 뽑다 = eradicate, root out
riot [ráiət]	폭동, 소동(을 일으키다) = revolt, uprising, rebellion

rout [raut]	참패·패주시키다 = defeat, subdue, vanquish 혼란한 군중, 오합지졸 = crowd, mob ☞ trout 송어
sprout [spraut]	싹트다, 성장하다 = bud, germinate, grow, shoot

route [ru:t]	도로, 통로, 수단 = road, lane, path ☞ en route 도중에
routine [ru:tí:n]	일상의, 판에 박힌 일 = habitual, customary, conventional

rove [rouv]	배회하다, 유랑하다 = ramble, roam, stroll, wander ☞ in droves 떼를 지어, 어슬렁어슬렁
trove [trouv]	수집물, 발견(물) ☞ treasure-trove 귀중한 발굴 물

row [rou]	불화, 말다툼 / 법석 = brawl, broil, melee, wrangle 줄(열), 노 젓다 ☞ raw 날것의, 가공하지 않는
brow [brau]	이마, 지성의 정도 ☞ eyebrow 눈썹 = brows ☞ browse 이것저것 구경하고 다님, 새싹, 연한 잎
crow [krou]	환성·개가를 올리다, 자랑·자만하다 = boast, brag, strut, vaunt ☞ crowd 군중, 다수, 떼 지어 모이다, 빽빽이 들어차다
grow [grou]	성장하다, 재배하다 ☞ growl 으르렁거리다, 우르르 울리다
rowdy [ráudi]	난폭한(사람), 난장 치는 = boisterous, vociferous, wild ☞ rowdy protest 난폭한 항의(시위)

brown [braun]	갈색, 등화관제 ☞ blown 부푼, 불어 만든, 꽃이 만발한
crown [kraun]	왕관, 극치, 절정 = pinnacle, summit, top, zenith ☞ clown 어릿광대, 시골뜨기 = buffoon, comedian, joker
drown [draun]	익사하다, 물에 빠뜨리다 ☞ drowse 꾸벅꾸벅 졸다 ☞ drowsy 졸린 / drowsily 꾸벅꾸벅
frown [fraun]	눈살을 찌푸리다, 찡그린 얼굴 = grimace, pout, scowl

borrow [bɔ́rou]	빌리다, 차용(借用)하다 ☞ 돈, 책등 이동 가능한 것 ☞ 빌리다 : use 전화, 화장실 / rent 집, 자동차	
sorrow [sárou]	슬픔, 비애 = grief, heartache, mourning, woe	
burrow [bə́:rou]	은신처, 굴 파다 = dig, excavate	
furrow [fə́:rou]	경작하다, 밭고랑, 주름(얼굴)	

rub [rʌb]	마찰, 곤란, 장애 / 문지르다, 마찰하다 ☞ rubber 고무, 지우개 그럭저럭 지내다, 해나가다, 견디다(along, through) ☞ rub shoulders with 의좋게 지내다 / shoulder 어깨
scrub [skrʌb]	문지르다, 비벼 빨다, 제거하다(불순물)
shrub [ʃrʌb]	관목(灌木 : 키 작은 나무) = bush 관목, 수풀

rude [ru:d]	버릇없는, 무례한 = ill-bred, impolite, impudent, insolent 조잡한, 미숙한 = crude / 거친, 냉혹한 = rough, harsh
crude [kru:d]	가공하지 않은, 조야(粗野)한, 조잡한 ☞ crudely 조잡하게 ☞ crude oil 원유 / petroleum 석유 ☞ prude 얌전한 체하는 여자 ↔ coquette 바람둥이 여자, 요부

drudge [drʌdʒ]	단조롭고 힘든 일을 시키다 = labor, plod, slave, toil ☞ drudgery 단조롭고 고된 일
grudge [grʌdʒ]	악의, 원한 = malice, spite ⓐ grudgingly 억지로 싫어 · 시기하다, 아까워하다 ☞ begrudge 시기하다, 질투하다
trudge [trʌdʒ]	터벅터벅 걷다(무거운 발걸음) = march, plod

rumble [rʌ́mbəl]	우르르 울리다(천둥 · 지진) ☞ rumbling 불평, 우르르 소리
crumble [krʌ́mbl]	부서지다, 무너지다(망하다) = collapse, crush, disintegrate
grumble [grʌ́mbəl]	불평하다, 투덜대다 = complain, gripe, growl, murmur

run [rʌn]	운행 · 경영 · 상영 · 흥행하다, 작동하다(컴퓨터), 뛰다, 뻗어있다
run-aground [rʌn-əgráund]	좌초하다(배), 좌절되다(계획) ☞ run over 치다(차)
run-down [rʌ́ndáun]	병든(사람), 황폐한(지역) ☞ run out 떨어지다(물자 · 돈)

run-of-the-mill		보통의, 평범한 = average, ordinary

runway [rʌ́nwèi] — 주로(走路), 통로, 활주로
어프로치(볼링공 길)

runaway [rʌ́nəwèi] — 급등하는, 감당·제어할 수 없는
도망자 = refugee

run-away [rʌ́n-əwèi] — 달아나다 = flee, abscond, take to one's heels

abrupt [əbrʌ́pt] — 갑작스런, 뜻밖의 = precipitous, sudden
무뚝뚝한, 퉁명스러운 = brusque, curt
☞ abruptly 갑작스럽게

bankrupt [bǽŋkrʌpt] — 파산자, 지급불능자 ☞ bankruptcy 파산, 도산

corrupt [kərʌ́pt] — 타락한, 타락시키다 ⓝ corruption 부패, 타락
☞ anti-corruption drive 반부패운동

disrupt [disrʌ́pt] — 붕괴시키다, 두절시키다 ⓝ disruption 붕괴, 두절

erupt [irʌ́pt] — 분출하다, 폭동발발하다 ⓝ eruption 분화, 폭동발발

irrupt [irʌ́pt] — 침입하다, 난폭한 행동을 하다(집단으로), 급증하다(개체 수)

interrupt [ìntərʌ́pt] — 방해하다, 가로막다, 중단시키다 ⓝ interruption 방해, 중단

rupture [rʌ́ptʃər] — 파열, 결렬 = breakage, rip ☞ fracture 골절
파열·결렬하다, 터뜨리다
☞ come to a rupture 결렬되다(교섭)

rush [rʌʃ] — 돌진하다, 쇄도하다 = dash, hasten, hurry

brush [brʌʃ] — 솔, 털다 ☞ underbrush 덤불, 잔풀(큰 나무 밑의)
☞ brush aside 무시하다 / brush up 닦다, 연마하다
☞ brush off 무시·거절하다, 간단히 해치우다(해결할 문제)

crush [krʌʃ] — 분쇄(진압)하다, 박살내다 = smash, squash, grind

thrush [θrʌʃ] — 개똥지빠귀, 여성유행가수

rust [rʌst] — 녹(슬다), 부식하다 ⓐ rusty 녹슨, 못쓰게 된

crust [krʌst] — 표면, 겉껍질 = hull, rind, shell, surface

trust [trʌst] — 신뢰, 신용(하다) = belief, confidence, conviction, faith

thrust [θrʌst] 밀어 넣다, 찌르다 = push, shove, impale, pierce, stab
습격·공격하다 / 찌르기, 공격, 혹평
요지, 취지(연설·글 등) = gist, point, purport

lust [lʌst] 관능적인 욕구, 색욕 ⓐ lusty 건장한
강한욕망, 갈망하다 = crave, desire

Regrouping S

sack [sæk]	약탈하다 = despoil, loot, pillage, plunder 해고하다 = discharge, dismiss, fire
ran**sack** [rǽnsæk]	샅샅이 뒤지다, 면밀히 조사하다 = comb, ferret, rummage 약탈하다 = despoil, loot, pillage, plunder

sag [sæg]	처지다, 축 늘어지다, 하락하다(시세·물가) = drop, fall
sag**a** [sá:gə]	신화, 무용담, 대하 물(오랜 기간에 걸친 : 소설·영화·드라마)
sag**e** [seidʒ]	현인, 철인 = guru, pundit / 현명한 sapient ⓐ sagacious 현명한, 총명한 = smart, canny, clever, wise
pre**sage** [présidʒ]	예감, 육감, 전조가 되다 = augur, omen, portent

sail [seil]	항해하다, 출범하다, 힘 있게 일을 시작하다, 돛 ☞ sail through 쉽게 통과·성취하다(세관·시험·곤란)
sail**er** [séilər]	배, 범선 = ship
sail**or** [séilər]	선원 = mariner, sea dog, seafarer, seaman
as**sail** [əséil]	습격·공격하다 = assault, attack, raid 추궁하다, 몰아세우다 = harass, molest

sa**lmon** [sǽmən]	연어 ☞ tuna 다랑어(참치) / mackerel 고등어
se**rmon** [sə́:rmən]	설교, 장광설 = harangue, preachment, tirade
su**mmon** [sʌ́mən]	소환하다, 호출하다 = beckon, call

sal**on** [səlán]	가게(미용·양장) = shop ☞ beauty salon(parlor) 미용실
salo**on** [səlú:n]	술집, 바, 큰 홀 = bar

salute [səlú:t]	인사하다, 경례하다 / 인사, 경례
salut**ary** [sǽljətèri]	유익한, 건강에 좋은 = healthful, salubrious, wholesome
salut**atory** [səlú:tətɔ́:ri]	인사의, 인사말(졸업식 내빈에게)

sanction [sǽŋkʃən]	제재(군사적, 경제적) ☞ trade sanction 무역제재	
	재가 · 찬성 · 인가하다 = approve, endorse	
sanctity [sǽŋktəti]	신성, 존엄, 거룩함 ☞ reverence 숭배, 존경	
sanctuary [sǽŋktʃuèri]	성역, 교회, 신전 = shrine / temple = 관자놀이	
	안식처, 피난처, 보호구역 = asylum, oasis, shelter	
sacrosanct [sǽkrousæ̀ŋkt]	신성불가침의(비유), 지성(至聖)의 = inviolable, sacred	

satisfy [sǽtisfài]	만족시키다 = gratify, satiate ⓝ satisfaction 만족
satisfied [sǽtisfàid]	만족하는(S가) ☞ (s) +be satisfied with : 만족하다
satisfactory [sæ̀tisfǽktəri]	만족시키는(S가) ☞ (s) +be satisfactory to : 만족시키다
	☞ factory 공장, 제조장소 / fact 사실, 진상

saw [sɔː]	톱, 톱질하다 ☞ serrate 톱니모양의, 톱니가 있는
sew [sou]	바느질하다, 꿰매다 ☞ needle 바늘 / stitch 바늘 한 땀
	☞ sewing machine 재봉틀
sow [sou]	씨 뿌리다, 퍼뜨리다, 암퇘지 ☞ seed 씨, 종자, 시드선수

say [sei]	말하다, 할말, 발언권 ☞ saying 말하기, 속담 = proverb
gainsay [gèinséi]	부정하다, 반박하다 = contradict, deny, dispute, oppose
	☞ gain 얻다, 벌다, 더 가다(시계) ↔ lose 잃다, 덜 가다(시계)
naysay [néisei]	거절, 부인(하다) ☞ nay =no / yea = yes
	☞ naysayer 반대자, 거절하는 사람 = dissenter, opponent

scan [skæn]	자세히 조사하다 = inspect, scrutinize
	대충 훑어보다 = glance, glimpse
scandal [skǽndl]	추문, 스캔들, 불명예, 수치 = disgrace
	☞ wiretapping scandal 도청파문

scar [skɑːr]	상처자국, 흉터 · 상처를 남기다
scarcity [skɛ́ərsiti]	부족, 결핍 = lack, want, shortage
	ⓐ scarce 드문, 희귀한 = scant, sparse, rare
	☞ scarcely 거의 ~아니다 = hardly, rarely, seldom

scare [skɛər]	위협하다, 겁나게 하다 = frighten, spook, startle, terrify ☞ scared 무서워하는, 겁먹은 = afraid, fearful, frightened
snare [snɛər]	덫(올가미), 함정(속임수) / 덫으로 잡다, 함정에 빠뜨리다 ☞ ensnare 함정에 빠뜨리다 = trap, entrap
spare [spɛər]	아끼다, 할애하다, 용서하다 ☞ 여분의, 부족한
stare [stɛər]	응시하다, 빤히 보다 = gaze ↔ glimpse, glance 힐끗 보다

ascend [əsénd]	오르다, 올라가다 = mount ⓝ ascent 상승
descend [disénd]	내리다, 내려가다 = dismount ⓝ descent 하강
condescend [kàndisénd]	겸손하게 굴다, 자신을 낮추다
transcend [trænsénd]	초월하다, 능가하다, 넘다(범위·한계) = excel, outdo, outstrip, surmount, surpass

scent [sent]	냄새, 단서, 육감 ☞ aroma, odor, bouquet 냄새, 향기
crescent [krésənt]	초승달(모양의), 점차커지는 ☞ crescendo 점점 세게
nascent [nǽsənt]	초기의, 발생하려고 하는 = beginning, budding, embryonic
reminiscent [rèmənísənt]	추억의, 추억에 잠기는 ⓝ reminiscence 회상, 회고 ☞ reminiscences 회고록, 회고담, 회상록

scholar [skálər]	학자, 장학생 ☞ school 학교, 교습소, 무리, 물고기 떼
scholarship [skálərʃip]	장학금(제도) 학식(고전) = education, erudition, learning
scholastic [skəlǽstik]	학교의, 학자연하는 ☞ Scholastic Aptitude Test 대학진학적성검사
interscholastic [ìntərskəlǽstik]	학교간의, 학교대항의 ↔ intramural 교내(대항)의

science [sáiəns]	과학, 자연과학 ⓐ scientific 과학적인
conscience [kánʃəns]	양심, 도의심 = ethics, morals, principles, scruples ⓐ conscientious 양심적인, 성실한 ☞ sciolist 설 배운 학자, 사이비학자 / scion 자손, 후손

☞ conscious 의식적인 ↔ unconscious 무의식적인

omniscient [amníʃənt]   전지의, 무엇이든지 알고 있는 = all-knowing, all-seeing

scoop [sku:p]	국자, 퍼내다, 낚아채다, 특종(을 입수하다)
snoop [snu:p]	몰래 조사하다(관계없는 일), 탐정 = poke, pry, intrude, meddle
stoop [stu:p]	몸을 굽히다, 자신을 낮춰 ~하다
swoop [swu:p]	급습하다, 덤벼들다, 내리 덮치다(매) ⓝ 급습, 급강하 = plummet, plunge

scope [risk]	범위, 영역 = extent, range ☞ 보는 기계(결합 사) 전망, 여지, 기회 = opportunity, prospect, room
endoscope [éndəskòup]	내시경(內視鏡) ☞ endo 내(內), 흡수
horoscope [hɔ́:rəskòup]	천궁도(12궁도), 별점 ☞ telescope 망원경
microscope [máikrouskòup]	현미경 ☞ micro 소(小), 미(微) ↔ macro 큰, 눈에 띄는
periscope [pérəskòup]	잠망경 ☞ peri 주변, 근처 / periphery 문제의 표면, 주변
stethoscope [stéθəskòup]	청진기, 청진기로 진찰하다

score [skɔ:r]	명성을 얻다, 성공하다 20, 득점, 기록하다 ☞ scorecard 채점카드, 채점표
underscore [ʌ̀ndərskɔ́:r]	밑줄 긋다, 강조하다 = underline, emphasize

scour [skauər]	찾아 헤매다, 샅샅이 뒤지다 = comb, ferret out, ransack 문질러 닦다, 비벼 빨다 = abrade, clean, scrape, scrub
scourge [skə:rdʒ]	천벌, 두통거리, 징벌하다, 채찍질하다

scrap [skræp]	버리다(제도·습관·물건), 해체하다 = cast, discard, junk, shed
scrape [skreip]	벗기다, 표면을 문지르다 = abrade, peel, scour, scrub
scrappy [skrǽpi]	툭하면 싸우는, 언쟁하는 = aggressive, contentious 부스러기의, 단편적인, 산만한 = fragmentary

scribe [skraib]	문필가, 신문기자 = reporter ☞ scribble 낙서하다	
a**scribe** [əskráib]	(~의) 탓으로 돌리다 ⓝ ascription 설교 끝의 송영(頌詠)	
circum**scribe** [sə̀ːrkəmskráib]	한계를 정하다 ⓝ circumscription 제한, 범위, 구역	
de**scribe** [diskráib]	묘사하다, 설명하다 = depict, portray, illustrate ⓝ description 묘사 ⓐ descriptive 묘사적인	
in**scribe** [inskráib]	새기다(비석), 등록하다 ⓝ inscription 명(銘), 비명(碑銘)	
pre**scribe** [priskráib]	처방하다, 규정·지시하다 = order ⓝ prescription 명령, 법규, 처방	
pro**scribe** [prouskráib]	인권을 박탈하다, 금지·배척하다 = ban, interdict, prohibit	
sub**scribe** [sʌ́bskraib]	기부하다, 구독하다 ⓝ subscription 구독, 예매(권), 기부청약 ☞ subscriber (정기)구독자, 기명자, 응모자	

script [skript]	원본(정본), 대본(극·영화·방송극) = continuity 방송대본(콘티), 연속
con**script** [kánskript]	징집하다, 징병하다 = draft ⓝ conscription 징병, 징집
manu**script** [mǽnjəskrìpt]	원고(原稿), 손으로 쓴 ☞ manual 손으로 하는, 설명서
post**script** [póustskrìpt]	추신(追伸), 후기(後記) ☞ post 후(後), 다음

scuffle [skʌ́fl]	격투, 난투(하다) = conflict, collide, tussle / 허둥대다
scuttle [skʌ́tl]	급히 가다, 허둥지둥 도망가다 = hurry, scurry 버리다, 포기·단념하다 = abandon, quit, scrap ☞ cuttlefish 오징어 / cuttlefish tactics 연막전술(구축함)

search [səːrtʃ]	찾다, 수색하다 = inspect, investigate, scrutinize
re**search** [risə́ːrtʃ]	조사(하다), 학술연구 ☞ survey 개관하다, 표본조사(하다) ☞ research paper 연구논문 / paper 신문, 논문/ 서류(pl)

secret [síːkrit]	비밀의, 극비의, 은밀한 = clandestine, confidential
secrete [sikríːt]	분비하다 / 비밀로 하다 = cache, conceal, hide, stash
secretary [sékrətèri]	비서(관), 서기관 / 장관(미) ☞ undersecretary 차관(次官)

sect [sekt]	분파, 종파, 교파, 당파 ☞ sector 구역, 영역 ☞ sectarian 파벌의, 종파·학파의, 파벌적인 사람
bi**sect** [baisékt]	양분하다(兩分), 이등분하다 ⓝ bisector 양분하는 것
dis**sect** [disékt]	해부·분석하다, 가르다 = anatomize, analyze
in**sect** [ínsekt]	곤충, 벌레 = bug, worm ☞ insecticide 살충제 / vermin 해충 / parasite 기생충
inter**sect** [ìntərsékt]	교차하다, 가로지르다, 엇갈리다 ⓝ intersection 교차점 = crossing, interchange, junction
section [sékʃən]	절단, 구분, 부, 과 = division, part, segment

seethe [si:ð]	소용돌이치다(파도), 끓어오르다(분노) = boil, simmer ⓐ seething 끓어오르는, 비등하는 ⓝ 비등, 소동(騷動)
soothe [su:ð]	달래다, 진정시키다 = appease, calm, quiet, mollify, placate ☞ soot 검댕(으로 더럽히다), 그을리다

assemble [əsémbl]	모으다, 집합시키다, 소집·조립하다 = collect, congregate, convene, converge, gather
dissemble [disémbl]	숨기다, 가장하다 = camouflage, disguise, feign
resemble [rizémbl]	닮다 = take after, look like ⓝ resemblance 닮음

disseminate [disémənèit]	널리 퍼뜨리다, 유포하다, 보급시키다 = circulate, diffuse, distribute
inseminate [insémənèit]	씨앗을 뿌리다, 수정시키다(인공) ⓝ insemination 수정 ☞ artificial insemination 인공수정

sense [sens]	감각, 의미 느낌, 분별력 ☞ essence 에센스, 본질, 정수
commonsense [kámənséns]	상식 ☞ common 보통의, 평범한, 공통의
nonsense [nánsens]	난센스, 무의미, 터무니없는 생각
no-nonsense [nóunánsəns]	근엄한, 사무적인
sensation [senséiʃən]	센세이션, 물의, 대단한 평판, 대사건 ⓐ sensational 세상을 놀라게 하는, 선풍적 인기의, 대 평판의

sensible [sénsəbl]	분별 있는, 현명한 ↔ senseless 어리석은 = stupid	

sensitive [sénsətiv]	민감한, 예민한 ↔ insensitive 둔감한 = stolid, callous, numb ☞ hypersensitive 과민한 ⓝ sensitivity 감수성, 민감함
sensory [sénsəri]	감각의, 감각기관(器官) ☞ extrasensory 초감각적인
sensual [sénʃuəl]	관능적인, 육욕의 = carnal, erotic, lustful, sexy, voluptuous
sensuous [sénʃuəs]	감각적인, 심미적인 = exquisite, luscious, sensory

absent [ǽbsənt]	결석한, 부재의, 멍한 ⓝ absence 결석, 부재 ☞ absent-minded 방심 상태의, 멍해 있는	

assent [əsént]	찬성하다, 일치하다 = agree, concord
consent [kənsént]	동의·찬성하다, 승인·허가하다 = concur, permit, sanction
dissent [disént]	반대하다, 의견을 달리하다 = disagree, discord
present [prézənt]	참석한, 현재의 ⓝ presence 참석, 면전 진술하다, 피력하다 ☞ presentation 진술, 제출, 발표
sentence [séntəns]	문장, 금언, 판결하다 ⓐ sententious 금언적인, 교훈적인 ☞ death sentence 사형선고 / life imprisonment 종신형

sentient [sénʃənt]	감각력이 있는, 지각력이 있는(사람)	

sentiment [séntəmənt]	감정, 정서, 감회, 정취 = emotion, feeling ⓐ sentimental 감정적인, 감상적인 = emotional, maudlin
presentiment [prizéntəmənt]	불길한 예감, 육감 = foreboding, premonition, presage

sequent [sí:kwənt]	연속하여 일어나는, 결과로서 생기는 귀추, 결과 ⓐ sequential 연속되는, 일련의, 잇따라 일어나는 ⓝ sequence 연달아 일어남, 연속 / sequel 속편, 계속	

consequent [kánsikwènt]	결과로서 일어나는 = ensuing, resulting, sequential ☞ consequently 그 결과로서, 따라서 ⓝ consequence 결과, 중대성
subsequent [sʌ́bsikwənt]	뒤의, 차후의 = following, next ↔ previous 앞의, 이전의 ☞ subsequently 그 후에, 그 뒤에, 다음에

assert [əsə́:rt]	단언하다, 주장하다 = argue, aver, avouch, avow, contend	

assert [əsə́:rt] 단언하다, 주장하다 = argue, aver, avouch, avow, contend
ⓝ assertion 단언, 주장
ⓐ assertive 단정·독단적인, 우기는

desert [dizə́:rt] 버리다(처자 : 돌보지 않다), 도망하다 = abandon, defect
[dézə:rt] 사막, 황량한 상태 ⓐ 사막의, 불모의
☞ dessert 디저트(식후 : 푸딩, 과일) / beverage 마실 것, 음료

dissert [disə́:rt] 논하다, 논술하다 = dissertate
☞ dissertation 논설, 학위논문, 연구보고 = thesis, treatise
☞ a doctoral dissertation 박사논문

insert [insə́:rt] 삽입하다, 끼워 넣다 ⓝ insertion 삽입
☞ concert 연주회, 음악회, 콘서트 / 협력, 협조, 제휴

serve [sə:rv] 군복무하다, 시중들다(섬기다) ⓐ serviceable 쓸모 있는
☞ servant 하인 ⓝ service 봉사, 접대, 교통편(便)

conserve [kənsə́:rv] 보존하다, 보호하다 ⓝ conservation 보존, 유지
☞ conservationist 환경보호론자

deserve [dizə́:rv] 할 만하다, 받을 가치가 있다(상당하다)

observe [əbzə́:rv] 지키다, 관찰하다 ⓐ observable 관찰할 수 있는
☞ observation 관찰 / observance 준수

preserve [prizə́:rv] 보호하다, 저장하다 ⓝ preservation 보호, 보존

reserve [rizə́:rv] 남겨두다, 예약하다 ⓝ reservation 보류, 예약 = booking

session [séʃən] 개회 중(의회·법정), 회기 ☞ Now in session 회의 중
☞ cession 양도(권리), 양여(재산), 할양(영토)
☞ bull session 자유토론(회) / summer session 하기강좌

obsession [əbséʃən] 빙의, 망상, 집착, 강박관념 ↔ indifference 무관심, 냉담
ⓥ obsess 빙의하다, 괴로워하다 = haunt, possess

possession [pəzéʃən] 소유, 점유, 홀림 ⓥ possess 소유·점유하다, 빙의하다

set [set] 두다, 고정하다, 지다(해) ☞ set-in 시작하다(안 좋은 일)

setting [sétiŋ] 무대장치, 배경, 환경 ☞ set + 목 + free : 목을 석방하다

settle [sétl] 정착하다, 해결하다, 진정시키다(마음) ⓝ settlement

asset [ǽset]	자산 : 기업이 소유하고 있는 유형·무형의 有가치물 ☞ fund 자금, 기금 / capital 자본 / real estate 부동산
beset [bisét]	포위하다, 붙어 다니다(위험·유혹) = annoy, plague
offset [ɔ́ːfsét]	차감계산을 하다, ~와 상쇄·상계하다, ~와 맞비기다
onset [ɑ́nsèt]	개시, 시작, 출발 = beginning, commencement, start 공격, 습격 = assault, attack, onslaught
outset [áutsèt]	착수, 시작, 최초 = beginning, commencement, onset, start ☞ setout 개시, 출발, 준비, 동아리, 패 / set out 여행을 떠나다
upset [ʌpsét]	뒤집힌, 기분이 상한 ⓝ 전복, 혼란 ⓥ 뒤집어엎다, 당황케 하다 ☞ set up 설립하다 / setup 조립, 조직의 구성

sever [sévər]	절단하다, 끊다(관계) = dissociate, divide, divorce, separate ⓝ severance 절단, 단절, 격리 ☞ **as**severate 선언·단언하다
several [sévərəl]	몇몇의, 여러 가지의 ☞ server 봉사자, 근무자
severe [sivíər]	엄한, 통렬한 = strict, rigid, rigorous

sexual [sékʃuəl]	성(性)의, 성적인
asexual [eisékʃuəl]	무성(無性)의, 무성생식의
homosexual [hòuməsékʃuəl]	동성애의 ↔ **hetero**sexual 이성애의 ⓝ homosexuality 동성애
transsexual [trænssékʃuəl]	성전환자 = trans-gender

shabb**y** [ʃǽbi]	낡은, 누더기를 걸친 = dilapidated, ragged, seedy, tattered
sha**dy** [ʃéidi]	그늘진, 부정한, 뒤가 구린 = crooked, dishonest ☞ shade 그늘, 응달, 미묘한 차이
sha**ky** [ʃéiki]	불안정한, 위태로운 = unstable, precarious 흔들리는, 떨리는 = nervous / 믿을 수 없는 = unreliable ☞ shake 흔들다, 동요시키다 = agitate, disturb, perturb ☞ shake hands with 악수하다, 화해하다

shackle [ʃǽkl]	구속·속박하다, 수갑을 채우다 = handcuff, restrain ☞ shackles 속박, 쇠고랑, 차꼬 = fetters, impediment

unshackle [ʌnʃǽkl]	족쇄를 풀다, 석방하다 = release	
ramshackle [rǽmʃæ̀kl]	곧 쓰러질 듯한, 흔들흔들하는 = dilapidated, shaky	

shadow [ʃǽdou] — 그림자, 그늘 ☞ shadow cabinet 재야 / cabinet 내각
foreshadow [fɔːrʃǽdou] — 예시하다, 징조를 보이다 = augur, forebode, portend
overshadow [òuvərʃǽdou] — 그늘지게 하다, 빛을 잃게 하다 = eclipse, shade

sheer [ʃiər] — 순전한, 완전한, 진짜의 = absolute, pure, genuine
sneer [sniər] — 냉소·조소하다, 비웃다 = deride, mock, scoff, scorn
steer [stiər] — 키를 잡다(배), 조종하다(자동차) ☞ steering 조타(操舵), 조종 ☞ steering wheel 조타륜(배), 핸들(자동차) / wheel 바퀴, 핸들

shell [ʃel] — 포탄, 포격하다 = bomb, bombard ☞ 조개, 껍질
☞ hell 지옥 = abyss, bottomless pit, hades, perdition
nutshell [nʌ́tʃèl] — 하찮은 것, 요약하다 ☞ nut 견과(류 껍질), 너트
☞ in a nutshell 간단히 말해서, 매우 간결하게

shift [ʃift] — 이동하다, 바꾸다 = change, move, switch
변천, 교체, 임시변통 ☞ power shift 권력이동
shifty [ʃífti] — 교활한, 잘 속이는 = sly, cunning, crafty, tricky, wily
shiftless [ʃíftlis] — 속수무책의, 변변치 못한, 게으른
☞ slothful, sluggish 게으른

shipping [ʃípiŋ] — 선적(船積), 해운업 ☞ 선박, 수송, 운송
= shipment 선적, 발송, 선적화물
warship [wɔ́ːrʃip] — 군함, 전함 = war vessel ☞ gunboat 포함(砲艦)
worship [wə́ːrʃip] — 숭배, 존경, 예배(하다) = adoration, homage, reverence

shore [ʃɔːr] — 지주(支柱), 유지하다(통화·가격), 버팀대 = prop
해안(바닷가), 기슭(강·호수) ☞ ashore 해변에, 물가에
shore-up [ʃɔːrʌp] — 지지·강화하다, 떠받치다 = back, bolster, support, uphold

offshore [ɔ́:ʃɔ̀:r]	앞바다에, 역외(域外)의 ☞ offing 앞바다, 먼 바다
	☞ offshore fisheries (purchases) 근해어업(역외매입)
	☞ get ashore 뭍에 오르다 ↔ get aboard 배에 타다

side [said]	쪽, 측, 측면, 관점, 면 ☞ outside 외면 ↔ inside 내면
aside from [əsáid frʌm]	~은 차치·제외하고 = apart from
inside-out [insáid-aut]	뒤집어서(안과 밖을 바꿈) ☞ outsider 외부인, 국외자
upside-down [ʌ́psaid dáun]	엉망진창의, 전도된(上·下를 바꿈) = bottom up 거꾸로
	☞ Bottoms up! 건배! = Cheers!

beside [bisáid]	옆에, 곁에 ☞ besides 그 밖에, 게다가
	☞ beside oneself 제 정신을 잃고, 흥분하여
preside [prizáid]	의장 노릇하다, 사회보다, 통할하다
	☞ president 대통령, 총재 / presidency 대통령의 지위(직)
	☞ the presiding officer 사회자 = MC
reside [ri:sáid]	살다, 주재하다 = dwell, inhabit, live
	☞ resident 주민, 전문의 수련자 / residence 거주, 주재
subside [səbsáid]	가라앉다, 진정되다(폭동·감정·날씨)
	= abate, diminish, ebb, wane
	☞ subsidy 보조금, 장려금 / annuity, pension 연금

sight [sait]	시각, 시력, 시계, 조망 ☞ sightseeing 관광, 구경, 유람
foresight [fɔ́:rsàit]	예지, 선견지명 ↔ hindsight 뒤 궁리, 가늠자
insight [ínsàit]	통찰, 통찰력 = penetration ☞ intuition 직관적 통찰
outsight [àutsáit]	외계 사물의 관찰(지각)
oversight [óuvərsàit]	감독, 감시, 단속, 관리 = supervision, surveillance
	간과, 실수, 빠뜨림 = blunder, negligence, omission, slight

sign [sain]	간판, 기호, 부호, 신호, 징조, 전조, 손짓, 표지
	☞ sign off 편지의 끝을 맺다 / sign up 등록·서명하다
	☞ signature 서명 / significant 중요한
assign [əsáin]	할당하다, 선임하다 = allocate, allot

		ⓝ assignment 할당, 과제 = quota, allocation
cosign	[kousáin]	서명하다, 연서하다　☞ 연대보증인 : 약속어음 등
consign	[kənsáin]	건네주다, 위임하다, 교부하다 = commit, entrust
design	[dizáin]	도안(디자인), 설계(도), 계획, 구상, 착상
resign	[rizáin]	사임하다(지위·관직), 포기하다(권리) = quit, retire, abdicate ⓝ resignation 사직, 포기, 체념 = abdication, retirement
undersigned	[ʌ̀ndərsáind]	서명자(편지·서류)　☞ signal 신호(하다), 눈짓하다

simmer	[símər]	끓어오르다(부글부글), 폭발 하려하다 = boil, seethe ☞ summer 여름, 한창때
shimmer	[ʃímər]	희미하게 반짝이다, 어렴풋한 빛 = flicker, glisten, glitter
simper	[símpər]	억지웃음, 선웃음(치다) = smirk 능글맞게 웃다

simulation	[sìmjəléiʃən]	모의실험, 가장, 시뮬레이션 ⓥ simulate 흉내 내다, 가장하다, 속이다 = feign, pretend
stimulation	[stímjəléiʃən]	자극, 격려, 고무 = stimulus　ⓥ stimulate 자극하다

single	[síŋgl]	단 하나의, 독신의 ↔ married 기혼의 ☞ mingle 혼합·교제하다, 어울리다 = blend, mix
shingle	[ʃíŋgl]	간판(의사·변호사)　☞ signboard 간판, 게시판 ☞ hang out one's shingle 간판을 내걸다, 개업하다

sin	[sin]	죄, 죄악(종교상·도덕상)　☞ crime 죄, 범죄(법률상)
sinister	[sínistər]	불길한(조짐), 사악한 = menacing, threatening

assist	[əsíst]	원조하다, 돕다, 거들다 = aid, attend, help ⓝ assistance 원조, 도움, 조력 / assistant 조수, 보좌역
consist	[kənsíst]	구성하다, 존재하다　ⓐ consistent 일관된 ☞ consist of 이루어져 있다 / consist in 존재하다 　　consist with 양립하다, 일치하다
desist	[dizíst]	단념하다, 그만두다　ⓝ desistance 중지, 단념

insist [insíst]	주장하다, 우기다 ⓝ insistence 주장
persist [pəːrsíst]	고집하다, 지속하다 ⓐ persistent 완고한, 영속하는
resist [rizíst]	저항하다, 격퇴하다, 견디다 ⓝ resistance 저항, 내성
subsist [səbsíst]	살아가다, 존속하다 = exist, live, manage, survive ⓝ subsistence 생계(최저), 생활(비) / maintenance 유지, 생계

skew [skju:]	빗나가다, 왜곡(歪曲)하다 = distort, slant, twist ☞ askew 비스듬하게, 비뚤어져
slew [slu:]	다수, 많음 = host, mickle, multitude, swarm ☞ a slew of 많은 = a lot of, a host of, a school of
spew [spju:]	토해내다, 분출하다 = belch, burp, vomit
stew [stju:]	속 타게 하다, 마음 졸이다, 뭉근한 불로 끓이다(스튜)

sleek [sli:k]	단정한, 맵시 있는, 깔끔한 = glossy, natty, neat, slick, tidy
sleep [sli:p]	자다, 묵다, 활동하지 않다 = doze, drowse, snooze
sleet [sli:t]	진눈깨비, 도로의 살얼음 ☞ sleeve 소매, 소맷자락

sleigh [slei]	썰매(타다) = sledge ☞ sly 교활한 = cunning
sleight [slait]	술책, 속임수, 능숙한 솜씨 = trick, skill ☞ eight 8

slip [slip]	미끄러지다 = glide, skid, slide
slippery [slípəri]	속임수의, 불안정한, 미덥지 못한 = greasy, oily, slick
slipshod [slípʃàd]	단정치 못한, 다리를 질질 끄는 뒤축이 닳아빠진 신을 신은

slug [slʌg]	게으름 피우다, 주먹으로 때리다, 느릿느릿한 사람, 민달팽이 ☞ sluggish 게으른, 굼뜬 / slugger 강타의 복서, 강타자
smug [smʌg]	자부심 갖는, 잘난체하는 = conceited, proud ☞ smuggle 밀수하다, 밀매매하다 = bootleg, traffic
snug [snʌg]	아늑한, 비밀의, 꼭 맞는 = comfortable, cozy

snob [snɑb]	속물, ~인체하는 사람　ⓐ snobbish 속물 같은
snub [snʌb]	냉대·무시하다, 거절하다 = ignore, rebuff, slight

sob [sɑb]	흐느껴 울다, 감상적인 = moan, wail, weep
sober [sóubər]	술 취하지 않은(제정신인) ↔ drunken 술 취한 = intoxicated ⓝ sobriety 절주(節酒), 절제, 제정신

sole [soul]	발바닥, 독점적인, 유일한 = exclusive, singular, unique ☞ palm 손바닥, 야자 / psalm 찬송가
console [kənsóul]	위로·위안하다 = comfort, condole 장치, 기구(전자제품) = device, gadget / appliance(전기기구)
solecism [sɑ́ləsìzəm]	어법·문법위반, 예법에 어긋남, 결례
solemn [sɑ́ləm]	엄숙한 = grave, serious ⓝ solemnity 장엄, 정식 / solemnly 엄숙히
obsolete [ɑ̀bsəlíːt]	구식의, 시대에 뒤진, 쓸모없이 된 = antiquated, discarded, outmoded ⓝ obsolescence 진부, 낙후화

soliloquy [səlíləkwi]	독백 = monologue ↔ dialogue 대화, 회화 = colloquy
somniloquy [sɑmníləkwi]	잠꼬대　☞ somnifacient 수면제, 최면성의 = hypnotic ☞ somnolent 졸린 = drowsy, dozy, sleepy

solitude [sɑ́litjùːd]	고독, 쓸쓸한 곳 = isolation, loneliness, seclusion ⓐ solitary 고독한, 쓸쓸한 = lonely, forlorn
solicitude [səlísətjùːd]	걱정, 불안 = anxiety, concern, misgiving, worry ⓐ solicitous 열심인, 걱정하는, 갈망하는

solute [sɑ́ljuːt]	용질, 용해된　☞ salute 인사하다, 경례하다
absolute [ǽbsəlùːt]	절대적인(것), 순수한 ↔ relative 상대적인
dissolute [dísəlùːt]	방탕한, 난봉피우는 = degenerate
resolute [rézəlùːt]	굳게 결심한, 결연한 = decided, determined

solution [səljúːʃən]	해결, 용해 = conclusion, settlement	
ab**solution** [æbsəlúːʃən]	면제, 석방, 방면 = amnesty, pardon	
dis**solution** [dìsəlúːʃən]	분해, 분리, 해산, 붕괴, 소멸	
re**solution** [rèzəlúːʃən]	해결, 결심 = decision, determination	

solve [sɑlv]	풀다, 해결하다 = settle
ab**solve** [æbzálv]	용서하다, 면제·사면하다 = acquit, exonerate, vindicate
dis**solve** [dizálv]	해산·종료시키다, 취소하다 = annul, disperse, terminate
re**solve** [rizálv]	해결하다, 결심하다 = conclude, decide, determine, settle

sonic [sánik]	소리의, 음속의 ☞ tran**sonic** 음속에 가까운(0.8~1.4배)
sub**sonic** [sʌ̀bsánik]	음속보다 느린, 아(亞)음속의 ☞ sub 아(亞), 하위, 부(副)
super**sonic** [sùːpərsánik]	초음속의(음속의 1~5배), 초음속(항공기), 초음파
hyper**sonic** [hàipərsánik]	극초음속의(음속의 5배 이상), 극초음파의 ☞ super 초(超), 위에 / hyper 초과, 과도, 3차원을 넘은

sort [sɔːrt]	분류하다, 종류 = kind, class, sort, variety 종류
as**sort** [əsɔ́ːrt]	유별(類別)로 정리하다, 구색 맞추다(물품) ☞ **assort**ment 유형별 분류, 각종구색
con**sort** [kánsɔːrt]	배우자(국왕·여왕), 동료 = partner, spouse 일치·조화하다, 사귀다 ☞ **consort**ium 컨소시엄, 국제차관단, 배우자 권(權)
re**sort** [risɔ́ːrt]	의지하다, 의지되는 것 = recourse ☞ 유흥지

source [sɔːrs]	원천(근원), 출처(정보원) ☞ sauce 양념
re**source** [ríːsɔːrs]	수단(비상시) / **resource**s 자원 ⓐ **resource**ful 재치 있는
out**sourc**ing [autsɔːrsiŋ]	하청함(부품을 외국 등지에서 싸게 구입하여 조립함)

spat [spæt]	분규, 말다툼 하다 ☞ pat 두드리다 / pet 애완동물, 총아 = bickering, brawl, quarrel, squabble, wrangle

spate [speit]	홍수, 쏟아져 나옴(말) = flood, deluge, inundation, downpour ☞ a spate of 잇따른, 일련의 = a string(=series) of
space [speis]	공간, 장소 / 우주 = universe, cosmos 우주 ☞ public space 공공장소 / public 공중의, 공공의
spacious [spéiʃəs]	드넓은, 광대한 = commodious, expansive, roomy, vast
spatial [spéiʃəl]	공간의, 우주의 = universal 우주의, 보편적인, 전 세계의
speak [spi:k]	이야기하다, 연설하다 = converse, express, say, talk, utter
bespeak [bispí:k]	~을 나타내다, 보이다 = demonstrate, indicate
species [spí:ʃiz]	종(種), 종류 = breed, class, kind, sort, type ☞ The Origin of Species 종의 기원(다윈)
specific [spisífik]	특유한, 독특한 = idiosyncratic, peculiar 명확한, 분명한 = definite, exact, precise ☞ specification 명세서, 설명서
specimen [spésəmən]	견본, 견양 = sample, example
specious [spí:ʃəs]	허울만 좋은, 그럴듯한 = plausible ↔ implausible
aspect [ǽspekt]	양상, 국면, 관점 = phase, facet, outlook, viewpoint
inspect [inspékt]	조사하다, 검열하다 ⓝ inspection 조사, 사찰, 검열, 시찰 = examine, investigate, probe, scrutinize
prospect [práspekt]	전망, 예상, 유력후보자, 유망선수 ☞ prospectus 사업계획서, 설립 취지서, 안내서(신간서적)
respect [rispékt]	존중하다, 존경하다 = admire, esteem, honor
suspect [səspékt]	의심하다, 혐의를 두다 = doubt ☞ 혐의자, 용의자
specter [spéktər]	유령, 망령 = apparition, ghost, phantom 공포의 원인 ⓐ spectral 유령의
spectacle [spektəkl]	광경(구경거리), 장관, 안경(pl) ☞ spectrum 분광(스펙트럼) ☞ spectator 구경꾼, 관객, 목격자, 방관자
expect [ikspékt]	기대하다, 임신하다 ☞ expecting 기대하는, 임신 중인 ☞ unexpected 예기치 않은, 의외의, 뜻밖의 = sudden

introspective [ìntrəspéktiv]	내성적인, 자기 관찰의　ⓥ introspect 자기 분석하다
perspective [pərspéktiv]	원근화법, 투시도법, 관점 = viewpoint
prospective [prəspéktiv]	가망 있는, 장래의 = promising　ⓥ prospect 전망하다
retrospective [rètrəspéktiv]	회고의, 회고전　ⓥ retrospect 회고하다

sphere [sfiər]	세력, 범위, 분야, 구체 = domain, field, range, realm
atmosphere [ǽtməsfìər]	분위기, 대기 = ambiance, environment, milieu, surroundings ⓐ atmospheric 대기(중)의, 공기의, 분위기의
hemisphere [hémisfìər]	반구(지구·천체·뇌)　☞ demi, hemi, semi = half ☞ the Western Hemisphere 서반구
ionosphere [aiánəsfìər]	전리층, 이온층　ⓐ ionospheric

spin [spin]	방적하다, 회전하다, 급락 ☞ spinoff 계열사 분할(분리 신설하다), 부산물, 파급효과
spinster [spínstər]	미혼여자, 노처녀 = old maid　☞ matron 기혼부인
spiny [spáini]	성가신, 가시투성이의, 곤란한 = thorny　ⓝ thorn 가시

aspiration [æ̀spəréiʃən]	열망 = ambition, zeal, ardor, enthusiasm
conspiration [kànspəréiʃən]	모의, 협력　☞ conspiracy 음모 = intrigue
inspiration [ìnspəréiʃən]	영감(靈感), 고취, 고무
perspiration [pə̀ːrspəréiʃən]	땀 = sweat
respiration [rèspəréiʃən]	호흡　ⓐ respiratory 호흡의
transpiration [trænspəréiʃən]	증발, 발산, 누설, 발로(애정)

spire [spaiər]	뾰족탑, 나선, 소용돌이　ⓐ spiral 나선 모양의
aspire [əspáiər]	열망하다, 포부를 갖다　☞ aspirant 열망 자, 포부가 큰
conspire [kənspáiər]	공모하다, 음모를 꾸미다 = plot
inspire [inspáiər]	고무·격려하다, 고취하다 = encourage

perspire [pərspáiər]	땀 흘리다, 노력하다 = sweat, endeavor	
respire [rispáiər]	호흡하다 = breathe ⓝ breath 호흡	
transpire [trænspáiər]	증발시키다(하다), 드러나다, 발생하다	

spite [spait]	악의, 원한 ☞ spat 말다툼 / spate 홍수, 쏟아져 나옴(말)
despite [dispáit]	무례, 악의, 무시하다 ☞ (~에도) 불구하고 = in spite of ☞ despise 경멸·멸시하다, 얕보다 = abhor, disdain, scorn
respite [réspit]	집행유예(채무·사형) = probation 보호관찰 / parole 가석방 휴식기간, 연기, 유예 = pause, recess, remission, reprieve

spoil [spɔil]	망치다, 버릇없게 기르다(아이들) = damage, destroy, pamper
despoil [dispɔ́il]	약탈하다, 파괴하다 = loot, pillage, plunder, ravage, rob

spoken [spóukən]	말로 하는, 구두의 ↔ written 문자로 쓴, 필기의 구어의 = colloquial ↔ literary 문어적인
outspoken [àutspóukən]	솔직한, 거리낌 없이 말하는 = candid, forthright, frank
spokesman [spóuksmən]	대변인(代辯人), 보도담당자 = spokesperson

spook [spu:k]	무서워 떨게 하다 = frighten, scare, terrify 유령같이 나타나다 / 유령, 도깨비 = ghost, phantom, specter ☞ spooky 유령 같은 = ghostly
spoof [spu:f]	눈속임(아바위), 속여 넘기다 = hoax, deception, fraud ☞ spoofing 해킹수법 = hacking

spot [spɑt]	탐지·발견하다, 알아내다 = detect, recognize 얼룩, 장소 = stain, place ☞ spotless 깨끗한 ☞ put ~ on the spot : ~을 손상시키다(인격·명성)
sunspot [sʌ́nspɑt]	태양의 흑점 ☞ solar 태양의 ↔ lunar 달의
sport [spɔ:rt]	과시하다, 자랑하다 = display, show-off 운동, 오락, 장난 ☞ sportive 장난치며 노는, 까부는

spring [spriŋ]	봄(청춘시대), 도약(튀어 오름), 용수철, 샘 ☞ spring fever 봄철의 들뜬 기분 / fever 열(병), 열광(시키다)
off-spring [ɔ́:fspriŋ]	자손, 후손 = posterity, progeny, descendants, scion
spur [spəːr]	박차, 자극(하다) = goad, prod, spike, stimulus
spurn [spəːrn]	무시·냉대·일축하다 = disdain, reject, repudiate, scorn 내쫓다, 추방하다 = eject, evict, oust
spurt [spəːrt]	분출하다(액체), 역주하다, 분발하다 = gush, jet, spout
spouse [spaus]	배우자, 부부 = couple ☞ consort 배우자, 동료, 교제하다
espouse [ispáuz]	지지하다, 신봉하다 = advocate, defend, support, champion
staff [stæf]	직원, 사원(전체) = personnel, employees
stiff [stif]	뻣뻣한, 완강한, 어려운 = rigid, inflexible, stubborn
stuff [stʌf]	재료, 내용, 음식물 = material, substance
stain [stein]	더러움(얼룩), 더럽히다 = tarnish, taint, besmirch
abstain [æbstéin]	절제하다, 금주하다 ⓝ abstinence 절제, 금욕 ☞ abstention 기권(투표), 불참가(정치상)
sustain [səstéin]	떠받치다, 지지하다 = bolster, prop, support, underpin
stall [stɔːl]	오도가도 못 하게하다, 지연시키다(핑계 대며) = deadlock, delay 감소시키다(판매 등) = curtail, diminish, reduce
forestall [fɔːrstɔ́ːl]	미연에 방지하다 = avert, preclude, prevent 앞지르다, 기선을 제압하다
install [instɔ́ːl]	설치·설비하다, 취임시키다 ⓝ installation 임명(취임), 설치 ☞ installment 할부(割賦), 월부
stamp [stæmp]	도장, 날인하다, 짓밟다 = trample ☞ stamp collecting 우표수집

stomp [stɑmp]	세게 짓밟다, 발 구르기(재즈) = stamp, tramp, trample	
stump [stʌmp]	연단, 유세·연설하다 ☞ dais 연단 = platform 단(壇), 교단	
	곤경에 빠뜨리다, 난처하게 하다 = baffle, bewilder, confound	
	☞ on the stump 선거운동 중에	

stance [stæns] 자세(발), 태도(정신) ☞ instant 즉시의, 긴급한
circum**stance** [sə́ːrkəmstæns] 상황, 환경, 처지(pl) = surroundings, milieu, environment
di**stance** [dístəns] 거리, 간격, 앞지르다(경주·경쟁)
in**stance** [ínstəns] 보기, 실례 = case, example, illustration(예증)
sub**stance** [sʌ́bstəns] 물질, 본질, 내용 = essence, material, stuff

stanch [stɑːntʃ] 막다(새는 곳), 저지·지혈하다 ☞ 멎다(피·눈물)
sta**unch** [stɔːntʃ] 확고한, 단단한, 충실한 ↔ disloyal, wishy-washy
st**ench** [stentʃ] 악취냄새 = effluvium, odor, stink

stand [stænd] 서다, 위치하다, 참다 = bear, endure, resist, tolerate
☞ stand**by** 대기상태 / **by**-stand 방관하다
☞ bystand**er** 방관자, 구경꾼 = onlooker, observer, passerby
stand**ard** [stǽndərd] 스탠더드, 표준, 기준, 규격, 규범 = archetype, criterion
☞ standard time 표준시
stand**still** [stǽndstil] 정지, 중단 = halt, stop ↔ resumption 재 개시
☞ bring ~ to a standstill : ~을 중단하다, 정지시키다
with**stand** [wiðstǽnd] 저항하다 ☞ **not**withstanding ~에도 불구하고
stand**ing** [stǽndiŋ] 신용, 평판, 입장, 지위, 신분, 지지도, 기립
☞ social standing(status) = 사회적 신분
out**standing** [àutstǽndiŋ] 걸출한, 눈에 띄는 = prominent, remarkable, striking

constant [kɑ́nstənt] 변치 않는, 항구적인 = consistent, continual, steady
☞ stunt 묘기, 재주부리다, 성장(발육)을 방해하다
di**stant** [dístənt] 먼, 소원한 = far-away, remote ⓝ distance 거리, 간격
in**stant** [ínstənt] 즉시의, 긴급한 = immediate, prompt, sudden
ⓐ instantaneous 순간적인, 즉석의 ☞ instantaneous**ly**

state [steit]	상태, 주, 국가, 진술하다, 표명하다
	☞ state-run agency 국영기관 / run 운영·경영하다
	☞ statement 성명(서), 진술 = announcement, assertion
	☞ statesman 정치가 = politician 정당정치인, 정상배
estate [istéit]	토지, 재산 ☞ personal estate 동산 / real estate 부동산
intrastate [ìntrəstéit]	주내의(미)
overstate [òuvərstéit]	과장하다, 허풍떨다 ⓝ overstatement 과장, 허풍
understate [ʌ̀ndərstéit]	삼가서 말하다 ⓝ understatement 삼가서 말하기
upstate [ʌ́pstéit]	도시에서 먼, 벽촌 ☞ hinterland 후배지, 오지(奧地), 시골
	☞ outskirts 변두리, 교외 = suburbs

station [stéiʃən]	역, 주둔지, 서(署) ☞ fire(police) station 소방서(경찰서)
	신분, 지위 = social position ☞ 부서에 앉히다, 배치하다
stationary [stéiʃənèri]	정지된, 주둔한 ☞ stationary troops 주둔군
	☞ stationary front 정체전선(停滯前線)
stationery [stéiʃənèri]	문방구(文房具), 편지지 ☞ writing materials 문방구

statue [stǽtʃuː]	상(像), 동상 ☞ the Statue of Liberty 자유의 여신상
stature [stǽtʃər]	키, 크기, 고매함 ☞ height 키, 높이, 고도
statute [stǽtʃuːt]	법령(성문법), 정관(定款) ⓐ statutory 법정의(法定)

step [step]	단계, 조치, 수단 ☞ step on it 급히 서두르다
misstep [misstép]	실족(失足), 과실, 헛디디다 ☞ steppe 온대초원지대
sidestep [sáidstèp]	비켜서다(책임감 모면) ☞ step aside 옆으로 비키다
take steps [teikstéps]	조처를 취하다 ☞ stepping stone 디딤돌, 징검다리

steal [stiːl]	훔치다, 도루하다 = filch, pilfer, purloin, snatch
	☞ steal away 몰래 가버리다 / steel 강철, 단단함
stealthy [stélθi]	비밀의, 은밀한 ☞ stealth 몰래하기, 비밀, 스텔스기(機)
	= clandestine, covert, furtive, sly, sneaky, undercover

still [stil]	고요한, 정지한 = calm, halcyon, placid, serene, tranquil ☞ till 경작하다 = cultivate, farm, grow, plow
di**still** [distíl]	증류하다, 추출(순화)하다 ☞ derive, extract 뽑아(끌어)내다
in**still** [instíl]	주입하다, 스며들게 하다 = imbue, implant, infuse, inspire

sting [stiŋ]	함정수사, 자극하다, 가책 ☞ sling 투석기, 고무새총
stingy [stíndʒi]	인색한, 아까워하는 = miserly, penny-pinching, penurious ☞ tinge 엷게 물들이다, 착색하다 = tincture, tint
stink [stíŋk]	악취를 풍기다(고약한) ☞ tick 나아가다, 진행하다(순조롭게)
stint [stint]	할당된 일, 직무 = assignment, duty, task 할당된 시간, 기간 = incumbency / 절약하다(비용)

constitute [constitute]	구성하다, 제정하다
de**stitute** [déstətjùːt]	결핍된, 빈곤한 = impoverished, indigent
in**stitute** [ínstətjùːt]	연구소, 학회 = academy, college
pro**stitute** [prάstətjùːt]	매춘부, 타락 작가 = whore
sub**stitute** [sʌ́bstitjùːt]	대용(代用)하다, 치환하다 = replace

constitution [kὰnstətjúːʃən]	구성, 헌법, 정체 ☞ code, laws, statutes 법률
de**stitution** [dèstətjúːʃən]	결핍, 빈곤
in**stitution** [ìnstətjúːʃən]	제도, 공공시설·기관, 회(학술·사회적), 학회, 협회 ☞ financial institutions 금융기관 / financial 재정의, 금융상의
re**stitution** [rèstətjúːʃən]	상환, 반환 = reparation, restoration 보상, 배상 = compensation, repayment, reimbursement
sub**stitution** [sʌ̀bstətjúːʃən]	대리, 대용 = proxy, surrogate, replacement, representative

stock [stɑk]	주식, 증권, 주(株) = share(영) ☞ 저장, 축적, 재고 ☞ stockpile 비축물자 / pile 더미(많은 양), 쌓아올린 것
stockade [stɑkéid]	방책, 말뚝을 둘러친 울타리(방파제)
live**stock** [láivstɑ̀k]	가축 = domestic animal, cattle ☞ live 살아있는, 생방송의 ☞ livestock farming 목축(업), 축산

stoke [stouk]	불을 지피다, 북돋우다 = ignite, kindle, incite, stir ☞ stove 스토브, 난로(로 뜨뜻이 하다)
stroke [strouk]	한번치기(일격) / 뇌졸중(발작) = cerebral apoplexy 쓰다듬다, 달래다 = caress, pat, pet
store [stɔːr]	저장·축적하다 = accumulate, garner / 가게 = shop ⓝ storage 저장(소), 축전 = reservoir 저장소(저수지)
restore [ristɔ́ːr]	회복시키다, 되찾다 = recover, rejuvenate ⓝ restoration 회복, 복구 = recovery
strain [strein]	왜곡·곡해하다, 남용하다 ☞ sprain 삐다(손목·발목) 애쓰다, 긴장(시키다), 과로, 격무 = stress, tension 소질, 기질, 경향 = bent, penchant, propensity
constrain [kənstréin]	강요하다, 억지로 시키다 ⓝ constraint 강제, 구속
restrain [ri:stréin]	제지하다, 억제하다 = hold back ⓝ restraint 제한, 구속
strange [streindʒ]	이상한, 모르는, 미지의(낯선) = odd, queer, curious 이상한
estrange [istréindʒ]	이간시키다, 소원(疏遠)케 하다 = alienate, divorce, separate ⓐ estranged 소원한, 별거중인 ⓝ estrangement 소원, 반목
strict [strikt]	엄격한, 엄밀한 = austere, rigid, rigorous, stern ⓝ strictness 엄격, 엄밀함
constrict [kənstríkt]	압축하다, 죄다, 축소시키다 = choke, squeeze, strangle ⓝ constriction 압축, 수축 ⓐ constricted 압축된
district [dístrikt]	지역(지구), 관할(선거)구 = region, area, precinct, constituency ☞ district attorney 지방검사 / attorney 대리인, 변호사, 검사
restrict [ristríkt]	제한하다, 금지하다 = confine ⓝ restriction 제한, 구속
stride [straid]	활보하다, 큰 걸음으로 걷다 = strut, swagger ☞ make strides 발전하다, 진보하다
strife [straif]	투쟁, 쟁의 = conflict, contention ⓥ strive 투쟁하다

☞ rife 꽉 찬, 성행·만연하는 = prevalent, prevailing
strike [straik] 치다, 파업하다 ☞ sit-down, walkout 파업하다
stripe [straip] 줄무늬, 종류(종교·정치론) ☞ the Stars and Stripes 성조기

---

construction [kənstrʌ́kʃən] 건설, 구조 ☞ under construction 건설 중인
ⓥ construct 조립(구성)하다, 건설하다 = fabricate, build, erect

destruction [distrʌ́kʃən] 파괴 = demolition
☞ UDT : Under-Demolition Team
ⓥ destroy 파괴하다 = annihilate, demolish, devastate, raze

instruction [instrʌ́kʃən] 지시 ☞ instructor 교사, 강사 ⓥ instruct 가르치다
☞ charge for instruction 수업료 = tuition fee

obstruction [əbstrʌ́kʃən] 방해 = hindrance, impediment ⓥ obstruct 방해하다

---

structure [strʌ́ktʃər] 구조, 체계, 조직(하다) ☞ strut 뽐내며 걷다, 과시하다

restructure [riːstrʌ́ktʃər] 개혁·개조하다(기존조직·구조), 재구성하다
☞ restructuring 재건축, 구조개혁

substructure [sʌ́bstrʌktʃər] 하부구조, 기초공사 = foundation, infrastructure

infrastructure [ínfrəstrʌktʃər] 기간시설, 하부·기초구조 ☞ infra 하부에, 밑에

---

stub [stʌb] 발끝을 채이다(그루터기·돌 따위), 그루터기
☞ stubby 그루터기 같은, 땅딸막한
☞ tub 욕조 = bathtub / tube 관(管), 통, 지하철(영) = subway

stubborn [stʌ́bərn] 완고한, 불굴의
= inflexible, intractable, obstinate, recalcitrant

---

study [stʌ́di] 서재, 연구(하다) ☞ social studies 사회(과목)

understudy [ʌ̀ndərstʌ́di] 임시대역배우, 임시대역을 하다 = stand-in, substitute

sturdy [stə́ːrdi] 억센, 튼튼한 = firm, stalwart ↔ flimsy, frail 무른, 약한

---

subsidy [sʌ́bsidi] 보조금, 장려금 = annuity, pension, stipend
☞ subside 가라앉다, 진정되다(폭동·감정·날씨) = diminish, wane

subsidi**ary** [səbsídièri]	자회사, 종속회사　☞ diary 일기, 일지 / dairy 낙농장, 낙농업 보조의, 종속적인	

substantial [səbstǽnʃəl]	실질적인, 실속 있는, 내용이 풍부한
insubstantial [ìnsəbstǽnʃəl]	무른, 약한, 실질·실체가 없는, 공허한
unsubstantial [ʌ̀nsəbstǽnʃəl]	비현실적인, 공상의, 실체가 없는

sue [su:]	고소하다, 손해배상청구 하다 = suit, litigate
ensue [ensú:]	뒤이어(잇따라) 발생하다　☞ endue 부여하다(능력·천성)
issue [íʃu:]	발행(물), 유출, 논쟁(점)　☞ tissue 얇은 천, 화장지
pursue [pərsú:]	추적하다, 추구하다 = chase, hunt　ⓝ pursuit 추적, 추구

suit [su:t]	적합하게 하다, 신사복, 고소, 소송 = lawsuit ☞ suitcase 여행용가방
pursuit [pərsú:t]	추적 = chase, hunt / 직업 = calling, occupation
suite [swi:t]	한 벌(가구), 붙은 방(호텔), 수행원

consult [kənsʌ́lt]	참고하다, 의견을 묻다　☞ consultant 고문 ☞ jurisconsult 법학자 = jurist 법학자, 변호사, 재판관
insult [ínsʌlt]	모욕(하다) = offend, humiliate, abuse
result [rizʌ́lt]	결과, 성과, 성적　☞ 결의, 결정(미 : 의회)

sum [sʌm]	총계 = amount, total, aggregate, entirety, whole
summit [sʌ́mit]	정상, 꼭대기 = apex, crest, peak, pinnacle ☞ summit talks(=conference) 정상회담
summary [sʌ́məri]	요약(개요), 약식의(즉결의) ↔ plenary 정식의(충분한) ⓥ summarize 요약하다 = abridge, abstract ☞ summarily 즉석에서, 약식으로 = promptly
summation [sʌméiʃən]	합계, 최종변론(반대 측 변호인)
consummation [kɑ̀nsəméiʃən]	완성, 성취 = culmination, fulfillment, completion ☞ consummate 완성·완결·성취하다 / 완성된, 원숙한

assume [əsjú:m]		가정하다, ~인체 하다, 책임 맡다
consume [kənsú:m]		소비하다, 소모하다
		☞ consumer goods 소비재 / consumer 소비자
presume [prizú:m]		추정하다, 상상하다 = conjecture, suppose, surmise
resume [rizú:m]		재개하다, 재 점유하다 ☞ resume [rézumèi] 이력서, 요약

assumption [əsʌ́mpʃən]	가정, 인수
	= conjecture, hypothesis, postulate, supposition
consumption [kənsʌ́mpʃən]	소비, 소모, 소진 ☞ consumption guild 소비조합
presumption [prizʌ́mpʃən]	추정, 추측 = premise, supposition
resumption [rizʌ́mpʃən]	되찾음, 회수, 회복, 재 개시
sumptuous [sʌ́mptʃuəs]	값비싼, 사치스런 = deluxe, extravagant, lavish, luxurious

super [sú:pər]	초(超), 위에 ☞ supra 위에, 초월하여 ↔ infra 밑에, 아래에
superb [supə́:rb]	최고의, 최상의 = exquisite, impeccable, excellent
supercilious [sù:pərsíliəs]	건방진, 거만한 = arrogant, conceited, pompous
superfluous [supə́rfluəs]	여분의, 불필요한 ⓝ superfluity 과다, 과잉
supernal [supə́:rnl]	천국의, 신의 = celestial, heavenly, divine
	↔ infernal 지옥의, 지독한 = hellish, nether, diabolic
superstitious [sù:pərstíʃəs]	미신적인 ⓝ superstition 미신, 미신적 관습

supple [sʌ́pl]	유순한, 순응성이 있는 ☞ supplement 보충, 부록
	☞ supper 저녁식사 / suffer 겪다(고통·경험)
supplicant [sʌ́plikənt]	탄원자, 간청하는 = suppliant ⓥ supplicate
supply [səplái]	공급·제공하다, 지급(하다) = furnish, provide
	☞ elasticity of supply 공급의 탄력성 / elasticity 탄성

sure [ʃuər]	틀림없는, 확신하는 ⓥ ensure 안전하게하다, 확실하게 하다
assure [əjúər]	보증하다, 안심시키다 ☞ reassure 다시 용기를 갖게 하다
censure [sénʃər]	비난, 혹평, 질책 = criticize, denounce, reprehend

fissure [fíʃər]	균열, 갈라진 틈 = crevice, gap, hiatus, interstice
insure [inʃúər]	보험에 들다, 지키다(위험)　ⓝ insurance 보험(계약) ☞ medical insurance 의료보험

surge [səːrdʒ]	쇄도(동요)하다, 큰 파도 = flood, rush
resurge [riːsə́ːrdʒ]	재기하다, 부활·소생하다, 다시 밀려오다(파도)
upsurge [ʌpsə́ːrdʒ]	솟구쳐 오르다(파도처럼), 급증하다(범죄) / 급증 = upturn
surgeon [sə́ːrdʒən]	외과의사　☞ surg**ery** 외과수술 / operation 내과수술

insurgent [insə́ːrdʒənt]	반정부의, 폭도, 반란자 = dissident, rebel ⓝ insurgen**cy** 폭동, 반란(행위) = rebellion, revolt, uprising
resurgent [riːsə́ːrdʒənt]	소생하는, 부활하는　ⓝ resurgence 소생, 부활

insurrection [insərékʃən]	폭동, 반란 = rebellion, revolt, riot, uprising
resurrection [rèzərékʃən]	소생, 부활, 재기 = resuscitation ☞ the Resurrection 예수의 부활

swat [swɑt]	쳐서 잡다, 찰싹 치다 = slap, smack
swat**h** [swɑθ]	한 번 낫질한 넓이, 칼로 베어낸 자리 ☞ cut a swath through 여지없이 파괴하다, 잘난 체하다
swath**e** [sweið]	붕대를 감다 / 싸는 천, 붕대

swear [swεər]	맹세하다 = affirm, pledge, testify, vow 저주하다 = blaspheme, curse, profane
swear **in**	선서하고 취임시키다 = take office
forswear [fɔːrswέər]	맹세코 그만두다 = abandon, eschew, abjure, renounce

symmetry [símətri]	대칭　ⓐ symmetric 균형이 잡힌, 대칭적인
sym**phony** [símfəni]	교향곡, 심포니　☞ symphony orchestra 교향악단

sym**posium** [simpóuziəm]		심포지엄, (의견을 주고받는 질의응답)토론회 / 주연, 향연
sym**ptom** [símptəm]		증상, 징후 ⓐ symptom**atic** ~을 나타내는

syn**drome** [síndroum]   증후군(症候群), 일정한 행동양식(어떤 감정·행동이 일어나는)

syn**ergy** [sínərdʒi]
협력·상승 작용(효과·기능·약품), 공동작업
☞ synergy 효과 : 기업합병으로 얻는 경영상의 효과
☞ M & A : 기업인수·합병
  = Mergers(합병) and Acquisitions(인수)

syn**opsis** [sinápsis]
개관, 개요, 적요, 일람(표) = abstract, brief, summary

syn**tax** [síntæks]
구문(론) = the construction of a sentence
통사(統辭) : 어떤 언어에서 명확한 표현이나 문장 구성에 필요한 일련의 규칙
☞ tax 세금 / income tax 소득세 / tariff 관세 = import tax

Regrouping T

tab [tæb]	회계(기장), 계산서(전표), 차용증 = account, bill / 색인표 ☞ tablet 정제(錠劑) / tap 두드리다, 도청하다
stab [stæb]	찌르기(찔러죽이다), 기도(企圖) ☞ bayonet 총검(으로 찌르다)

taboo [təbú:]	금기(금지), 터부 = ban, prohibition
tattoo [tætú:]	문신, 귀영나팔, 똑똑·둥둥 두드리다

tack [tæk]	압정, 고정시키다
attack [ətǽk]	공격하다, 습격하다 = assail, assault 공격, 습격, 발병, 발작 ☞ heart attack 심장마비 ☞ counterattack 반격(하다) = counterbuff
stack [stæk]	더미(쌓아놓은 것), 쌓다 ☞ stake 주식보유분, 내기, 위험성

tact [tækt]	재치, 감각(예민한) ☞ 미적 감각(세련된) ☞ tactile 촉각의, 만져서 알 수 있는
contact [kántækt]	접촉, 교제, 연락 ⓥ 접촉하다, 교제하다, 연락하다
intact [intǽkt]	손상되지 않은, 완전한 = flawless, impeccable
tactics [tǽktiks]	전술, 책략 ☞ strategy 전체적 작전계획 ☞ tactician 전술가, 책략가, 모사(謀士), 수완가

tail [teil]	꼬리(끄트머리), 미행하다 ☞ cocktail 칵테일 ☞ dovetail 꼭 들어맞다 / dove 비둘기파, 온건파
curtail [kə:rtéil]	단축·삭감하다, 줄이다 = abate, lessen, reduce, shorten
detail [dí:teil]	상세(세부), 상술(詳述) ⓐ detailed 상세한
entail [entéil]	수반·부과하다, ~을 일으키다(필연적 결과로서)

retail [rí:teil]		소매, 소매하다 ↔ wholesale 도매(로), 대규모로
tailor [téilər]		맞추어 만들다(필요·요구·조건) = customize 적합하게 하다 = adapt, adjust, fit, modify, suit ☞ custom tailor 특별 주문에 따라 변경·기획·제작하다

attain [ətéin]		성취하다, 달성하다 ⓝ attainment 성취, 업적
contain [kəntéin]		견제하다, 저지·봉쇄하다 = block, check 억누르다, 억제하다 = hold / 포함하다 = comprise ⓝ containment 견제, 저지, 억류, 포함
detain [ditéin]		붙잡다, 억류·유치하다 = arrest, hold, retain ↔ release 석방하다 ⓝ detention 억류, 유치, 구류
obtain [əbtéin]		얻다, 획득하다 = acquire, procure ↔ relinquish 포기하다
pertain [pəːrtéin]		속하다, 관계하다 = belong, relate, concern ☞ appertain ~에 속하다, 부속되다
retain [ritéin]		유지하다, 보유하다 = detain, hold, keep 고용·임명하다(변호사 등) ⓝ retention 보유, 보류, 기억 ⓐ retentive 보유하는, 기억력이 좋은

take [teik]		손에 잡다, 받다, 가지고·데리고 가다 ↔ bring, fetch 가져오다 ☞ take on ~와 대결·대적하다, ~한 양상을 띠다 ☞ take out 공제·제외하다, 사 갖고 가다(음식)
betake [bitéik]		(~로)향하다, 가다, ~에 전력을 다하다
intake [íntèik]		받아들이는 입구(물·공기·연료) ↔ outlet 배출구, 판로, 대리점
mistake [mistéik]		실수, 잘못 = error, fallacy, falsity, fumble
overtake [òuvərtéik]		따라잡다, 추월하다 ☞ No Overtaking. 추월금지. ☞ take over 떠맡다, 인계·양도·이어받다
partake [pɑːrtéik]		참가·참여하다, 함께하다 = join in, participate in, share
retake [riːtéik]		다시 잡다, 탈환·회복하다 / 다시 찍다, 재촬영(영화)
undertake [ʌ̀ndərtéik]		꾀하다, 기도하다, 떠맡다, 착수하다 = assume, shoulder ☞ undertaker 떠맡는 사람 / 장의사(葬儀社) = mortician
uptake [ʌ́ptèik]		이해력 = comprehension, understanding 흡수, 섭취 = ingestion

tap [tæp]	도청하다 = bug, eavesdrop, wiretap 조르다, 촉진하다 / 개척·개발하다 = exploit
tip [tip]	끝, 첨단, 조언, 비결, 비밀정보, 사례금 ☞ tiptoe 발끝 기울이다 = tilt / 버리다 = dump
top [tɑp]	정상, 절정 = apex, crest, crown, peak, pinnacle, zenith ☞ tiptop 최상품, 일류(최고)의 / toe 발가락 ↔ finger 손가락

tardy [tá:rdi]	더딘, 느린, 마지못해 하는 = belated, dilatory, lagging, slow
dastard [dǽstərd]	비겁자(못된 짓을 하는) ⓐ dastardly 비열한, 비겁한
retard [ritá:rd]	지체시키다, 방해하다 = delay, impede, slacken ⓐ retarded 저능아의, 지능발달이 늦은

tatter [tǽtər]	갈가리 찢다(누더기), 무용지물 ☞ tatters 넝마 = rags
totter [tátər]	흔들리다, 위기에 처하다(국가·제도) = falter, stagger, waver

tell [tel]	분간하다, 효과가 있다 ☞ 말하다, 이야기하다
foretell [fɔ:rtél]	예언하다, 예고하다 = augur, predict, prophesy

temper [témpər]	진정시키다, 완화하다, 기분, 경향 ☞ tamper 참견하다
temperament [témpərəmənt]	성질, 기질(체질) = character, disposition
temperature [témpərətʃər]	온도(기온), 체온 ☞ temperance 절제 ↔ intemperance

tempo [témpou]	박자(템포), 속도 = speed, velocity / cadence 운율, 박자
temporal [témpərəl]	시간의, 잠시의 = ephemeral
temporize [témpəràiz]	미봉책을 쓰다, 임시변통하다 ⓝ temporization 미봉
temporary [témpərèri]	임시의, 순간적인 = transient
contemporary [kəntémpərèri]	동시대의, 현대의 = concurrent, current, modern
extemporaneous [ikstèmpəréiniəs]	즉석의 = offhand, impromptu, extemporal

tempt [tempt]	유혹하다, 꾀다 ⓝ temptation 유혹 = bait, lure, snare	
at**tempt** [ətémpt]	시도, 기획(하다) = bid, effort, try	
con**tempt** [kəntémpt]	경멸, 모욕(죄) = derision, disdain, ridicule, scorn ⓐ contemptuous 모욕적인, 경멸하는 ⓐ contemptible 경멸할 만한, 비열한	

tenable [ténəbəl]	공격에 견딜 수 있는, 유지할 수 있는 = defensible
tenacious [tinéiʃəs]	고집이 센, 완강한, 집요한 = dogged, persistent, stubborn
tenant [ténənt]	소작인, 차용자 ⓝ tenancy 임차(기간) ☞ tenement 셋집, 셋방, 차용 지
lieu**tenant** [lu:ténənt]	중위 ☞ milieu 주위, 환경 = environment ☞ lieu 장소 / in lieu of = in stead of ~대신에

tend [tend]	경향이 있다, 돌보다, 간호하다 ⓝ tendency 경향, 풍조
at**tend** [əténd]	출석하다(to), 시중들다(on) ☞ attendance 출석자 ⓐ attentive 주의 깊은 = alert, observant
con**tend** [kənténd]	다투다, 경쟁하다, 주장하다 = battle, fight, struggle, argue
dis**tend** [disténd]	넓히다, 부풀리다 = bloat, bulge, expand, swell
ex**tend** [iksténd]	늘이다, 뻗다, 확장·확대하다 = elongate, lengthen, prolong
por**tend** [pɔːrténd]	전조를 알리다, 예고하다 = augur, foretell, predict, presage ⓝ portent 징조(흉사·대사) = omen
pre**tend** [priténd]	체하다, 겉꾸미다 = affect, invent, make believe ☞ pretended 가장한 ⓝ pretense 구실, 핑계
in**tend** [inténd]	~할 작정이다, 의도하다 = mean, design
superin**tend** [sùːpərinténd]	지휘하다, 감독하다 ☞ superintendent 감독자
tender [téndər]	부드러운, 상냥한, 친절한 = delicate, gentle, soft 제공하다, 제출하다 = offer

tense [tens]	시제(동사), 긴장시키다, 팽팽한 = high-strung, uptight
in**tense** [inténs]	강렬한, 격한 = ardent, fervent, passionate, potent, powerful ☞ intensive 강한, 집중적인, 철저한 / intensity 강도, 힘

pretense [priténs]	구실, 핑계 = excuse, pretext 가면, 거짓 = affectation, disguise, masquerade, sham

tension [ténʃən]	팽팽함, 긴장(상태) = strain, stress
extension [iksténʃən]	외연(外延), 연장, 확대 ⓐ extensive 광대한, 외연의
intension [inténʃən]	내포(內包), 긴장, 세기 ⓐ intensive 강한, 집중적인, 내포적인
hypertension [háipərtènʃən]	고혈압(증) ☞ hyper 초과, 과도 / 선전꾼
hypotension [hàipəténʃən]	저혈압(증) ☞ hypo 밑에, 이하 / 피하주사하다

tent [tent]	천막생활을 하다, 야영하다 ☞ 텐트, 천막
contents [kənténts]	내용, 목차 ⓝ contentment 만족 ☞ contention 말다툼, 논쟁
extent [ikstént]	넓이, 정도, 범위 = breadth, degree, range ⓥ extend 늘이다, 뻗다 = elongate, lengthen
intent [intént]	집중된(전념하고 있는) = purpose, purport ☞ be intent on ~에 열중·전념하는, ~에 여념이 없는
latent [léitənt]	잠복성인, 숨어있는 = potential, dormant
patent [pǽtənt]	특허(권), 특허의, 명백한 ☞charter 헌장 / copyright 저작권
portent [pɔ́ːrtənt]	조짐, 징조(흉사·대사) = omen
tentacle [téntəəl]	촉수, 촉각 ☞ antenna 촉각, 더듬이
tentative [téntətiv]	잠정적인, 시험적인 = provisional, temporary, experimental

abstention [æbsténʃən]	기권(투표), 불개입, 불참가(정치상)
attention [əténʃən]	주의, 응대, 친절, 차려
contention [kənténʃən]	싸움, 논쟁(말다툼), 논쟁점
detention [diténʃən]	억류, 유치, 구류
intention [inténʃən]	의향, 의도 = purpose
retention [riːténʃən]	보유, 보류, 기억

anterior [æntíəriər]	전방의 ↔ pos**ter**ior 후방의 = rear, subsequent
in**ter**ior [intíəriər]	안쪽의, 내부의 ↔ ex**ter**ior 바깥쪽의, 외부(의), 외관
ul**ter**ior [ʌltíəriər]	숨은, 저쪽의 = concealed, hidden, secret

term [tə:rm]	학기, 기간 ☞ **mid**term 중간시험 / the final 학기말시험 ☞ terms 조건, 교제, 전문용어 / peace terms 강화조건 ☞ seven-year term 7년 임기 / short-term 단기의
terminal [tə́:rmənəl]	말기의(병), 단말장치(컴퓨터) ☞ **term**inus 종점
terminate [tə́:rmənèit]	끝내다, 종결시키다 = conclude, end, finish, abort, cease
ex**term**inate [ikstə́:rmənèit]	근절하다, 전멸시키다, 몰살하다 = annihilate, obliterate, eradicate, uproot ⓝ extermination 근절, 전멸
in**term**inable [intə́:rmənəbl]	끝없는, 지루하게 긴 = incessant, overlong, tedious

territory [térətɔ̀:ri]	영토, 영역, 세력범위, 보호령 = domain, realm ☞ terror 공포, 두려움 / terror**ism** 공포정치, 폭력행위
territorial [tèrətɔ́:riəl]	영토의, 특정지역의 ☞ territorial disputes 영토분쟁
extra**territor**ial [èkstətèritɔ́:riəl]	치외법권의 = exterritorial ⓝ ex**tra**territoriality

test [test]	검사하다(순도·성능·정도), 시험하다 ☞ exam 시험 = examination ☞ **pre**test 예비시험, 예비검사(를 하다)
at**test** [ətést]	입증하다, 증명하다 = certify, confirm, verify
con**test** [kántest]	논쟁(하다), 이의를 제기하다 = dispute 겨루다, 경쟁(하다) = compete, struggle ☞ contest**ant** 경쟁자
de**test** [ditést]	혐오하다, 싫어하다 = abhor, abominate, despise, loathe ⓐ detest**able** 몹시 싫은
pro**test** [prətést]	항의하다, 주장하다 = demur, object, assert, argue, insist ☞ protest**ant** 신교도(기독교), 항의하는 ☞ storm of protest 빗발치는 항의 / storm 폭풍, 빗발(탄환)
testament [téstəmənt]	신앙고백, 계약 ☞ Old(New) Testament 구약(신약) 유언(장) = will / 증거(입증하는 것) = evidence, proof

testimony [téstəmóuni]	증언, 증거, 증명 ☞ the testimony 율법, 법궤
testy [tésti]	성미 급한 = choleric, irritable, touchy

text [tekst]	본문, 연제(주제) ☞ textbook 교과서 / reference 참고서
context [kántekst]	전후관계(글), 문맥, 배경, 상황 = background, circumstances, conditions
pretext [prí:tekst]	구실, 핑계(변명) = apology, excuse, justification, plea
teletext [télətèkst]	텔레텍스트, 문자다중방송, 글자방송(컴)
textile [tékstail]	직물의, 방직된 ☞ texture 직물, 피륙, 천

theism [θí:zəm]	유신론(有神論), 인격신론 ☞ atheist 무신론자
monotheism [mánəθì:izəm]	일신론(一神論), 일신교
pantheism [pǽnθìizəm]	범신론, 자연숭배, 만유신교(萬有神教) ☞ pantheon 만신 전(로마), 모든 신, 영웅
polytheism [páliθì:izəm]	다신교, 다신론(숭배)

theology [θi:álədʒi]	신학(기독교), 종교심리학(가톨릭)
theory [θíəri]	학설, 이론, 원리 = doctrine, dogma, principle

therapy [θérəpi]	치료(법) ⓐ therapeutic 치료의
aromatherapy [əróuməθérəpi]	방향요법(스트레스 해소 피부미용법) ☞ aroma 향기, 기품
hypnotherapy [hìpnouθérəpi]	최면요법 ☞ hypnosis 최면술 / hypnotic 최면제 ☞ hypnoanalysis 최면분석 / analysis 분석
psychotherapy [sàikouθérəpi]	정신치료, 심리치료 ☞ psycho 정신병자, 정신분석

thermos [θə́:rməs]	보온병 = thermo flask, thermo jug ☞ thermo 열 ⓐ thermal 열의, 뜨거운 ☞ thermochemistry 열화학 / chemistry 화학
thermometer [θərmámitər]	온도계 ☞ meter 계량기, 계기, 미터(미터법)

thermostat [θɔ́:rməstæ̀t]	자동온도조절장치	☞ stat 안전 · 반사장치
diathermy [dáiəθə̀:rmi]	고주파 투열요법(透熱療法)	

thesis [θí:sis]	정(正), 논제, 논문 ☞ monograph 전공논문
antithesis [æntíθəsis]	반(反), 정반대(것) = antipode, opposite
hypothesis [haipáθəsis]	가설(假說), 가정(假定) = postulate ⓐ hypothetical 가설의, 가정에 의한
metathesis [mətǽθəsis]	음위변환, 소리(글자) 자리의 전환
parenthesis [pərénθəsis]	삽입구, 괄호, 여담 ☞ 사이, 짬
synthesis [sínθəsis]	합(合), 합성 ↔ analysis 분석, 해석 / analyst 분석가(사회정세) ⓐ synthetic 합성의, 종합적인 / dialectic 변증법 ☞ photosynthesis 광합성(光合成) / photo 빛, 사진

though [ðou]	비록 ~일지라도(이긴 하지만) = although
thought [θɔ:t]	생각하기, 사색, 사고력
unthought [ʌnθɔ́:t]	뜻밖의, 생각지도 못한 = unexpected

throe [θrou]	몹시 괴로워하다, 고민하다 = agony, anguish, distress ☞ throng 군중, 혼잡, 모여들다(떼 지어)
through [θru:]	~을 통하여 ☞ rough 거친, 난폭한
throughout [θrú:áut]	처음부터 끝까지(~을 통하여, ~ 동안 죽)

thorough [θɔ́:rou]	철저한, 전적인 / 철저한 탄압정치
thoroughfare [θɔ́:roufɛ̀ər]	주요도로, 큰길 = boulevard, concourse

tick [tik]	나아가다, 진행하다 ☞ tick away 똑딱거리며 가다(시계) 순조롭게 진행 · 작동하다(over)
stick [stik]	막대기, 단장(短杖), 지팡이 찌르다, 고정하다, 달라붙다 = adhere, cling ☞ chopsticks 젓가락 / chop 팍팍 찍다, 자르다, 뻐개다

thick [θik]	두꺼운, 굵은, 짙은 = dense, fat ↔ **th**in 얇은, 가는, 마른 = skinny, slender, lean, slim

time [taim]	시간, 기간, 시각 ☞ times 시대 = age, era, epoch ☞ timetable 시간표(학교·열차·비행기), 예정표(계획·행사)
by-time [baitaim]	여가 = leisure ☞ on time 정각에 ☞ in time 조만간 = sooner or later
maritime [mǽrətàim]	해안의, 해상의 = marine, naval ☞ mariner 선원 = sailor
meantime [míːntàim]	그 동안, 그 사이에 ☞ mean 중간인, 보통의, 야비한 ☞ in the meantime 한편 / timepiece 시계
overtime [óuvərtàim]	시간외 노동, 연장전 ☞ working overtime 초과근무
pastime [pǽstàim]	기분전환, 오락놀이(소일거리) = amusement, distraction

tinct [tiŋkt]	착색한, 물들인, 염료 ☞ tincture 착색하다, 물들이다 = dye ☞ tincture of iodine 옥도정기
distinct [distíŋkt]	뚜렷한, 별개의 ⓝ distinction 구별, 차이 = discrimination ☞ distinctive 독특한, 구별이 분명한
extinct [ikstíŋkt]	절멸한(죽은), 화산활동을 멈춘 ⓝ extinction 멸종(생물)
instinct [ínstiŋkt]	본능, 직감 ⓐ instinctive 본능적인 ☞ intuition 직관

tire [taiər]	피로하게하다, 지치다, 물리다 = exhaust, fatigue ☞ tiresome 지치는, 지루한, 싫증이 오는 / tired 피로한, 지친
attire [ətáiər]	복장, 차려 입히다 = apparel, costume, garments, outfit
entire [entáiər]	전체의, 완전한 = complete, whole
retire [ritáiər]	물러가다, 은퇴하다 = retreat, resign, withdraw
satire [sǽtaiər]	풍자(하다), 풍자문학 = burlesque, lampoon, parody, travesty

detonation [dètənéiʃən]	폭발(음), 자연폭발(내연기관) ⓥ detonate 폭발시키다 = blast, explode ☞ denotation 외연 ↔ connotation 내포 / detonator 뇌관
intonation [ìntənéiʃən]	억양, 인토네이션 ☞ stress 강세, 악센트, 압박, 긴장

tone [toun]	음조, 어조, 풍조 = pitch, sound, timbre	
	☞ atone for 보상하다, 속죄하다(잘못)	
tune [tju:n]	곡조, 올바른 가락 = ditty, melody, strains	
	☞ attune 조율·조절하다(악기) = harmonize	

tort [tɔ:rt]	불법행위(피해자에게 배상 청구권이 생기게 되는)
contort [kəntɔ́:rt]	비꼬다, 뒤틀다 = distort, twist, warp
distort [distɔ́:rt]	왜곡하다, 찡그리다, 비틀다 ⓝ distortion 왜곡, 견강부회
extort [ikstɔ́:rt]	강탈(강요)하다, 부당취득하다 = coerce, compel, force
	ⓝ extortion 강탈, 강요, 착취, 부당이득(직무상)
retort [ritɔ́:rt]	반론·반박하다, 대꾸하다 = contradict, rebut, refute
tortuous [tɔ́:rtʃuəs]	뒤틀린, 비비꼬인 = twisted, sinuous
	불성실한 = devious, dishonest ⓝ tortuosity 뒤틀림
torturous [tɔ́:rtʃurəs]	고문의, 괴로운 ⓝ torture 고문, 고통(심한)

touch [tʌtʃ]	감동시키다 = move / 접촉하다 = feel
touching [tʌ́tʃiŋ]	감동시키는 = moving / 애처로운
touchy [tʌ́tʃi]	화를 잘 내는, 까다로운, 성마른 = irascible, irritable

tour [tuər]	원정하다, 순회공연(극단, 배우) ☞ 관광여행, 만유(漫遊)
contour [kántuər]	곡선, 윤곽, 형세, 줄거리 = outline, profile, silhouette
detour [díːtuər]	우회(迂回), 돌아가다 ☞ circuit 순회, 우회

tout [taut]	선전하다, 권유하다 = advertise, ballyhoo, hype
	칭찬하다 = extol, laud, praise ☞ trout 송어
stout [staut]	단단한, 단호한 = stalwart, sturdy, tenacious
	뚱뚱한, 살찐 = corpulent, obese, portly

tow [tou]	끌다, 예인하다 = drag, draw, haul, pull, trawl
bestow [bistóu]	주다, 수여하다 = confer, grant, impart, present

toward [tɔːrd]	형편 좋은, 임박한　☞ ~에 대해서, ~쪽으로 ☞ forward 앞으로 ↔ backward 뒤로	
un**toward** [ʌntɔ́ːrd]	성가신, 다루기 힘든 = headstrong, intractable, unruly	

town [taun]	읍, 지방의 중심지(시내), 수도(무 관사)
down**town** [dáuntáun]	도심지, 중심가, 번화가, 상가
up**town** [ʌ́ptáun]	높은 지대, 주택지(구)

tract [trækt]	넓이, 넓은 지역 = expanse ☞ 소책자(종교) = pamphlet
abs**tract** [æbstrǽkt]	추상적인 ↔ concrete 구체적인　☞ create 창조하다 요약하다, 요약 = summary, synopsis
at**tract** [ətrǽkt]	매혹하다, 주의·흥미를 끌다 = charm, enchant, fascinate ⓝ attraction 매력, 인기거리　ⓐ attractive 매혹적인
con**tract** [kɑ́ntrækt]	계약(하다), 청부 / 수축·위축되다 / 걸리다, 젖다(병·악습)
de**tract** [ditrǽkt]	줄이다 = diminish, lessen, reduce 저하·손상하다(가치·명예), 비방하다 = asperse, decry, slander ☞ detractor 중상자, 명예훼손자
dis**tract** [distrǽkt]	혼란시키다, 딴 데로 돌리다(마음·주의) = baffle, bewilder ⓝ distraction 주의산만, 기분전환
ex**tract** [ikstrǽkt]	발췌하다, 뽑아내다 = cull, extricate, pluck, pull
pro**tract** [proutrǽkt]	연장하다, 오래 끌다 = prolong, elongate, extend, lengthen
re**tract** [ritrǽkt]	취소하다, 철회하다 = recant, renounce, repeal, rescind 수축시키다, 쑥 들어가게 하다　ⓝ retraction　ⓐ retractable
sub**tract** [səbtrǽkt]	빼다, 공제하다 ↔ add 더하다　ⓝ subtraction 빼기, 공제

trait [treit]	특성, 기질, 속성 = attribute, characteristic, idiosyncrasy ☞ genetic trait 유전적 특성
traitor [tréitər]	배반자, 반역자 = betrayer　ⓐ traitorous 반역의
s**trait**s [streits]	난국, 곤란, 궁지, 위기 = crisis, pinch, plight, quandary ☞ straight 곧은, 일직선의, 순수한, 철저한, 물 타지 않은

transit [trǽnsit]	횡단하다, 통과하다 ☞ 횡단, 통행, 운송, 변천	
trans**fer** [trænsfə́:r]	이체하다, 갈아타다(옮기다) = shift, convey, deliver, transport	
trans**form** [trænsfɔ́:rm]	변형시키다, 변환하다 = transmute, alter, change, convert ☞ transform**er** 변화시키는 사람(것), 변압기	

trap [træp]	올가미, 함정, 덫, 계략 = mire, pit, snare, swamp 함정에 빠뜨리다, 곤궁한 상황으로 몰다 = entrap ⓝ entrap**ment** 함정수사
s**trap** [stræp]	매다(가죽 끈), 곤궁하게 하다 ☞ strip 벗기다, 박탈하다 ☞ be strapped for 고갈되다, 목마르게 구하다
sa**trap** [séitræp]	태수, 총독 ☞ rap 지껄이다, 혹평하다

tray [trei]	쟁반, 음식접시(요리) ☞ ash tray 재떨이 ☞ ash**es** 폐허 / ash**en** 잿빛의, 창백한 = pale, pallid
be**tray** [bitréi]	배반하다, 드러내다(무심코) ⓝ betray**al** 배반
s**tray** [strei]	길 잃은(한정적) ☞ astray 길을 잃어, 타락하여(서술적)
e**stray** [istréi]	길 잃은 사람 · 가축

treat [tri:t]	취급 · 치료하다, 대접하다 = deal with, handle, entertain
en**treat** [entrí:t]	탄원하다, 간청하다 = ask, beg, entreat, sue, supplicate ⓝ en**treaty** 간절한 부탁 = petition, plea, suit, supplication
mal**treat** [mæltrí:t]	학대하다, 혹사하다 = mistreat, abuse
re**treat** [ri:trí:t]	물러가다, 후퇴하다 = escape, evacuate, retire, withdraw
treaty [trí:ti]	조약(문), 약정 = pact, agreement ☞ treaty pledges 조약 ☞ a nuclear non-proliferation treaty 핵확산 방지 조약
treatise [trí:tis]	논문(학술), 보고서 = thesis, monograph(전공논문)

trench [trentʃ]	도랑, 참호(를 파다) ☞ trench coat 참호용 방수외투 ☞ trenchant 날카로운, 통렬한 = acute, sarcastic, sardonic
en**trench** [entréntʃ]	참호에 몸을 숨기다 ⓝ entrench**ment** 참호구축작업 기반을 굳히다, 확고히 하다, 정착시키다 = fortify, reinforce

retrench [ritréntʃ]	삭감·절약하다, 단축하다 = curtail, reduce, shorten ⓝ retrench**ment** 삭감, 절약, 단축 = curtailment

tribe [traib]	부족, 종족 = clan, race ☞ breed 혈통, 종족
diatribe [dáiətràib]	심한매도, 통렬한 비난 = invective, vituperation

tribute [tríbjuːt]	증거, 입증 = evidence, proof / 공물, 조세 = tax 존경의 표시, 찬사 = accolade, eulogy
attribute [ətríbjuːt]	탓으로 돌리다(~의), 속성 = trait, quality
contribute [kəntríbjut]	공헌하다, 기여하다 ⓝ contribution 공헌, 기여
distribute [distríbjuːt]	분배하다, 배포하다 ⓝ distribution 분배, 배포

extricate [èkstrəkèit]	구출하다, 탈출시키다(위험·곤란) = rescue, save, salvage
intricate [íntrəkit]	복잡한(뒤얽힌), 난해한 = bewildering, complicated, tangled

trick [trik]	책략, 장난 = deception, hoax, maneuver
trickle [tríkl]	물방울, 소량 = paucity ☞ 조금씩 떨어지다

trilogy [tríləzi]	3부작, 3부곡(극·가극·소설)
trinity [tríniti]	삼위일체(성부·성자·성령)
triple [trípl]	3배(3중)의, 세 겹의

trite [trait]	진부한, 흔해빠진 = banal, hackneyed, stale ⓝ trite**ness** 진부함, 케케묵음
attrite [ətráit]	마멸한 ⓝ attrition 마멸, 소모, 불충분한 회오(悔悟) ☞ a war of attrition 소모전, 지구전
contrite [kəntráit]	죄를 뉘우치는 = penitent, remorseful, repentant ⓝ contrition 회개, (깊은)회한 = penitence, regret, remorse

trophy [tróufi]	영양, 발육 / 전리품(전승기념비) ☞ entropy 엔트로피	
atrophy [ǽtrəfi]	위축(시키다), 쇠퇴 = decline, deterioration, enervation	
dystrophy [dístrəfi]	영양실조, 영양장애 = malnutrition	
eutrophy [júːtrəfi]	부 영양상태(호수)	
hypertrophy [haipə́ːrtrəfi]	비대, 이상발달 ☞ hyper 초과, 과도	
hypotrophy [haipátrəfi]	발육부전 ☞ hypo 밑에, 이하, 亞	

truck [trʌk]	운반하다, 거래, 교역, 물물교환
truckle [trʌ́kl]	아첨(굴종)하다, 굽실대다 = flatter, adulate, compliment

extrude [ikstrúːd]	추방하다, 밀어내다, 사출성형하다
intrude [intrúːd]	침입하다, 간섭·방해하다 = infringe, invade, trespass 밀어 넣다 ⓝ intrusion 침입, 간섭
obtrude [əbtrúːd]	강요하다, 나서다(주제넘게) / rude 버릇없는, 무례한
abstruse [æbstrúːs]	심오한, 난해한 = abstract, recondite, profound

truism [trúːizəm]	공리(公理), 자명한 이치 = axiom, adage, aphorism, maxim
altruism [ǽltruìzəm]	이타주의, 애타주의 = humanitarianism, philanthropy ↔ egoism 이기주의 ⓐ altruistic 이타적인

trump [trʌmp]	압도하다, 위압하다 = overwhelm, surpass 으뜸 패, 비결, 이기다, 마지막 수단
trumpery [trʌ́mpəri]	실속 없는 물건(겉만 좋은), 겉만 번드르르한
trumpet [trʌ́mpit]	떠벌리다, 선전하다 = announce, proclaim

try [trai]	심리·조사하다, 시도하다 ☞ trial 공판, 심리, 시도 ☞ try on 입어보다, 신어보다 / try-on 기도, 입어보기
entry [éntri]	입장, 참가 ☞ entrance 입구, 들어감 = way in
paltry [pɔ́ːltri]	하찮은, 무가치한 = petty, puny, slight, trivial
sentry [séntri]	보초, 초병, 감시, 파수 ☞ picket 전초(前哨), 감시원(노조)

sultry [sʌ́ltri]	무더운, 찌는 듯이 더운 ↔ frigid 추운, 혹한의
tryst [trist]	만남, 만날 약속 ☞ rendezvous 만날 약속, 장소

bitter [bítər]	쓴, 모진, 신랄한 = acid, acrid, tart
jitter [dʒítər]	불안, 불안해하다 = anxiety, fear, nervousness ⓐ jittery 불안해·무서워하는, 신경질적인
titter [títər]	킥킥 웃다 = giggle
litter [lítər]	어지럽히다(흩뜨리다), 쓰레기를 버리다 = dump, jettison
glitter [ɡlítər]	광채, 번쩍번쩍하다 = flash, scintillate, sparkle

tuition [tjuːíʃən]	지도(교수), 수업료 ☞ tutor 가정교사
intuition [ìntjuíʃən]	직관, 통찰 ⓐ intuitive 직관의 / instinct 본능

disturb [distə́ːrb]	방해하다, 소란피우다 ⓝ disturbance 소동, 방해 ☞ undisturbed 방해받지 않은, 평온한
perturb [pərtə́ːrb]	당황케 하다, 혼란시키다 ⓝ perturbation 동요, 혼란

twin [twin]	쌍둥이의 한 사람(한 쌍의 한쪽) = counterpart, clone
twinge [twindʒ]	가책(양심), 쑤시는 아픔(격통) = pang, sting
twinkle [twíŋkl]	섬광, 반짝거림 = flicker, glimmer, glitter, sparkle ☞ wrinkle 주름(구김), 좋은 생각(묘안)

type [taip]	형(型), 타입, 전형 ⓐ typical 전형적인, 대표적인
archetype [áːrkitàip]	원형, 모범, 본 = prototype, paradigm, pattern
stereotyped [stériətàipt]	진부한, 판에 박은 ☞ stereo ~ 굳은, 입체의 = banal, shopworn, trite, commonplace ☞ stereo 입체 음향, 연판(鉛版)

Regrouping U

buck [bʌk]	완강히 저항·반대하다, 버티다, 거스르다 ☞ 1달러 지폐
duck [dʌk]	오리, 회피하다(책임·위험) = avert, dodge, elude ☞ lame duck 임기 말 정치력 약화현상
suck [sʌk]	빨다, 획득하다 ☞ puck 퍽(아이스하키)
luck [lʌk]	운, 행운 = fortune, fluke, windfall ⓐ lucky 행운의
pluck [plʌk]	잡아 뽑다, 끌어내다, 확 당기다 용기, 정신 ⓐ plucky 용기 있는 = dauntless, fearless

budge [bʌdʒ]	조금 움직이다, 양보하다, 바꾸다(의견) ☞ budget 예산 = move, shift, yield, change ☞ bud 싹, 봉오리
judge [dʒʌdʒ]	재판관, 심판관, 감정가 재판·심사·감정하다 ☞ adjudge 판결·재판하다, 선정하다
nudge [nʌdʒ]	쿡 찌르다, 밀어 넣다, 주의를 끌다 = elbow, goad, prod ☞ pudge 땅딸막한 사람
smudge [smʌdʒ]	얼룩(자국), 오점 = spot, stain, smut

cull [kʌl]	발췌하다, 따다, 따기, 채집 ☞ curl 주저하다, 곱슬머리 가려내다, 도태하다, 선별, 가려낸 물건
dull [dʌl]	둔한, 활기 없는, 지루한 ⓝ dullness 단조로움 ↔ keen 날카로운 / brisk 활발한
mull [mʌl]	고려하다, 검토하다 = contemplate, deliberate, ponder
null [nʌl]	무효의, 가치 없는, 영 = void, nugatory, trifling, trivial ⓥ nullify 철폐·취소하다, 무효로 하다 = abrogate, annul
sully [sʌli]	더럽히다, 훼손하다 = taint, tarnish, stain ☞ surly 무뚝뚝한, 퉁명스러운 = sullen, dour

dumb [dʌm]	벙어리의, 말을 하지 않는 = mute, reticent, tacit, taciturn ☞ deaf 귀머거리의 / blind 눈먼, 맹목적인, 블라인드, 발

numb [nʌm]	마비된, 감각을 잃은(곱은 : 추위), 마비시키다 ☞ benumb 감각을 잃게 하다 = paralyze
thumb [θʌm]	엄지손가락 ☞ thumb one's nose 경멸하다 ☞ thumbs up 동의표시, 좋아 / thumbs down 거부·불만표시

bumble [bʌ́mbəl]	실수하다, 실책하다 = blunder, botch, stumble
fumble [fʌ́mbəl]	더듬어 찾다(어설프게), 실책(헛잡음) = grope, probe
humble [hʌ́mbəl]	겸손한, 비천한(신분)
jumble [dʒʌ́mbl]	무질서하게 섞이다, 뒤범벅(혼잡) = mix, shuffle, disorder
mumble [mʌ́mbəl]	중얼거리다, 불 분명히 말하다 = mutter, murmur
tumble [tʌ́mbəl]	무너지다, 폭락하다 = drop, fall, plunge, plummet, topple ☞ tumbler 큰 컵(밑이 편편한), 공중제비를 하는 사람
stumble [stʌ́mbəl]	비틀거리다(발이 걸려), 말을 더듬다 = stagger, falter, stammer

bump [bʌmp]	충돌하다, 부딪치다 = collide, clash, crash, impact 돌출(혹), 융기 ☞ bumper 풍작, 풍부한, 완충장치 ☞ bumper-to-bumper 자동차가 줄지은 = traffic jam
dump [dʌmp]	버리다(짐), 투매하다(덤핑) = abandon, discard, jettison ☞ anti-dumping duty 반덤핑 관세
hump [hʌmp]	군살(등허리), 혹(낙타), 산맥(항공)
jump [dʒʌmp]	뛰어오르다, 도약하다 = hop, leap
lump [lʌmp]	덩어리, 혹 ☞ rump 둔부, 엉덩이
pump [pʌmp]	유도신문 = cross-examine, grill, interrogate ☞ 펌프(양수기) / pumpkin 호박, 거물
sump [sʌmp]	오수(汚水), 물웅덩이 ☞ sumptuous 값비싼, 사치스런

humor [hjú:mər]	유머(해학 : 諧謔), 기질(기분) = joke, comedy, buffoonery ⓐ humorous 해학적인 = droll, jocose, facetious
rumor [rʌ́mər]	소문 = hearsay ☞ Rumor has it that~ : ~라는 소문이다

tumor [tjú:mər]	종양, 종기 ☞ ulcer 궤양, 종기 / cancer 암 ☞ benign 양성의, 자비로운 ↔ malignant 악성의, 악의 있는

bunch [bʌntʃ]	다발, 송이, 집단 = cluster, bundle, crowd, group, host
hunch [hʌntʃ]	육감, 예감 = flail, foreboding, intuition, premonition 군살(혹), 구부리다(등)
lunch [lʌntʃ]	점심, 가벼운 식사 ☞ brunch 늦은 아침식사
punch [pʌntʃ]	구멍 뚫다, 세게 치다(주먹) = perforate, pierce, puncture

underneath [ʌndərní:θ]	밑에, 아래에, 하위(下位)에, 지배하에 = under, beneath
sunder [sʌ́ndər]	분리하다, 끊어지다 ☞ break in sunder 산산이 부수다
thunder [θʌ́ndər]	우레(천둥), 몹시 비난하다 ☞ lightning 번개, 전광 / lighting 조명
blunder [blʌ́ndər]	대실수(실책) = bomb, error, fiasco
plunder [plʌ́ndər]	약탈하다, 횡령하다 = despoil, pillage, ravage, sack

bunk [bʌŋk]	속이다, 속임, 허풍(떨다) = baloney, nonsense, poppycock ☞ debunk 벗기다(가면), 폭로하다(정체) = disclose, uncover
funk [fʌŋk]	두려움, 풀죽은 상태 = dejection, depression, despondency ☞ dunk 담그다, 덩크 샷 하다(농구)
hunk [hʌŋk]	큰 덩어리(빵·고기), 군살, 멋진 남자 ☞ hulk 똥보, 거한(巨漢)
sunk [sʌŋk]	가라앉은, 침몰(매몰)된 = sunken, foundered, submerged 패배한 = defeated, frustrated, subdued

urban [ə́:rbən]	도시의, 도회지의 ⓥ urbanize 도시화하다
interurban [intərə́:rbən]	도시간의, 도시사이의 연락 철도(버스)
suburban [səbə́:rbən]	도시주변의, 교외(시외)의 ⓝ urbanization 도시화
urbane [ə:rbéin]	세련된, 예의 있는 = genteel, refined, sophisticated

curl [kə:rl]	꽁무니 빼다, 주저하다 = balk, cower, recoil ☞ 곱슬머리 / curly 곱슬머리의

hurl [həːrl]	집어 던지다, 방출하다 = cast, throw
surly [sə́ːrli]	무뚝뚝한, 퉁명스러운 = sullen, dour
	☞ sully 더럽히다, 훼손하다 = taint, tarnish, stain

hurry [hə́ːri]	서두르다, 재촉하다 = hasten, expedite
blurry [blə́ːri]	더러운, 오점의, 희미한, 불투명한
	☞ blur 흐리게 하다(초점·문제), 희미해지다, 더러워지다
flurry [flə́ːri]	돌풍, 질풍 = gust, squall ☞ 당황하다, 망설이다
	동요, 혼란 = agitation, bustle, commotion, fuss
scurry [skə́ːri]	허둥지둥 달리다, 급히 가다 = hurry, scamper, scuttle
	☞ curry 카레요리(가루) / curry and rice 카레라이스

curse [kəːrs]	저주·악담·파문하다 ↔ bless 축복하다
	☞ bliss 지복, 행복
	☞ accursed 저주받은, 불행한, 지겨운, 진저리나는
	☞ course 교육과정 = curriculum / coarse 조잡한, 야비한
nurse [nəːrs]	간호사, 유모, 보모 ☞ nursery 육아실, 탁아소, 보육원
purse [pəːrs]	돈지갑, 핸드백 / wallet 지갑, 전대 ☞ purge 정화·숙청하다

purvey [pərvéi]	조달하다(음식재료) ☞ purveyor 조달업자, 납품·공급업자
survey [səːrvéi]	조사하다, 개관하다(여론·동향) ☞ research 연구, 조사

bush [buʃ]	관목, 수풀 = shrub, underbrush
	☞ ambush 잠복, 복병, 매복·기습하다 = entrap, snare
gush [gʌʃ]	용솟음쳐 나옴, 분출하다 = outburst
hush [hʌʃ]	침묵, 고요함 = silence, stillness / 침묵시키다
mush [mʌʃ]	산산이 부수다, 무너지다 ☞ mushed potato 으깬 감자
push [puʃ]	밀다, 추구·강요하다(강력히) ↔ pull 끌다, 매력, 이점
	☞ push around 학대하다, 들볶다, 거칠게 다루다
	☞ push up 밀어 올리다, 증대시키다, 올리다(물가 등)

dusky [dʌ́ski]	어스레한, 희미한, 우울한 = dim, gloomy, shadowy ☞ dusk 땅거미, 황혼 = nightfall, sunset, twilight
husky [hʌ́ski]	건장한 = muscular, robust 목쉰, 허스키한 = hoarse / 허스키보이스인(가수의 목소리)
musky [mʌ́ski]	사향의, 사향 냄새 나는

bustle [bʌ́sl]	크게 소란 떨다　☞ bustle about 분주히 움직이다 큰 소동, 혼잡 = flurry, fuss　☞ bustling 붐비는, 혼잡한
hustle [hʌ́sl]	법석, 서두르다, 난폭하게 밀치다 사취하다　☞ hustler 사기꾼 = con artist
rustle [rʌ́sl]	바스락 거리다(나뭇잎·옷), 살랑살랑 소리 = soft sound
muscle [mʌ́sl]	근육(힘줄), 우격으로 나아가다

utter [ʌ́tər]	발언하다 / 전적인, 완전한 = absolute, perfect ☞ utterly 아주, 전혀, 완전히 = entirely ☞ unutterable 형언할 수 없는 = indescribable
butter [bʌ́tər]	버터, 아첨(하다)　☞ margarine 마가린(인조버터)
mutter [mʌ́tər]	중얼거리다, 투덜대다 = murmur　☞ mutton 양고기
putter [pʌ́tər]	꾸무럭거리며 일하다, 빈둥거리다 ☞ putt 퍼트하다(green에서 hole로 향하여 가볍게 침)
sputter [spʌ́tər]	악화되다(경제·수출·관계), 소리를 내다(푸푸·지글지글) = splutter

Regrouping V

vacant [véikənt]	비어있는 ↔ occupied 사용 중인, 차지하다 ⓝ vacation 휴가 = furlough
vac**uous** [vǽkjuəs]	공허한 = empty ⓥ vacate 집을 비우다, 휴가를 얻다
vac**uum** [vǽkjuəm]	진공(상태), 청소하다 ↔ plenum 물질이 충만한 공간

evade [ivéid]	피하다, 벗어나다(적·공격) = elude, escape 탈세하다, 법망을 피하다 = circumvent
in**v**ade [invéid]	침략하다, 침해하다 = assail, attack
per**v**ade [pərvéid]	널리 퍼지다, 보급하다 = diffuse
vade mecum [véidi-míːkəm]	핸드북, 항상 휴대하는 것 / 필휴(必攜), 편람

vague [veig]	막연한, 애매한(어렴풋한) = obscure, ambiguous, fuzzy
v**o**gue [voug]	유행(성행), 인기 = mode, fashion, fad, trend ☞ much in vogue 대 유행이다 / rogue 악한, 사기 치다

vail [veil]	모자를 벗다 머리를 숙이다(항복·경례)
a**v**ail [əvéil]	소용에 닿다, 쓸모가 있다 ⓐ available 쓸모 있는
counter**v**ail [kàuntərvéil]	반작용·대항하다, 무효로 하다, 보상·상쇄하다
pre**v**ail [privéil]	우세·유력하다, 널리 보급되다 ⓐ prevalent (널리) 보급된
tra**v**ail [trəvéil]	산고(産苦), 진통, 고생, 노고 = exertion, labor, toil

value [vǽljuː]	가치, 존중하다 = prize, appreciate ☞ values 가치관
de**v**alue [diːvǽljuː]	가치를 내리다(화폐) = depreciate
e**v**aluate [ivǽljueit]	평가하다, 값을 구하다(수학) ⓝ evaluation 평가, 값을 구함
valueless [vǽljuːlis]	가치 없는 ☞ unvalued 가치를 인정치 않는
valuable [vǽljuːəbl]	귀중한, 평가할 수 있는 ☞ valor 용기 / valiant 용기 있는
in**v**aluable [invǽljuəbl]	매우 귀중한, 값을 헤아릴 수 없는, 평가할 수 없는 = priceless

vanish [vǽniʃ]	사라지다, 자취를 감추다 = dissipate, disappear, fade ☞ banish 추방하다 = oust, eject, evict, expel
vanquish [vǽŋkwiʃ]	정복하다, 극복하다 = conquer, defeat, rout, overwhelm
varnish [váːrniʃ]	겉을 꾸미다(광을 내다), 니스(를 칠하다)

vantage [vǽntidʒ]	우월, 이익, 유리(한 지위) ☞ vintage 제작연대 / 유서 깊은 = time-honored
advantage [ədvǽntidʒ]	장점, 유리, 우세 = benefit, merit, strength
disadvantage [dìsədvǽntidʒ]	단점, 불리 = demerit, weakness, fault, defect, blemish

variable [vɛ́əriəbl]	변하기 쉬운, 가변성의 = alterable, changeable, mutable ⓝ variation 변이, 변화(의 폭) = alteration, change, mutation
variegated [vɛ́əriəgèitid]	잡색의, 얼룩덜룩한, 변화가 많은, 고르지 못한 = multicolored, polychromatic
various [vɛ́əriəs]	가지가지의, 다양한 = differing, diverse, miscellaneous ⓝ variety 변화, 다양성, 가지각색의 것 / vary 변화하다

evasion [ivéiʒən]	회피 ⓐ evasive 회피적인, 속임수의, 둘러대는
invasion [invéiʒən]	침략, 침해 = aggression, assault, attack, onslaught
pervasion [pərvéiʒən]	충만, 보급 ⓐ pervasive 만연하는, 스며드는

veal [viːl]	송아지 고기 / calf 송아지 / peal 종 울림 / peel 껍질을 벗기다
reveal [rivíːl]	드러내다, 폭로하다 = expose, divulge ⓝ revelation 폭로 ☞ repeal 폐지하다, 무효화 하다 = annul, nullify, abrogate

venal [víːnl]	타락한, 매수되기 쉬운, 돈으로 좌우되는 = bribable, mercenary
venial [víːniəl]	용서할 수 있는(죄) = forgivable
vernal [vɔ́ːrnl]	봄의(봄에 피는), 청춘의 ↔ autumnal 가을의, 중년의 ☞ spring 봄, 샘, 용수철, 뛰다

convene [kənvíːn]	소집하다(국회·재판·회의) = muster, summon
contravene [kɑ̀ntrəvíːn]	위반·무시하다, 부정·반박하다
intervene [ìntərvíːn]	사이에 끼다, 방해하다, 조정·중재하다 ⓐ intervening 사이에 낀

vent [vent]	배출하다, 배출구 = outlet ☞ ventilate 환기하다 발산하다(감정) = divulge, express, release
advent [ǽdvent]	강림, 출현, 도래 = appearance, arrival, emergence ☞ the Advent of Christ 예수의 재림(강림)
convent [kɑ́nvənt]	수녀단, 수녀원 = nunnery ↔ monastery 수도원
event [ivént]	대사건, 사변 ⓐ eventful 파란 많은, 중대한 ☞ list the events 사건목록을 만들다
fervent [fə́ːrvənt]	열심인, 뜨거운 = ardent, fervid, keen, vehement ⓝ fervor 작열, 열정, 열렬 ☞ fervently 열렬하게
invent [invént]	발명하다, 날조하다 = devise, concoct ☞ inventory 재고목록, 재고품, 물품명세서
prevent [privént]	막다, 방해하다, 예방하다 = avert, deter, preclude

convention [kənvénʃən]	집회(정치·종교), 전국대회(정당), 풍습, 관례 ☞ convection 전달, 대류(對流 : 공기·물·열·전기)
contravention [kɑ̀ntrəvénʃən]	위반(행위), 위배, 반대
invention [invénʃən]	발명(품), 허구, 날조 = gadget, fiction, fabrication
intervention [ìntərvénʃən]	사이에 낌, 조정, 중재, 간섭 = arbitration, intercession
prevention [privénʃən]	방지, 예방 ↔ cure, remedy 치료

venture [véntʃər]	모험적 사업(신규) = enterprise ⓐ venturous 대담한 ☞ joint ventures 합작회사 / venture capital 모험자본
adventure [ædvéntʃər]	모험(심), 위험을 무릅쓰다 ☞ adventure story 모험소설
misadventure [mìsədvéntʃər]	불행, 불운, 재난 = calamity, disaster, misfortune, mishap

venue [vénju:]		개최지(경기·회의), 장소, 현장 = locale, location, place, spot
avenue [ǽvənjù:]		가로수 길, 번화한 대로 ☞ street 거리, 차도, ~가(街)
		☞ avenues 가까이·접근하는 수단, 방법 = means
revenue [révənjù:]		세입(국가), 소득 ☞ expenditure 세출

verb [və:rb]	동사 ☞ auxiliary verb 조동사 / auxiliary 보조의
adverb [ǽdvə:rb]	부사 ☞ adjective 형용사 / noun 명사 / pronoun 대명사
proverb [právə:rb]	속담, 격언 = adage, aphorism, epigram, saying
verb**atim** [vərbéitim]	말 그대로(의), 축어적보고
verb**ose** [və:rbóus]	말이 많은, 장황한 = prolix, voluble, garrulous, loquacious
	ⓝ verbosity 다변, 수다, 장황

verge [və:rdʒ]	가장자리, 모서리 = brink, edge / (이제 막) ~이 되려하다
	☞ on the verge of~ : 바야흐로 ~하려고 하여
converge [kənvə́:rdʒ]	모이다, 집중·수렴하다 = gather, intersect
	통합하다 = merge, unite ⓝ convergence 집중, 수렴
diverge [divə́:rdʒ]	갈라지다, 발산하다 ⓐ divergent 매우 다른(의견·태도)

verse [və:rs]	운문, 시(詩) ↔ prose 산문(단조로운 문장) ☞ versed 정통한
adverse [ædvə́:rs]	역(逆)의, 거스르는, 반대의, 반대하는
converse [kənvə́:rs]	뒤바뀐 ⓝ conversion 변환, 전환 = transformation
	얘기하다 = discourse, discussion
	ⓝ conversation 대화, 회의
diverse [divə́:rs]	다양한, 가지각색의 = various, different
	ⓝ diversity 다양성 = variety, multiplicity
	☞ divers 몇몇의, 약간의, 여러 가지의
obverse [ábvə:rs]	표면(화폐·메달), 앞면 = surface
perverse [pərvə́:rs]	고집 센 = obdurate, obstinate, stubborn
	사악한, 심술궂은 = vicious, wicked ⓝ perversity 외고집
reverse [rivə́:rs]	거꾸로의, 거꾸로 하다
	ⓐ reversible 거꾸로 할 수 있는, 취소 할 수 있는

tra**verse** [trǽvəːrs]	통과하다, 횡단하다 ⓝ 횡단, 통과
trans**verse** [trǽnzvəːrs]	가로지르는(것), 횡단도로
uni**verse** [júːnəvəːrs]	우주 = cosmos, space ⓐ universal 우주의, 보편적인 ☞ versus ~대(對 : 소송 · 경기 등) = against, vs. ☞ university 종합대학 / college 단과 · 전문대학

version [vəːrʒən]	번역(문), ~판(형) ☞ 해석, 설명(다른 각도에서 본) = translation 번역(문) ↔ original 원문
a**version** [əvəːrʒən]	혐오 = repugnance 질색 ⓐ averse 싫어하여, 반대하여 ☞ animadversion 비평, 비난, 혹평 = aspersion
con**version** [kənvəːrʒən]	변환, 전향, 귀의 = alteration, metamorphosis
in**version** [invəːrʒən]	전도(轉倒), 역(逆), 정반대 ☞ inversion layer 역전층
per**version** [pərvəːrʒən]	곡해, 타락, 도착(倒錯) = aberration, abnormality, anomaly ☞ sexual perversion 성적 도착, 변태성욕
re**version** [rivəːrʒən]	역전, 전환, 복귀 ⓐ reversible 거꾸로 할 수 있는
sub**version** [səbvəːrʒən]	전복, 타도, 파괴 = sabotage, sedition, treason, insurrection ⓐ subversive 전복하는, 파괴적인

a**vert** [əvəːrt]	막다(위기), 회피하다 = avoid, preclude, escape, evade, parry
ad**vert** [ədvəːrt]	유의 · 언급하다, 주의를 돌리다 ⓐ advertent 주의(유의) 하는 ☞ advertise 광고 · 선전하다 ⓝ advertisement 광고 = ads
ambi**vert** [ǽmbivəːrt]	양향성(兩向性) 성격자 ☞ introvert 내향적 / extrovert 외향적
con**vert** [kənvəːrt]	개종시키다, 개심시키다 ⓐ convertible 개종(전향) 시킬 수 있는
contro**vert** [kάntrəvəːrt]	논쟁하다, 논박하다 ⓐ controvertible 논쟁의 여지가 있는 ⓝ controversy 논쟁, 토론
cul**vert** [kΛlvərt]	지하수로, 배수도랑, 암거(暗渠)
di**vert** [divəːrt]	전환(전용)하다, 즐겁게 하다 = amuse, distract, entertain
in**vert** [invəːrt]	거꾸로 하다, 역으로 하다, 뒤집다 ☞ invertebrate 무척추 동물, 줏대 없는 사람, 우유부단한

pervert [pəːrvə́ːrt]	타락시키다, 곡해하다, 배교자 ☞ distort, warp, wrench 왜곡하다
revert [rivə́ːrt]	복귀하다, 귀속하다 = recede, retreat, return, reverse
subvert [səbvə́ːrt]	뒤엎다, 멸망시키다, 파괴 · 타파하다(종교 · 주의 등)
vertigo [və́ːrtigòu]	현기증, 어지러움 = dizziness, giddiness ☞ vertical 수직의

vest [vest]	권리를 주다, 부여하다 ☞ 조끼, 옷을 차려 입히다 ☞ vested interest 기득권, 현 체제에서 받는 수혜 ☞ best 최상의, 최고의 ↔ worst 최악의, 무찌르다
divest [divést]	박탈 · 탈취하다, 벗기다, 빼앗다 = deprive, strip 처분하다, 매각하다 = dispose ⓝ divesture 박탈
harvest [háːrvist]	수확하다, 추수 = crop, reap, produce, yield
invest [invést]	투자하다, 서임(敍任)하다 ⓝ investment 투자(액), 서임(敍任) ☞ securities investor 증권투자가 / securities 유가증권 ☞ investiture 수여식, 임명식

via [váiə]	경유하여, 사용하여(~을) = by way(means) of, using
viable [váiəbl]	실행 가능한(계획) = feasible, possible, practical, workable 성장 · 발전할 수 있는(나라 · 경제) / 생존 · 존속 가능한

aviation [èiviéiʃən]	비행, 항공기 ⓥ aviate 비행하다(항공기를 조종하다)
abbreviation [əbrìːviéiʃən]	단축, 생략, 약분 ⓥ abbreviate 생략하다, 단축하다
alleviation [əlìːviéiʃən]	경감, 완화 ⓥ alleviate 경감하다, 완화시키다
deviation [dìːviéiʃən]	일탈, 탈선 ⓥ deviate 벗어나다, 빗나가다
obviation [ábviéiʃən]	제거, 회피, 방지(위험 · 곤란) ⓥ obviate 제거하다, 미연에 방지하다 = forestall, prevent

vice [vais]	악덕, 부도덕, 나쁜 버릇 ↔ virtue 미덕, 장점 ⓐ vicious 사악한, 악의 있는 = malicious, malignant
crevice [krévis]	균열, 갈라진 틈 = chasm, crack, fissure, rift, split
device [diváis]	장치, 고안(품) ⓥ devise 궁리하다, 고안하다

vice [vais]	대리의, 부(副)의, 차석의 ☞ vice-president 부통령(사장·총재·회장·총장)	
vicegerent [vaisdʒírənt]	대리권한을 행사하는, 대리인 ☞ God's vicegerent 로마교황	
viceregal [vàisríːgəl]	부왕(副王), 총독, 태수 = viceroy	

victim [víktim]	희생(물) = prey　ⓥ victimize 희생시키다 ☞ poison victim 중독환자 / poison 독 = venom
victory [víktəri]	승리, 극복, 정복 = conquest, triumph ↔ defeat 패배, 좌절 ☞ victor 승리자, 정복자 = champion, conqueror
convict [kənvíkt]	죄수, 기결수 = criminal, culprit, prisoner　☞ felon 중죄인 유죄선고하다, 유죄를 입증하다 ↔ acquit 석방하다, 무죄로 하다 ⓝ conviction 유죄판결, 신념 / ex-convict 전과자 = ex-con
evict [ivíkt]	추방하다, 퇴거시키다 = expel, oust ↔ welcome 환영하다 ⓝ eviction 퇴거, 쫓아냄

avid [ǽvid]	탐욕적인 = avaricious, greedy, gluttonous, ravenous 열심인 = ardent, enthusiastic, keen, fervent, fervid, zealous
fervid [fə́ːrvid]	열정적인, 열렬한 = ardent, passionate, vehement
livid [lívid]	창백한, 납빛의 = cadaverous, pale, ashen
vivid [vívid]	선명한, 생생한 = distinct, graphic, clear
evidence [évidəns]	증거, 입증하다　ⓐ evident 분명한, 명백한

vide [váidiː]	보라, 참조하라(略: v. / vid.) : [v.] p. 10, 10 쪽(페이지) 참조.
divide [diváid]	나누다, 분할하다, 쪼개다
provide [prəváid]	공급하다, 마련하다　☞ providence 섭리, 하느님(의 뜻)

view [vjuː]	전망, 시야, 견해　☞ viewpoint 견해 = standpoint, outlook
interview [íntərvjùː]	회견, 면접　☞ press conference 기자회견
overview [óuvərvjùː]	개관, 개략, 전체상(像) = outline, bird's-eye view
preview [príːvjùː]	미리보기, 시사회, 시연(試演), 예고편(영화·TV)

purview [pə́:rvju:]	범위(활동·법령), 권한, 시야, 이해 범위	
review [rivjú:]	복습하다, 비평하다, 재검토하다 ☞ reviewer 평론가	

vile [vail]	비열한, 혐오할만한 = ignoble, mean, contemptible
revile [riváil]	욕하다, 모욕하다 = curse, upbraid, vilify
servile [sə́:rvil]	노예의, 굴욕적인 ☞ slave 노예 / slavery 노예제도

convince [kənvíns]	납득시키다, 확신시키다 = persuade, sway
evince [ivíns]	명시하다, 감정을 드러내다 = disclose, manifest, reveal ☞ evidence 증거, 증언하다 / witness 증인
province [právins]	지방, 영역, 분야, 범위 = district, sphere, branch

virtual [və́:rtʃuəl]	실제·사실상의, 실질적인 ☞ virtually 사실상, 실질적으로
virtuous [və́:rtʃuəs]	덕이 높은, 정숙한 ⓝ virtue 미덕, 덕행
virtuoso [və̀:rtʃuóusou]	거장(巨匠), 대가(大家) = maestro, master

vis-a-vis [ví:zəvá:iz]	~에 비하여, ~과 비교하여, ~와 마주보고, 상대하여
advise [ædváiz]	충고·조언·통지하다, 권하다
improvise [ímprəvàiz]	즉흥적으로 짓다(연주하다) = ad-lib, extemporize
previse [piváiz]	예견하다, 예지하다 = forecast
revise [riváiz]	교정·수정하다, 개정·검토하다
supervise [sú:pərvàiz]	관리·감독하다, 지휘·지도하다

visage [vízidʒ]	얼굴, 용모 = countenance, features, appearance, facade
envisage [invízidʒ]	상상하다, 구상하다 = conceive, imagine, picture

vision [víʒən]	통찰력, 상상력 = foresight, intuition, imagination ☞ multivision 복합영상 / visionary 예언가(환상적인)
envision [invíʒən]	계획하다, 예견하다 = conceive, foresee, imagine

revision [rivíʒən] 개정, 수정 ☞ revised capitalism 수정자본주의
supervision [sùːpərvíʒən] 감독, 감시 ☞ supervisor 감독자
provision [prəvíʒən] 준비 ☞ provisional 임시의, 잠정적인
improvision [ímprəviʒən] 즉흥연주, 즉석에서 하기 ⓥ improvise 즉석에서 하다

revive [riváiv] 소생하다, 회복시키다 = revitalize
ⓝ revival 재생, 소생

survive [sərváiv] 살아남다 = outlive, outlast ⓝ survival 생존, 살아남음

voice [vɔis] 목소리, 발언, 태(態) = voice vote 구두투표(미)
devoice [diːvɔ́is] 무성음화하다(유성음을)
invoice [ínvɔis] 송장(送狀), 송장을 작성·제출하다

void [vɔid] 공허한(빈), 무효의 = null, empty, vacant, invalid
avoid [əvɔ́id] 회피하다, 취소하다 = avert, dodge, elude, escape, evade
devoid [divɔ́id] 결핍된, 결여된(of) = deficient, lacking, wanting
ovoid [óuvɔid] 난형(卵形)의, 계란형의 = egg-shaped, oval

vocation [voukéiʃən] 직업, 천직 = calling, career, profession, full-time job
avocation [æ̀voukéiʃən] 부업, 취미 = part-time job ☞ pastime 기분전환

convoke [kənvóuk] 소집하다(의회·회의) ⓝ convocation 소집, 집회
evoke [ivóuk] 불러일으키다(영혼·감정), 자아내다(웃음) = bring out
일깨우다(기억·과거) = elicit, extract ⓝ evocation
invoke [invóuk] 호소·탄원·간구하다(법·권위) = solicit
자극하다, 기원·기도하다 ⓝ invocation 기원(기도), 탄원
provoke [prəvóuk] 성나게 하다 ⓝ provocation 성나게 함, 약 오름
☞ provocative 도발적인, 자극하는 / 흥분제, 자극물
revoke [rivóuk] 취소·철회·폐지하다, 무효화하다 = recall, repeal, rescind
ⓝ revocation 취소, 철회, 폐지

volution [vəlúːʃən]	와형(渦形), 소용돌이, 선회
devolution [dèvəlúːʃən]	위임, 이전, 양도, 상속 ⓥ devolve 위임하다, 상속하다
evolution [èvəlúːʃən]	진화(점진적 변화), 전개 ⓥ evolve 진화하다, 전개하다 ☞ involve 포함하다, 연루시키다 ⓝ involvement ☞ evolutionism 진화론 ↔ creationism 창조론
revolution [rèvəlúːʃən]	혁명, 대변혁 ☞ the Revolutionary War 독립전쟁(미국) ⓥ revolve 순환하다, 회전하다 / revolver 연발권총(회전식)
circumvolution [sə̀ːrkəmvəljúːʃən]	말아・감아 들임, 빙빙 돎, 선전(旋轉)

carnivorous [kɑːrnívərəs]	육식의 ☞ carnival 카니발, 사육제(謝肉祭), 축제
herbivorous [hɜ́ːrbívərəs]	초식의 ☞ herb 약초, 한방 / herbicide 제초제
omnivorous [ɑmnívərəs]	잡식의 ☞ omni~ 전(全), 총(總), 범(汎)
voracious [vouréiʃəs]	게걸스러운, 탐욕스러운 = famished, hungry, starving ⓝ voracity 탐욕, 폭식 ☞ devour 게걸스럽게 먹다

vote [vout]	투표권, 투표(하다) = poll, ballot, franchise ☞ veto 거부권
vote-down [voutdaun]	부결시키다 ☞ casting vote 의장이 행사하는 결선투표
vote for [voutfɔːr]	찬성표를 던지다 ↔ vote against 반대표를 던지다
devote [divóut]	바치다, 헌신하다 = dedicate ⓝ devotion 헌신, 전심, 귀의 ☞ devotee 팬, 추종자, 열렬한 애호가 = fanatic, zealot

vouch [vautʃ]	보증하다, 입증하다 = guarantee, insure, warrant
avouch [əváutʃ]	단언하다, 확언하다 = affirm, attest, aver, avow
voucher [váutʃər]	상환권(현금대용), 상품권 = coupon
vouchsafe [vautʃséif]	주다, 하사・허락하다 = accord, bestow, confer, grant, permit

convulsion [kənvʌ́lʃən]	발작, 경련, 포복절도 / 격동, 이변 = paroxysm, spasm ⓥ convulse 진동시키다, 큰 소동을 일으키게 하다
revulsion [rivʌ́lʃən]	반발, 혐오, 질색 = aversion, disgust, nausea, repugnance 격변, 급변(감정 등)

 Regrouping **W. Z.**

wage [weidʒ]	전쟁하다 / wage**s** 임금(노동) = pay, remuneration, salary
se**wage** [súːidʒ]	하수 오물, 오수 ☞ garbage 부엌쓰레기 / trash 쓰레기
wager [wéidʒər]	내기 걸다, 노름 = bet, gamble, stake

wallow [wάlou]	진창에서 뒹굴다 ☞ wall 벽(담), 장애
	주색에 빠지다, 탐닉하다 = indulge, revel
s**wallow** [swάlou]	꿀꺽 삼키다, 제비 ☞ spar**row** 참새 / spar 말다툼 하다

wan [wɑn]	얼굴이 창백한, 힘없는 = feeble, languishing, pale, weak
	☞ **wan**e 이지러지다(달), 약해지다 ↔ wax 차다(달), 증대하다
s**wan** [swɑn]	백조, 헤매다(정처 없이) = ramble, roam, rove, wander

wander [wάndər]	헤매다, 방랑하다 = ramble, roam, rove, swan
wonder [wʌ́ndər]	~이 아닐까 생각하다, 불가사의(경이)

want [wɔnt]	부족, 결핍 = dearth, privation, indigence, need, poverty
wanton [wɔ́ntən]	터무니없는, 잔인한, 무자비한 = inhumane, ruthless
	바람난, 음란한, 호색의 = lewd, lustful
w**ont** [wount]	상습, 버릇처럼 된 ☞ use and wont 세상관습
	☞ un**wont**ed 평소와 다른, 드문 = un**u**sual, extr**a**ordinary

warfare [wɔ́ːrfɛ̀ər]	전투(행위), 교전(상태) / 전쟁 = war
warlike [wɔ́ːrlàik]	전쟁의, 호전적인 = belligerent, bellicose, militant
pre**war** [príːwɔ́ːr]	전쟁전의, 戰前의 ☞ in prewar days 전전에는
post**war** [póustwɔ̀ːr]	전쟁후의, 戰後의 ☞ postwar days 전후
warp [wɔːrp]	왜곡시키다(하다), 왜곡 ⓐ warp**y** 왜곡된

ward [wɔːrd]	병동, 병실 = wing, section ☞ ward off 피하다(위험 등), 막다 구(도시행정구역) = district, precinct 피보호자, 피후견인 = protege ☞ warden 교도소장, 관리자 보호, 억류, 감시, 후견 = custody / 감방, 수용소
award [əwɔ́ːrd]	수여・지급하다(심사・판정하여), 상을 주다 / 상(賞), 수상(授賞)
awkward [ɔ́ːkwərd]	서툰, 어색한 = clumsy, inept, maladroit ↔ adept 숙련된
coward [káuərd]	겁쟁이, 비겁한 = chicken / cowardice 비겁, 소심 = timidity
froward [fróuərd]	완고한, 심술궂은 = perverse, obstinate, stubborn, bigoted
reward [riwɔ́ːrd]	사례, 보상 = compensation, payment, remuneration ☞ financial reward 금전적인 보수
wayward [wéiwərd]	제멋대로 구는, 고집 센 = perverse, restive, disobedient

warm [wɔːrm]	따뜻한, 열렬한 ☞ worm 벌레 / insect 곤충
warm-up [wɔ́ːrm-ʌ́p]	워밍업, 경기개시 전의 준비운동
swarm [swɔːrm]	군중, 무리, 떼 짓다 = crowd, flock, host, horde, throng

warn [wɔːrn]	경고하다 = caution ⓝ warning 경고, 주의
forewarn [fɔːrwɔ́ːrn]	~에게 미리 경고하다 = precaution
worn [wɔːrn]	닳아빠진, 야윈

wart [wɔːrt]	사마귀, 혹(나무줄기)
stalwart [stɔ́ːlwərt]	충실한, 건장한 = faithful, loyal, staunch
thwart [θwɔːrt]	훼방 놓다, 방해하다 좌절시키다 ☞ athwart 뜻에 어긋나게, 거슬러서, 뜻에 반(反)하여

wave [weiv]	파도, 손을 흔들다 = beckon, gesture, motion, signal ☞ microwave 극초단파
waive [weiv]	포기・철회・보류하다(권리・요구) ⓝ waiver 포기, 기권, 철회 = abandon, disclaim, relinquish, repeal, withdraw
waver [wéivər]	동요하다, 망설이다 = vacillate, falter, hesitate
weave [wiːv]	짜다, 뜨다, 엮다 ☞ weaver 베 짜는 사람, 직공

way [wei]	길, 방식, 수단 = method, course, route, means ☞ way in 입구 ↔ way out 출구, 도망칠 방법
by**way** [báiwèi]	옆길, 샛길, 빠지는 길 ☞ by the way 그런데 ☞ by way of ~을 통하여, 경유하여 = via ☞ the byways 별로 알려지지 않은 분야·측면(학문·연구)
mid**way** [mídwèi]	중도의, 반쯤의 = halfway
s**way** [swei]	좌우하다, 영향을 주다 / 동요하다, 흔들리다 = waver
sub**way** [sʌ́bwèi]	지하철 = tube, underground(영국)
under**way** [ʌ̀ndərwéi]	항해중인(배), 진행 중인(계획)

well [wel]	솟아 나오다, 우물, 정(井 : 유전) = issue, ooze, spurt ☞ well off 부유한 = rich, opulent, wealthy
d**well** [dwel]	살다, 머무르다 = abide, live, lodge, reside, stay ☞ dwell on 깊이 생각하다 = contemplate, meditate, ponder
s**well** [swel]	부풀리다, 증가시키다 = inflate, distend, bloat, bulge
up-**well** [ʌp-wel]	분출하다, 뿜어내다 ☞ wall 벽(담), 장애 / will 의지, 유언
well-done [wél-dʌ́n]	잘 처리된, 잘 익은 ↔ underdone 설익은, 덜 구워진 = rare

welter [wéltər]	뒹굴다(이리저리), 허위적 거리다 ☞ 뒤범벅(혼란상태)
s**welter** [swéltər]	무더위에 지치다, 더위 먹다 ☞ 무더움, 흥분(상태)

whet [hwet]	자극하다(식욕·관심) = incite, provoke, stimulate
wheat [hwi:t]	밀 ☞ flour 밀가루, 곡분 / dough 밀가루 반죽
whit [hwit]	조금, 약간 ☞ no whit 조금도 ~아니다 ☞ hit 때리다, 치다, 맞히다, ~에 명중시키다

whim [hwim]	변덕 = caprice ☞ eccentricity 기행(奇行), 엉뚱함 ☞ at whim 변덕스럽게 / at will 마음 내키는 대로 ⓐ whimsical 변덕스러운, 별난 = capricious
whimper [hwímpər]	훌쩍이다, 구슬프게 울다 = cry, moan, sob, wail, weep
whisper [hwíspər]	속삭이다, 밀담을 하다, 작은 소리로 말하다

whirl [hwə:rl]	빙빙 돌다, 선회하다 = gyrate, pivot, revolve, rotate ☞ whorl 소용돌이, 나선(형으로 하다)
swirl [swə:rl]	소용돌이치다 ⓐ swirling 소용돌이 치는, 현기증 나게 하는
twirl [twə:rl]	빙빙 돌리다, 빠르게 돌다 = gyrate, whirl

whole [houl]	전부의, 모든 ☞ whale 고래 / while 잠시, ~하는 동안
wholesale [hóulsèil]	도매 ↔ retail 소매 ☞ bargain sale 염가 대매출
wholesome [hóulsəm]	유익한, 건전한 = beneficial, healthy, sound 건강에 좋은, 위생적인 = healthful, hygienic

wild [waild]	야생의, 난폭한 = violent ☞ wildness 야생, 방탕, 광포 ☞ wildly 거칠게, 터무니없이
wilder [wíldər]	당황하다, 길을 잃다 ⓝ wilderment 당황 ☞ bewilder 당황하게 하다 = perplex, puzzle
wilderness [wíldərnis]	황야, 황무지, 광야 = barrens, desert, wasteland

will [wil]	의지, 유언 ☞ willpower 의지력
willow [wílou]	버드나무 ☞ pillow 베개, 머리받침대

win [win]	이기다, 쟁취하다 = beat, conquer, overcome
winning [wíniŋ]	매력적인(사람의 마음을 끄는), 승리 = conquest, triumph, victory
winsome [wínsəm]	매력 있는, 사람의 눈을 끄는 = charming, comely, engaging

wind [wind]	바람, 감다, 꼬불꼬불 구부러지다 ☞ windmill 풍차 ☞ windfall 횡재 / windup 결말, 마무리 짓다
dwindle [dwíndl]	축소·감소하다, 줄다 = decrease, diminish, lessen, reduce 약화·저하되다(명성·지지), 쇠하다 = abate, ebb, subside, wane
swindle [swíndl]	사취, 사기(치다) = bilk, cheat, defraud, scam, trick ☞ swindler 사기꾼 = cheat, con artist

wing [wiŋ]	날개, 부속건물 ☞ owing to ~ 때문에
swing [swiŋ]	그네, 흔들림, 흔들리다 ☞ 휴식시간, 행동의 자유

wise [waiz]	슬기로운, 현명한, 총명한 ⓝ wisdom 지혜
other**wise** [ʌ́ðərwàiz]	만약 그렇지 않으면, 딴 방법으로

wit [wit]	재치, 기지 ☞ humor 유머, 해학 / repartee 재치 있는 즉답
dim**wit** [dímwìt]	멍청이, 바보, 얼간이 = idiot, moron ☞ dim 어둑한, 흐릿한
out**wit** [àutwít]	한수 더 뜨다, 선수 치다, ~의 의표·허를 찌르다
witness [wítnis]	증인, 증언, 목격·증언하다

word [wə:rd]	기별, 전갈, 한 마디 말, 낱말, 약속
by**word** [báiwə̀:rd]	별명, 말버릇, 독특한 말씨
fore**word** [fɔ́:rwə̀:rd]	서문, 머리말 = introduction, preamble, preface

work [wə:rk]	진행되다, 효과가 있다 = tell ☞ working 소용되는, 작동하는 ☞ work on ~에 종사·일을 하다 / work out 성취·운동하다
art**work** [á:rtwə̀:rk]	예술작품, 미술품, 공예품

worth [wə:rθ]	가치가 있는 ⓝ 가치, 값어치 = value
worthless [wə́:rθlis]	값어치 없는, 시시한 = valueless, trivial
worthwhile [wə́:rθhwáil]	할 보람이 있는, 시간을 들일만한

worthy [wə́:rði]	훌륭한, 존경할 만한, 가치 있는 = honorable, valuable
un**worthy** [ʌ̀nwə́:rði]	존경할 가치가 없는, 하잘 것 없는 = trivial
trust**worthy** [trʌ́stwə̀:rði]	신용·신뢰할 수 있는, 확실한 = creditable

wrath [ræθ]	천벌(神의 노여움), 분노 = anger, fury, ire, rage, rancor
wraith [reiθ]	유령, 망령, 영혼 = phantom, apparition, ghost, spook
wreath [ri:θ]	화환(무덤에 바치는) ☞ wreath-laying 헌화하는
	장식하다, 휘감다, 둘러싸다

epizoic [èpəzóuik]	동물유행병, 외피기생의 ☞ zoic 동물의	
Mesozoic Era [mèzəzóuik íərə]	중생대	☞ mes(o) 중앙, 중간
Neozoic Era [nì:əzóuik íərə]	신생대 = Cenozoic	☞ neo 새로운, 근대
Paleozoic Era [pèiliəzóuik íərə]	고생대 ☞ era 기원, 연대, 시대, 시기 = epoch, period	☞ pale(o) 고(古), 구(舊), 원시

zoo [zu:]	동물원 ☞ fauna 동물군(群) ↔ flora 식물군(群)
zoology [zouálədʒi]	동물학 ↔ botany 식물학 ⓐ botanical 식물학의

Regrouping
Vocabulary 33000
【반의어】

02

Regrouping A

ability [əbíləti]	능력, 수완	= capacity, capability, competence
inability [ìnəbíləti]	무능력, 무능	= incapacity, incapability, imbecility

accord [əkɔ́:rd]	조화, 일치, 협정	= agreement, concord
disaccord [dìsəkɔ́:rd]	부조화, 불일치	= disagreement, discord

agreement [əgrí:mənt]	동의, 협정, 일치	= accord, concord
disagreement [dìsəgrí:mənt]	불일치, 의견의 상위	= discord, dissent

armament [ɑ́:rməmənt]	군비, 무장, 군사력 ☞ armistice 휴전 = truce, cease-fire
disarmament [disɑ́:rməmənt]	군비축소, 무장해제 = arms reduction ☞ reduction 감소, 절감 / arms 무기

approval [əprú:vəl]	찬성, 동의, 승인 = consent, agreement, accord, consensus
disapproval [dìsəprú:vəl]	부인, 부정, 불승인 = dissent, disagreement, discrepancy, disparity

appearance [əpíərəns]	출현, 외견 = emergence, advent, look (외견) ⓥ appear 나타나다 = emerge, come out
disappearance [dìsəpíərəns]	실종, 사라짐 = vanishment ⓥ disappear = vanish 사라지다

apprehension [æprihénʃən]	이해, 염려, 체포 ☞ comprehension 이해, 터득, 포함
misapprehension [mìsæprihénʃən]	오해, 실수 ☞ misunderstanding 오해, 의견차이

adaptation [ædəptéiʃən]	적응, 순응 ⓐ adaptable 순응하는, 적응하는
maladaptation [mæ̀lædəptéiʃən]	부적응 ☞ adapt 적응시키다, 조절하다 = adjust, modulate

misanthropy [misǽnθrəpi]	사람을 싫어함, 염세 ☞ misanthropist 인간 혐오자
philanthropy [filǽnθrəpi]	박애주의 = agape, altruism ☞ philanthropist 박애주의자 (자선가)

266 • Regrouping Vocabulary 33000

assemble [əsémbəl]		모으다, 조립하다 = congregate, convene, converge ⓝ assembly 집회, 조립 = congregation ↔ dispersion 분산
disassemble [dìsəsémbəl]		해체하다, 분해하다 ⓝ disassembly 분해, 해체 ☞ **dis**semble 숨기다(사상·목적), 감추다
appear [əpíər]		나타나다, 출연하다(T·V) = emerge, show up, turn up
disappear [dìsəpíər]		사라지다, 소멸하다 = fade, vanish ☞ banish 추방하다
approve [əprúːv]		승인·허가하다, 찬성하다 = accept, ratify, sanction
disapprove [dìsəprúːv]		찬성하지 않다, 불가하다고 하다 = reject, deny ⓝ approval 승인, 찬성 ↔ ⓝ disapproval 불승인, 불찬성
avow [əváu]		공언하다, 인정·자백하다 = declare, proclaim, profess, swear ⓐ avow**ed** 공언한, 자인한 ⓝ avow**al** 공언, 언명
disavow [dìsəváu]		부인하다, 부정하다 = deny, abjure, repudiate ☞ vow 맹세, 서약 / 단언하다, 확언하다
activate [æktəvèit]		활동·작동시키다, 활기차게 하다 = vitalize, energize
deactivate [diːæktəvèit]		군대·동원을 해산하다, 활동력을 잃게 하다 = devitalize
accessible [æksésəbəl]		접근하기 쉬운, 가기 쉬운 = approachable, available ☞ access 접근(하다), 진입로, 발작(병·화)
inaccessible [ìnəksèsəbəl]		접근하기·도달하기 어려운 = unapproachable, unavailable
accurate [ækjərit]		정확한, 빈틈없는 ☞ accuracy 정확 = precise, exact, correct
inaccurate [inækjərit]		부정확한, 틀린 = erroneous, fallacious, faulty
adequate [ædikwit]		적당한, 충분한, 상당한 = ample, enough, plentiful, sufficient
inadequate [inædikwit]		부적당한, 불충분한 = meager, deficient, insufficient
alienable [éiljənəbəl]		양도할 수 있는 ☞ alien 이질적인, 우주인, 외국의
inalienable [inéiljənəbəl]		양도할 수 없는 ☞ alien**ate** 이간하다, 양도하다
alterable [ɔ́ːltərəbəl]		변경할 수 있는, 가변의 = mutable
inalterable [inɔ́ːltərəbəl]		변경할 수 없는, 불변의 = immutable

animate [ǽnəmèit]	생물인, 활기 있는 = vital, vivacious, lively	
	ⓝ animation 생기, 만화영화 / animal 동물, 동물의	
inanimate [inǽnəmit]	무생물의, 활기 없는 = dull, inert, lethargic, lackadaisical	
apprehensible [æ̀prihénsəbəl]	이해할 수 있는 = cognizable	
inapprehensible [ìnæprihénsəbəl]	이해할 수 없는 = **in**cognizable	
appropriate [əpróuprièit]	적절한, 어울리는 = proper, suitable, adequate	
inappropriate [inəpróupriit]	부적절한 = **im**proper, **un**suitable, **in**adequate	
apt [ǽpt]	~할 것 같은, ~하기 쉬운 = liable, likely, prone	
	적절한, 적당한 = suitable	
inapt [inǽpt]	부적당한, 적절치 않은 = **un**suitable	
	☞ in**ept** 서툰, 어리석은 = awkward, clumsy, gauche	
articulate [ɑːrtíkjəlit]	똑똑하게 발음된, 분명한 = clear, distinct	
	ⓥ 똑똑하게 발음하다, 분명히 말하다 = enunciate	
inarticulate [ìnɑːrtíkjəlit]	똑똑히 말을 못하는, 발음이 불분명한(알아들을 수 없는)	
attentive [əténtiv]	주의 깊은, 세심한 = careful, heedful ⓝ attention 주의	
inattentive [inəténtiv]	부주의한, 태만한 = reckless, careless, heedless, oblivious	
audible [ɔ́ːdəbl]	들리는, 들을 수 있는	
	☞ audi**tion** 음성 테스트(가수·배우)	
	☞ audi**ence** 청중, 관객, 청취자(라디오), 시청자(TV)	
inaudible [inɔ́ːdəbəl]	들리지 않는, 들을 수 없는	
	☞ auditorium 방청석, 청중석, 강당	
auspicious [ɔːspíʃəs]	상서로운, 길조의 = propitious, favorable	
	ⓝ auspice 길조, 전조	
	☞ auspice**s** 주최, 후원, 찬조	
inauspicious [ìnɔːspíʃəs]	불길한, 불운한 = portentous, **un**favorable, **un**propitious	

advertently [ædvə́:rtəntli]	주의 깊게 ⓥ advert 유의하다, 주의를 돌리다 ☞ advertent 주의하는, 유의하는	
inadvertently [ìnədvə́:rtəntli]	무심코 ↔ deliberately 신중히, 유유히 ⓐ inadvertent 부주의한, 무심코 저지른 = careless, heedless	

abridged [əbrídʒd]	단축한, 요약한 ☞ bridge 다리, 교량, 연결, 연락 ☞ abridge 단축·축소하다, 요약·초록하다 = abbreviate, summarize
unabridged [ʌ̀nəbrídʒd]	생략되지 않은, 전부 실은(줄이지 않고) ☞ 대사전(발췌하지 않은)

acceptable [ækséptəbəl]	수용할·받아드릴 수 있는
unacceptable [ʌ̀nəkséptəbəl]	수용할·받아드릴 수 없는

accommodated [əkámədèit]	편의가 제공되는
unaccommodated [ʌ̀nəkámədèitidl]	편의가 제공되지 않은

accompanied [əkʌ́mpənid]	동반하는, 반주를 곁들인
unaccompanied [ʌ̀nəkʌ́mpənid]	동행·동반하지 않는, 무반주의

accountable [əkáuntəbəl]	설명할 수 있는 = explainable, explicable ⓝ account 계산(서), 청구서, 이유, 계좌 / 설명을 하다
unaccountable [ʌ̀nəkáuntəbəl]	설명할 수 없는 = inexplainable, inexplicable

adulterated [ədʌ́ltərèitid]	섞음 질을 한, 순도가 법정 기준에 맞지 않는 ☞ adulterate 간통의, 더럽히다 / ⓝ adultery 간통, 간음
unadulterated [ʌ̀nədʌ́ltərèitid]	섞이지 않은, 순수한

affected [əféktid]	영향을 받은, 짐짓 꾸민, ~인 체하는
unaffected [ʌ̀nəféktid]	영향을 받지 않는, 젠체하지 않는, 있는 그대로의

Regrouping 반의어 • 269

alloyed [ǽlɔid]	합금된, 섞인, 순수·진실하지 않은 ☞ alloy 합금(하다), 혼합물 = amalgam, composite, compound
unalloyed [ʌ̀nəlɔ́id]	합금이 아닌, 섞인 것이 없는, 순수한, 진실한(감정)
alterable [ɔ́:ltərəbəl]	바꿀·고칠 수 있는 = changeable, convertible
unalterable [ʌ̀nɔ́:ltərəbəl]	바꿀·고칠 수 없는 = unchangeable, inconvertible
answerable [ǽnsərəbəl]	책임 있는, (대)답할 수 있는 ☞ answer 대답, 회답, 해답 = reply, solution
unanswerable [ʌ̀nǽnsərəbəl]	답변·반박할 수 없는
assailable [əséiləbəl]	공격할 수 있는, 약점이 있는 ⓥ assail 공격하다, 비난하다 = assault, attack
unassailable [ʌ̀nəséiləbəl]	난공불락의, 논쟁의 여지가 없는 = incontrovertible, indisputable
assuming [əsjú:miŋ]	주제넘은, 건방진 = arrogant, haughty, brazen, audacious
unassuming [ʌ̀nəsjú:miŋ]	주제넘지 않은, 겸손한 = humble, modest, unpretentious ☞ assumed 꾸민, 가장한, 임시의, 인수한
available [əvéiləbəl]	이용 가능한, 구입 가능한 = accessible, convenient, obtainable
unavailable [ʌ̀nəvéiləbəl]	이용 불가능한, 구입 불가능한 = inaccessible, inconvenient
avoidable [əvɔ́idəbəl]	피할 수 있는 = preventable, escapable ☞ avoid 피하다 = dodge, duck, skirt / void 공허한(빈), 무효의
unavoidable [ʌ̀nəvɔ́idəbəl]	피할 수 없는 = inevitable, inescapable
agreeable [əgrí:əbəl]	유쾌한, 기분 좋은 = amiable, congenial ⓝ agreement 일치, 협정 ↔ disagreement 불일치
disagreeable [dìsəgrí:əbəl]	불쾌한, 싫은 = disgusting, nasty, repulsive, unpalatable
adjusted [ədʒʌ́stid]	조정·조절된, 적응한
maladjusted [mæ̀lədʒʌ́stid]	조절이 잘 안 되는, 환경에 적응이 안 되는
adroit [ədrɔ́it]	솜씨 좋은, 교묘한 = deft, adept, dexterous
maladroit [mæ̀lədrɔ́it]	솜씨 나쁜, 서툰 = inept, clumsy, awkward

arctic [á:rktik]	북극의, 북극지방, 극한(極寒)의	☞ ant 개미
antarctic [æntá:rktik]	남극의, 남극지방 ☞ antarctica 남극대륙	

artful [á:rtfəl]	간교한, 술책 있는 ☞ art 예술, 기술 / artist 예술가, 화가
artless [á:rtlis]	소박한, 꾸밈없는 ☞ artisan 기능공, 장인(匠人) = craftsman

sapid [sǽpid]	맛있는, 재미있는 = palatable, luscious, delectable, delicious
vapid [vǽpid]	맛없는, 김빠진(활기 없는) = insipid, stale

Regrouping B

biography [baiágrəfi]	전기(傳記), 일대기 ☞ bio 생명 / graphy 서법(書法), 기록 법
autobiography [ɔ̀:təbaiágrəfi]	자서전(自敍傳) ☞ auto 자동차, 자신의

abashed [əbǽʃt]	부끄러워하는, 겸연쩍어 하는 ☞ abash 부끄럽게·쩔쩔매게 하다 = embarrass, bewilder
unabashed [ʌ̀nəbǽʃt]	부끄러워하지 않는, 당당한

bearable [bɛ́ərəbəl]	참을 수 있는 = endurable, tolerable ☞ forebear 선조 ⓥ bear 참다, 낳다, 운반하다, 열매 맺다
unbearable [ʌ̀nbɛ́ərəbəl]	참을 수 없는 = insupportable, intolerable, unendurable ☞ forbear 인내하다, 억제하다 / forbearance 인내

becoming [bikʌ́miŋ]	어울리는, 걸맞은, 적당한 = appropriate, fitting, proper, suitable ☞ become ~이 되다, 어울리다
unbecoming [ʌ̀nbikʌ́miŋ]	어울리지 않은, 부적당한 = improper, inappropriate

bend [bend]	뜻을 굽히다, 굴복하다, 악용하다(법·규칙)
unbend [ʌ̀nbénd]	곧게 펴다, 긴장을 풀게 하다, 마음을 편히 하다 ☞ unbending 굽히지 않는, 완고한, 불굴의 = unyielding

biased [báiəst]	편견을 가진 = prejudiced, partial ⓝ bias = prejudice 편견
unbiased [ʌnbáiəst]	편견 없는, 공평한 = unprejudiced, impartial
bridled [bráidld]	구속된, 재갈물린 ⓝ bridle 굴레, 속박 = curb, restraint
unbridled [ʌnbráidld]	구속되지 않은, 해방된, 난폭한 = unrestrained, uncontrolled, wild
antebellum [æ̀ntibéləm]	전전의, 남북전쟁 전의(미국)
postbellum [póustbéləm]	전후의, 남북전쟁 후의(미국)
behave [bihéiv]	행동하다(예절 바르게) ☞ Behave yourself! 점잖게 굴어라! ⓝ behavior 행동, 행실, 품행 / comport 처신하다, 행동하다
misbehave [mìsbihéiv]	나쁜 짓을 하다, 무례한 행동을 하다
beneficent [bənéfəsənt]	선행의, 자선심 많은 = charitable, generous
maleficent [məléfəsnt]	악행의, 유해한 ☞ benefactor 후원자, 기증자 = donor

Regrouping C

courtesy [kə́ːrtəsi]	예의, 정중, 우대 ☞ court 경기장, 궁정, 법정, 유혹하다
discourtesy [diskə́ːrtəsi]	무례, 실례 ☞ courteous 공손한 = civil, polite, refined
connection [kənékʃən]	관련(성), 접속, 연줄(연결) ☞ collection 수집(물), 소장품
disconnection [dìskənékʃən]	절단, 단절 ⓐ collective 집합적인, 집단적인
congruity [kəngrúːiti]	일치, 합동 = accord, agreement, correspondence, harmony
incongruity [ìnkəngrúːəti]	부조화, 모순 = discrepancy, disparity, incompatibility
convenience [kənvíːnjəns]	편리 = comfort, expedience ⓐ convenient 편리한
inconvenience [ìnkənvíːnjəns]	불편 = discomfort ⓐ inconvenient 불편한

concern [kənsə́ːrn]	관심, 염려 ☞ discern 구별하다, 식별하다
unconcern [ʌ̀nkənsə́ːrn]	태연, 냉담, 무관심 ⓐ concerning 염려하는, 관계 하는 ☞ unconcerned 걱정하지 않는, 무관심한, 관련 없는

certainty [sə́ːrtənti]	확실(성) ⓐ certain 확실한, 확신하는
uncertainty [ʌ̀nsə́ːrtənti]	불확실(성) ⓐ uncertain 불확실한, 확신 못하는

curriculum [kəríkjələm]	교과 과정 ☞ textbook 교과서 / text 본문(서문·부록에 대해)
extracurriculum [èkstrəkəríkjələm]	교과 외 과정 ☞ extra ~이 외의, 여분의, 임시의, 특별한

comfort [kʌ́mfərt]	편안, 위로(하다), 이불 ☞ comport 처신·행동하다 = behave
discomfort [diskʌ́mfərt]	불쾌, 불안, 불편 ☞ discomfort index 불쾌지수

content [kəntént]	만족(시키다), 만족하는 = comfortable, complacent, satisfied ☞ (the table of) contents 목차(目次), 내용
discontent [dìskəntént]	불만(족), 불평 ☞ malcontent 불평분자, 반체제 활동가

acclivity [əklívəti]	오르막 경사 ☞ cline 클라인, 연속변이
declivity [diklívəti]	경사, 내리받이

increment [ínkrəmənt]	증가, 이득 = increase, augmentation
decrement [dékrəmənt]	감소, 소모 = decrease, reduction, subtraction

inclusion [inklúːʒən]	포함 ⓐ inclusive 포함한 = including ☞ include 포함하다 ↔ exclude 배제하다, 독점하다
exclusion [iksklúːʒən]	배제 ⓐ exclusive 배타적인, 독점적인

capacitate [kəpǽsətèit]	자격·능력을 주다(가능케 하다) = entitle, qualify
incapacitate [ìnkəpǽsətèit]	무력화 시키다, 자격을 박탈하다 = cripple, disable, handicap, maim ☞ be incapacitated 무능력해 지다, 부적격해 지다

connect [connect]	잇다, 연결하다(되다) = link, associate, attach
disconnect [dìskənékt]	끊다(접속·관련), 분리하다 = disengage, separate, detach

Regrouping 반의어 • 273

credit [krédit]	신용하다, 믿다 ☞ 신용대부(거래), 외상판매
discredit [diskrédit]	믿지 않다, 의심하다 = disbelieve, distrust

construe [kənstrúː]	해석·분석하다, 이해·추론하다 = elucidate, explicate, interpret ⓐ true 진실한, 진짜의 ↔ fake, false, bogus, spurious ⓝ truth 진실(성), 진리 = verity, veracity, authenticity
misconstrue [mìskənstrúː]	잘못 해석하다, 오해·곡해하다 = misunderstand

accelerate [æksélərèit]	가속하다(시키다) = expedite, speed up, step on it
decelerate [diːsélərèit]	감속하다(시키다) = slow down

accuse [əkjúːz]	고발하다, 기소하다 = arraign, charge, impeach, indict
excuse [ikskjúːz]	용서하다, 변명하다 = pardon, absolve, exonerate

calculable [kǽlkjələbəl]	계산 가능한, 예측 가능한 = predictable, estimable, fathomable ⓝ calculation 계산(법), 숙려, 신중한 계획
incalculable [inkǽlkjələbəl]	추측할 수 없는, 막대한 = unpredictable, inestimable, unfathomable

capable [kéipəbəl]	할 수 있는 = apt, able, competent
incapable [inkéipəbəl]	할 수 없는 = incompetent, inept, unable ⓝ capability 능력, 가능 ↔ ⓝ incapability 불능, 무능

clement [klémənt]	관용적인, 온화한(날씨) ⓝ clemency 관대, 온화(성격·날씨) ☞ exercise clemency 자비를 베풀다
inclement [inklémənt]	냉혹한, 험악한(날씨) = blustery, severe, violent

combustible [kəmbʌ́stəbl]	타기 쉬운, 연소성의 = inflammable, ignitable
incombustible [ìnkəmbʌ́stəbəl]	불연성의 = nonflammable, fireproof

commensurate [kəménʃərit]	비례한, 균형이 잡힌, 같은 양(면적·크기·시간)의
incommensurate [ìnkəménʃərit]	어울리지 않은, 맞지 않은 = inadequate, disproportionate

commodious [kəmóudiəs]	널찍한, 편한 = ample, roomy, spacious, convenient ☞ commodity 편리 / commodities 일용품, 필수품, 상품
incommodious [ìnkəmóudiəs]	비좁은, 불편한 = bothersome, disturbing, **in**convenient
communicable [kəmjú:nikəbəl]	말로 전할 수 있는, 전염성의
incommunicable [ìnkəmjú:nəkəbəl]	말로 전할 수 없는 = **un**told, **in**effable
commutable [kəmjú:təbəl]	교환·바꿀 수 있는 = mutable
incommutable [ìnkəmjú:təbəl]	교환·바꿀 수 없는 = **im**mutable, stubborn
compliant [kəmpláiənt]	남이 시키는 대로 하는, 고분고분한 = flexible, pliant, yielding
incompliant [ìnkəmpláiənt]	따르지 않는, 고집 센 = **un**yielding
corporeal [kɔːrpɔ́ːriəl]	유형의, 물질적인 = physical ☞ corpor**al** 육체의, 신체의 = bodily, physical
incorporeal [ìnkɔːrpɔ́ːriəl]	영적인, 비물질적인 ☞ 무체의(특허권·저작권)
compatible [kəmpǽtəbəl]	양립하는, 조화되는 = congruous, harmonious
incompatible [ìnkəmpǽtəbl]	양립하지 않는, 맞지 않는 = **in**congruous, **in**harmonious
competent [kámpətənt]	적격의, 유능한 = adept, efficient, proficient, qualified ⓝ competence 능력, 권능, 적격
incompetent [inkámpətənt]	부적격의, 무능의 = **in**effectual, **in**efficient, inept
complete [kəmplíːt]	완전한, 총체적인 = **en**tire, thorough, total, whole ⓝ completion 완성, 성취
incomplete [ìnkəmplíːt]	불완전한, 미완성의 ☞ partial 부분적인, 불공평한
conceivable [kənsíːvəbəl]	생각·상상할 수 있는, 있을 법한 ⓥ conceive 상상·임신하다 ☞ by every conceivable means 가능한 모든 수단으로
inconceivable [ìnkənsíːvəbəl]	상상할 수 없는, 믿을 수 없는, 매우 놀랄만한 = **in**credible, preposterous, **un**believable, **un**thinkable

congruous [káŋgruəs]	일치·조화하는, 합동의　ⓝ congruity 일치, 적합, 합동	
incongruous [inkáŋgruəs]	일치·조화하지 않는, 부등의 ⓝ incongruity 안어울림, 부적합, 장소에 어울리지 않는	
conclusive [kənklú:siv]	단호한, 결정적인 = decisive, definite ⓝ conclusion 결론, 결과, 체결(계약)	
inconclusive [ìnkənklú:siv]	확정 안 된, 결론 안 난 = indecisive, indefinite	
consistent [kənsístənt]	일치된, 시종일관된, 모순 없는(논리·수학) ⓝ consistence 일치 ↔ ⓝ inconsistence 모순	
inconsistent [ìnkənsístənt]	일치하지 않는, 모순된, 불능의(수학)	
conspicuous [kənspíkjuəs]	눈에 띠는 = remarkable, eminent, prominent, noticeable	
inconspicuous [ìnkənspíkju:əs]	두드러지지 않는 = unobtrusive	
consequential [kànsikwénʃəl]	결과로서 일어나는, 당연한(논리상) = consequent	
inconsequential [ìnkànsikwénʃəl]	논리에 맞지 않는, 중요하지 않은 ☞ subsequent 뒤의, 차후의	
controvertible [kàntrəvə́:rtəbəl]	논의의 여지가 있는 = controversial, debatable, disputable	
incontrovertible [ìnkàntrəvə́:rtəbəl]	논쟁의 여지가 없는 = indisputable, irrefutable, undebatable ☞ controversy 논쟁, 토론 　= altercation, argument, debate	
correct [kərékt]	옳은, 정확한 = accurate, exact, precise	
incorrect [ìnkərékt]	올바르지 않은, 부정확한 = inaccurate, erroneous, fallacious	
credible [krédəbəl]	신용할 수 있는, 확실한 = believable, reliable, trustworthy	
incredible [inkrédəbəl]	신용할 수 없는, 믿기 어려운 = doubtful, unbelievable, unreliable	
credulous [krédʒələs]	쉽게 믿는, 속기 쉬운 = gullible, naive, ingenuous	
incredulous [inkrédʒələs]	쉽게 믿지 않는, 의심 많은 = dubious, skeptical, suspicious	

culpable [kʌ́lpəbl]	유죄의, 비난할만한 = blameworthy, guilty, sinful ⓝ culpability 유죄, 꾸중 들어야 할 일 = guilt
inculpable [inkʌ́lpəbəl]	죄 없는, 결백한, 나무랄·비난할 데 없는 = innocent
curable [kjúərəbəl]	고칠 수 있는, 치료할 수 있는, 낫는 ⓥ cure 고치다, 치료하다 = heal, remedy
incurable [inkjúərəbəl]	불치의, 구제·교정·선도하기 어려운(사람) = **ir**reparable, **ir**reversible ☞ **in**curable disease 불치병
canny [kǽni]	영리한, 신중한 = shrewd, clever, cautious
uncanny [ʌ̀nkǽni]	엄청난, 신비스러운(초자연적인) = mysterious, weird 무시무시한 = creepy, scary, spooky
ceremonious [sèrəmóuniəs]	예의의, 딱딱한 = formal, ritualistic, solemn ⓝ ceremony 의식, 의례, 형식, 예의
unceremonious [ʌ̀nserəmóuniəs]	격식을 차리지 않는, 허물없는, 마음을 터놓은 ☞ **un**ceremoniously 허물없이, 불공평하게, 갑작스럽게
chaste [tʃeist]	정숙한, 순결한 ☞ haste 급함, 성급, 신속 ☞ chasten 징벌하다(神), 단련시키다 = chastise, castigate, chide
unchaste [ʌ̀ntʃéist]	정숙하지 않은, 행실이 나쁜, 음탕한
comfortable [kʌ́mfərtəbl]	편안한 ☞ comfort 편안, 위로(하다), 이불 ☞ com**p**ort 처신하다, 행동하다 = behave
uncomfortable [ʌ̀nkʌ́mfərtəbəl]	불편한 ☞ **dis**comfort 불편, 불쾌 / **p**ortable 휴대용의
concerned [kənsə́:rnd]	걱정하는, 관계하고 있는 = anxious, worried, involved ☞ concern**ing** ~에 관하여, ~에 대하여
unconcerned [ʌ̀nkənsə́:rnd]	걱정하지 않는, 관계치 않는 = **in**different, carefree ⓝ **un**concern 무관심, 태연, 냉정 = **in**difference, aplomb
conditional [kəndíʃənəl]	조건부의, 가정적인 ⓝ condition 조건, 상태, 정도
unconditional [ʌ̀nkəndíʃənəl]	무조건의, 절대적인 = absolute, **un**restricted

Regrouping 반의어 • 277

conquerable [káŋkərəbəl]	정복 가능한	ⓥ conquer 정복하다 ↔ surrender, yield
un**conquerable** [ʌ̀nkáŋkərəbəl]	정복할 수 없는	ⓝ conquest 정복 / conqueror 정복자

conscionable [kánʃənəbəl]	양심적인, 정당한	ⓝ **con**science 양심, 도의심
un**conscionable** [ʌ̀nkánʃənəbəl]	비양심적인, 부당한, 부조리의	☞ science 과학

conventional [kənvénʃənəl]	전통·관습적인, 형식·상투적인 ⓝ convention 전통, 관습
un**conventional** [ʌ̀nkənvénʃənəl]	관습에 의하지 않은, 판에 박히지 않은

couth [kuːθ]	세련된, 고상한(우스개) = polite, civil, urbane, refined
un**couth** [ʌnkúːθ]	세련되지 않은, 거칠고 천한 = brusque, gruff

content [kəntént]	만족하는 = complacent, satisfied
discontent [dìskəntént]	불만스러운 = **dis**gruntled, **dis**pleased, **dis**satisfied

convex [kɑnvéks]	볼록한, 철면의(凸面) = arched, bulging, protruding ☞ vex 짜증나게 하다, 애타게 하다 = annoy, irritate
con**cave** [kɑnkéiv]	오목의, 요면의(凹面) ☞ cave 동굴

exclusive [iksklúːsiv]	독점적인(권리), 배타적인(사람), 고급인(가게)
in**clusive** [inklúːsiv]	포함하여(하는) = comprising, including ☞ open 개방하는

cheerful [tʃíərfəl]	기분 좋은, 즐거운 ⓝ cheer 갈채, 환호 / cheer**s**! 건배!
cheerless [tʃíərlis]	우울한, 기쁨이 없는 = dismal, dreary, gloomy, melancholy

centripetal [sentrípətl]	구심성의, 중앙집권적인 ☞ **p**etal 꽃잎 / **f**etal 태아의
centri**fugal** [sentrífjəgəl]	원심성의, 지방분권적인 ☞ 원심 분리기 / **fr**ugal 검소한

Regrouping D

decision [disíʒən]	결정, 결단, 판결　ⓐ decisive 단호한 = definite, conclusive
indecision [ìndisíʒən]	주저, 우유부단 = hesitation, vacillation ⓐ indecisive 우유부단한 = hesitant, inconclusive, indefinite
dependence [dipéndəns]	의존　ⓐ dependent 의존적인, 의존 자 ☞ depend 의지·의존하다 / defend 막다, 방어하다
independence [ìndipéndəns]	독립　☞ Independence Day 독립기념일(미)
dignity [dígnəti]	존엄, 품위, 작위 = decorum, propriety, self-esteem
indignity [indígnəti]	모욕, 경멸, 무례 = affront, contempt, humiliation, insult ⓝ indignation 분개, 의분　ⓐ indignant 분개한
digestion [didʒéstʃən]	소화, 요약, 동화흡수　☞ summary 요약, 약식의 ☞ digest 소화·요약하다, 간추리다 / 요약, 적요
indigestion [ìndidʒéstʃən]	소화불량, 이해부족　☞ synopsis 개요, 일람
demeanor [dimí:nər]	품행, 처신, 태도, 행실 = attitude, behavior, conduct ☞ comport 처신하다 = behave, conduct
misdemeanor [mìsdimí:nər]	비행, 경범죄 = misbehavior, misconduct, misdeed ☞ delinquency 비행, 과실 / felony 중죄(重罪)
dermis [də́:rmis]	진피(眞皮), 내피　☞ derm(a) 피부 = skin 껍질·가죽을 벗기다
epidermis [èpədə́:rmis]	표피(表皮), 외피　☞ epidermic 표피의 ☞ dermatology 피부의학 / dermatologist 피부병 전문 의사
donor [dóunər]	기증자(혈액·장기 등), 시주　ⓝ donation 증여, 기부
donee [douní:]	증여 받는 사람　ⓥ donate 증여하다, 기부하다
antedate [ǽntidèit]	날짜를 앞당기다(수표·증서), 선행하다　☞ ante = before
postdate [pòustdéit]	날짜를 실제보다 늦추어 달다(수표·증서), ~의 뒤에 오다(시간적) ☞ a postdated bill 연(延)어음

decent [díːsnt]	예의바른, 상당한 신분의(버젓한) = modest, courteous, gracious ☞ descent 하강, 가계, 혈통 ↔ ascent 상승, 향상, 승진
indecent [indíːsnt]	추잡한, 음란한, 외설적인 = lewd, licentious, obscene 버릇없는 = impolite, rude Ⓝ indecency 예절 없음, 외설
decisive [disáisiv]	결단력 있는, 결정적인 Ⓥ decide 결정하다 = resolve
indecisive [ìndisáisiv]	결단성 없는, 우유부단한 = hesitant, inconclusive ☞ incisive 신랄한, 날카로운 Ⓝ incision 베기, 절개
decorous [dékərəs]	예의 바른, 점잖은, 단정한 = modest, polite
indecorous [indékərəs]	예의없는, 버릇없는 = immodest, impolite, improper, inappropriate
defensible [difénsəbəl]	방어·옹호·변호할 수 있는 = excusable, justifiable
indefensible [ìndifénsəbəl]	방어·옹호·변호해 줄 수 없는 = inexcusable, insupportable
deliberate [dilíbərèit]	계획적인, 신중한 = careful, prudent Ⓝ deliberation 숙고, 신중함 = consideration, meditation
indeliberate [ìndilíbərèit]	무계획적인, 신중하지 않은 = careless, reckless
dependent [dipéndənt]	의지하는, 의존적인 Ⓝ dependence 의존 / pendent 매달린
independent [ìndipéndənt]	독립하는, 독립적인 Ⓝ independence 독립
determinate [ditə́ːrmənit]	명확한, 결정적인 확고한, 한정된 = definite
indeterminate [ìnditə́ːrmənit]	불확실한, 모호한 = vague
digestible [didʒéstəbəl]	소화할 수 있는, 간추릴·요약할 수 있는
indigestible [ìndidʒéstəbəl]	소화되지 않는, 이해하기 어려운
discriminate [diskrímənèit]	차별적인, 명확한, 구별하다 Ⓝ discrimination 차이, 차별 = distinction
indiscriminate [ìndiskrímənit]	분별없는, 무차별의, 닥치는 대로 = random, jumbled, haphazard ☞ indiscriminately 분별없이, 닥치는 대로

discreet [diskríːt]	신중한, 분별 있는 = judicious, cautious, prudent, heedful ☞ greet 인사하다, 경례하다 / greed 탐욕, 욕심
indiscreet [ìndiskríːt]	경솔한, 성급한 = rash, hasty, heedless, reckless, imprudent
disposed [dispóuzd]	~할 마음이 있는, ~하고 싶어 하는 / 배치된
indisposed [ìndispóuzd]	기분이 좋지 않은, 내키지 않는
disputable [dispjúːtəbəl]	논의의 여지가 있는 = moot, controversial, debatable
indisputable [ìndispjúːtəbəl]	논의의 여지가 없는 = conclusive, incontrovertible
dispensable [dispénsəbəl]	없어도 좋은, 중요치 않은 = extraneous, nonessential, superfluous
indispensable [ìndispénsəbəl]	필수불가결한, 절대 필요한 = vital, crucial, essential, integral
deductive [didʌ́ktiv]	연역적인, 추론적인 ⓝ deduction 연역, 공제 ☞ deductive method 연역법 ☞ deductive reasoning 연역적 추리
inductive [indʌ́ktiv]	귀납적인, 유도하는 ⓝ induction 귀납, 유도 ☞ inductive method 귀납법 ☞ inductive reasoning 귀납적 추리
dubitably [djúːbətəbəly]	의심스럽게 ⓝ dubitation 의혹, 반신반의 = doubt, suspicion
indubitably [indjúːbətəbəly]	의심 할 여지없이 = absolutely, certainly, indisputably, irrefutably
daunted [dɔ́ːntid]	기세(한풀)꺾인 ⓥ daunt 위압하다(으르다), 기세를 꺾다 = intimidate
undaunted [ʌndɔ́ːntid]	불굴의, 겁 없는 = dauntless, fearless, intrepid, valiant, bold, daring
decided [disáidid]	결정적인, 단호한 = decisive
undecided [ʌndisáidid]	결정되지 않은, 우유부단한 = indecisive

deniable [dináiəbəl]	부인·거부할 수 있는　ⓥ deny 부인하다, 부정하다	
undeniable [ʌ̀ndináiəbəl]	명백한, 더할 나위없는, 훌륭한	

dying [dáiiŋ]	죽어가는, 죽을 운명의 = mortal 인간
undying [ʌ̀ndáiiŋ]	불멸의, 영원한 = immortal 불사신　☞ phoenix 불사조

up-to-date [ʌ́ptədéit]	최신(식)의, 지금 유행하는 = brand new, modern, newfangled
out-of-date [áutəvdéit]	시대에 뒤진, 구식의 = obsolete, old-fashioned, outmoded

indoors [índɔ́ːrz]	실내·옥내에서　ⓐ indoor 실내의 = inside
outdoors [áutdɔ́ːrz]	실외·야외에서 ⓐ outdoor 실외의 = alfresco, open-air, outside

Regrouping E

equality [iːkwáləti]	평등, 동등(상등) = equivalence, parallelism, symmetry
inequality [ìnikwáləti]	불평등, 부적당 = discrepancy, disparity, partiality

experience [ikspíəriəns]	경험　ⓐ experienced 경험 있는 = skilled, trained, versed
inexperience [ìnikspíəriəns]	무경험, 미숙　ⓐ inexperienced 경험 없는 = green, callow

employment [emplɔ́imənt]	고용, 취직, 일자리　☞ employer 고용주 / employee 고용인
unemployment [ʌ̀nimplɔ́imənt]	실업, 실직　☞ ploy 책략, 흥정 / deploy 전개, 배치(군대)

engagement [engéidʒmənt]	약속, 약혼, 교전　☞ previous engagement 선약 ☞ previous 앞의, 이전의 / precious 귀중한 ⓥ engage 약속·약혼하다, 종사시키다
disengagement [dìsengéidʒmənt]	혼약의 해소, 해방, 자발적 철수 ⓥ disengage 풀다, 느슨하게 하다 = loosen

energize [énərdʒàiz]	활기 · 정력을 주다 = galvanize, invigorate ⓝ energy 힘, 정력 ⓐ energetic 정력적인
enervate [énərvèit]	활기 · 정력을 빼다 = devitalize, debilitate ⓐ enervated 힘이 빠진, 무기력한 ⓝ nerve 신경, 용기 ⓐ nervous 신경의, 신경질적인
esoteric [èsoutérik]	비법의, 비밀의 = confidential, secret
exoteric [èksətérik]	개방적인, 공개적인 = open
entangle [entǽŋgl]	얽히게 하다, 분규 · 함정에 빠뜨리다, 휩쓸려들게 하다 ⓝ tangle 엉킴, 혼란, 분규, 뒤얽힘 = imbroglio
disentangle [dìsentǽŋgl]	얽힌 것을 풀다, (분규를) 해결하다 = settle
edible [édəbəl]	먹을 수 있는, 식용이 되는 = eatable, comestible
inedible [inédəbəl]	먹을 수 없는, 식용에 부적합한 = uneatable
effective [iféktiv]	효과적인, 실질적인 = effectual, practical ☞ effectively 효과적으로, 실질적으로
ineffective [iniféktiv]	무효의, 효과 없는, 쓸모없는 = ineffectual, futile
eligible [élidʒəbəl]	적격의, 적격자 = acceptable, fit, qualified, suitable
ineligible [inélidʒəbəl]	부적격의, 부적격자 = unacceptable, unqualified, unsuitable
adept [ədépt]	숙련된, 정통한 = adroit, deft, dexterous
inept [inépt]	서툰, 어리석은 = awkward, clumsy, gauche ⓝ ineptitude 부적당, 어리석음
equitable [ékwətəbəl]	편견 없는, 공정한 = just, fair, impartial ☞ equity 공평 = impartiality, justice / equities 주식(지분)
inequitable [inékwətəbəl]	불공평한, 불공정한 = unjust, unfair, partial
escapable [eskéipəbəl]	도망칠 · 피할 수 있는 = avoidable
inescapable [ìneskéipəbəl]	달아날 · 피할 수 없는, 불가피한 = inevitable
estimable [éstəməbəl]	평가 · 어림할 수 있는, 존중 · 존경할 만한
inestimable [inéstəməbəl]	평가할 · 헤아릴 수 없는

exhaustible [igzɔ́ːstəbəl]	다 써버릴 수 있는	ⓝ exhaustion 다 써버림, 극도의 피로 ⓥ exhaust 다써버리다, 기진맥진 하다
inexhaustible [ìnigzɔ́ːstəbəl]	다 써버릴 수 없는, 지칠 줄 모르는, 무진장한 = infinite, untold 무한한 ☞ indefatigable 지칠 줄 모르는 ↔ fatigable 곧 피로해지는	

expedient [ikspíːdiənt]	편리한, 편의의, 유리한 = convenient
inexpedient [ìnikspíːdiənt]	불편한, 부적절한 = inconvenient

experienced [ikspíəriənst]	경험 많은, 숙련된, 노련한 = skilled, proficient
inexperienced [ìnikspíəriənst]	경험 없는, 미숙한 = callow, unskilled

explicable [iksplíkəbəl]	설명 할 수 있는 = explainable, accountable, fathomable ⓝ explication 상설(詳說), 해설 = explanation
inexplicable [inéksplikəbəl]	설명 할 수 없는, 납득이 안가는 = baffling, puzzling, unaccountable, unfathomable

extricable [ékstrəkəbəl]	구출할 수 있는 ☞ rescue 구조, 구출 = deliverance ⓥ extricate 구출하다, 해방하다
inextricable [inékstrikəbəl]	탈출할 수 없는, 해결할 수 없는, 뒤엉킨 = labyrinthine, perplexing, tangled

earthly [ə́ːrθli]	현세의, 세속적인 ☞ earthling 인간, 지구인
unearthly [ʌnə́ːrθli]	초자연적인, 비현세적인 ☞ earth 지구, 대지, 현세(現世)

equivocal [ikwívəkəl]	모호한, 분명치 않은 = nebulous, ambiguous, vague
unequivocal [ʌ̀nikwívəkəl]	명백한, 모호하지 않은 = manifest, apparent, definite

exceptional [iksépʃənəl]	예외적인, 매우 뛰어난 ⓝ exception 예외, 특례
unexceptional [ʌ̀niksépʃənəl]	예외가 아닌, 보통의 = common, ordinary ☞ except 제외하다 / excerpt 발췌, 초록

existent [igzístənt]	존재 · 실재하는, 생존 · 현존하는 = existing ⓥ exist 존재하다 ⓝ existence 존재, 생존
nonexistent [nànigzístənt]	존재하지 않는 ☞ existentialism 실존주의

Regrouping F

fertility [fə:rtíləti]	비옥, 다산(번식력) ⓐ fertile 비옥한, 다산의 = prolific, productive
infertility [fə:rtíləti]	불모, 불임증, 생식불능 ☞ manure (똥)거름, 비료 ⓐ infertile, barren, sterile 불모의, 불임의 ☞ fertilizer 화학비료 / compost 퇴비
confidence [kánfidəns]	신뢰, 자신, 확신 = assurance, faith, reliance, trust
diffidence [dífidəns]	자신 없음, 망설임, 수줍음 = bashfulness, reserve, shyness
offense [əféns]	공격 ☞ offender 범죄자, 가해자 = wrongdoer, culprit
defense [diféns]	방어 ☞ defenseless 무방비의 / fence 울타리, 검술(을 하다)
fiction [fíkʃən]	픽션, 허구, 소설, 가공의 이야기 = lie, figment ⓐ fictitious 허구의, 가공의 = fabricated
nonfiction [nɑnfíkʃən]	논픽션, 소설이 아닌 산문 문학(전기·역사·탐험 기록 등)
freeze [fri:z]	동결시키다, 얼리다, 얼다 ☞ Freeze! 꼼짝 마라! ☞ antifreeze 부동액(不凍液)
unfreeze [ʌnfríːz]	동결을 해제하다, 녹이다, 녹다 = melt, thaw
fallible [fǽləbəl]	오류에 빠지기 쉬운 ☞ fallacious 틀린, 그릇된 = erroneous, false
infallible [infǽləbəl]	전혀 오류가 없는 ⓝ fallacy 오류, 허위 = falsehood, falsity
feasible [fí:zəbəl]	실행 가능한 = possible, viable ⓝ feasibility 실행 가능함
infeasible [infí:zəbəl]	실행 불가능한, 수행할 수 없는 = impossible ☞ unfeasible 실행할 수 없는
fertile [fə́:rtl]	비옥한, 다산(多産)의 = productive, prolific
infertile [infə́:rtəl]	불모의, 불임의 = arid, barren, sterile

Regrouping 반의어 • 285

finite [fáinait]	유한한 = bounded, limited, restricted ☞ finis 끝, 결말 ☞ **de**finite 뚜렷한, 한정하는 ↔ **in**definite 불명확한, 부정(不定)의
infinite [ínfənit]	무한한 = bound**less**, end**less** ☞ infinite**simal** 극소의, 미세한
flexible [fléksəbəl]	유연한, 융통성 있는, 휘기 쉬운 = adaptable, lithe, pliant, supple ☞ flex 구부리다, 습곡(褶曲)하다 / flexibility 구부리기 쉬움, 유연성
inflexible [infléksəbəl]	불굴의, 굽힐 수 없는 = rigid, stiff, steadfast, **un**bending, **in**tractable
formal [fɔ́ːrməl]	공식의, 형식적인 = conventional, customary, ceremonious
informal [infɔ́ːrməl]	비공식의, 격식 차리지 않는 = casual, unassuming, unceremonious
fatigable [fǽtigəbəl]	곧 피로해 지는 ☞ fatigue 피로, 지치게 하다
indefatigable [ìndifǽtigəbəl]	지칠 줄 모르는 = **in**exhaustible, tireless, **un**flagging, unwearied
faltering [fɔ́ːltəriŋ]	비틀거리는, 중얼거리는 ⓥ falter 비틀·머뭇거리다, 더듬다(말) = hesitate, vacillate, stagger, stumble
unfaltering [ʌnfɔ́ːltəriŋ]	비틀거리지 않는, 확고한
familiar [fəmíljər]	익숙한, 잘 알려진 = accustomed, acquainted ⓝ familia**rity** 친숙
unfamiliar [ʌ̀nfəmíljər]	익숙지 못한, 낯선 = strange, unaccustomed, unacquainted
favorable [féivərəbəl]	유리한, 호의적인 = friendly, amicable ☞ favor**ite** 가장 좋아하는, 총아
unfavorable [ʌ̀nféivərəbəl]	불리한, 호의가 없는 ☞ favor 부탁, 호의, 청 / savor 맛, 풍미
feigned [feind]	거짓의, 가장된 = affected 짐짓 꾸민, ~인 체하는 ⓥ feign 가장하다, 위조하다 = affect, counterfeit
unfeigned [ʌ̀nféind]	거짓 없는, 진실한 = sincere, candid, frank, ingenuous

fettered [fétərd]		속박된, 구속된　ⓝ fetter 족쇄(차꼬), 속박 = shackle, manacle
unfettered [ʌnfétərd]		자유로운, 속박에서 벗어난 = footloose, free, unbridled ☞ unfetter 구속을 풀다, 석방하다 = emancipate, liberate, release
flagging [flǽgiŋ]		축 늘어지는, 맥 빠지는 = fatigable　☞ flagship 최고의 것, 기함
unflagging [ʌnflǽgiŋ]		지치지 않는, 줄기찬 = tireless, untiring, indefatigable
flattering [flǽtəriŋ]		아첨하는, 알랑거리는　ⓥ flatter 아첨하다 = adulate, toady
unflattering [ʌnflǽtəriŋ]		아첨하지 않는, 노골적인　ⓝ flattery 아첨 = adulation 과찬
fledged [fledʒd]		깃털이 난, 날수 있게 된　☞ pledge 서약, 공약 ☞ fledgling 새끼 새, 애송이, 풋내기, 햇병아리
unfledged [ʌnfledʒd]		아직 깃털이 다 나지 않은, 미숙한 ☞ full-fledged 정식의, 자격이 충분한 = qualified
fortunate [fɔ́:rtʃənit]		행운의 = lucky, propitious, auspicious ⓝ fortune 행운 ↔ ⓝ **mis**fortune 불운 = calamity, disaster
unfortunate [ʌnfɔ́:rtʃənit]		불운한 = untoward, unpropitious, inauspicious
afferent [ǽfərənt]		구심성의, 중심부로 인도되는(혈관·신경)
efferent [éfərənt]		원심성의, 배출하는
offensive [əfénsiv]		공격적인, 모욕적인 = aggressive, insulting　ⓝ **of**fense 공격
defensive [difénsiv]		방어적인, 방비용의 = guarded, protective　ⓝ **de**fense 방어
sufficient [səfíʃənt]		충분한 = abundant, ample, enough, plenty
deficient [difíʃənt]		부족한 = insufficient, lacking, wanting, scanty
confident [kánfidənt]		자신 있는, 확신하는 = sanguine
diffident [dífidənt]		자신 없는, 숫기 없는 = bashful, reserved, reticent
inflammable [inflǽməbəl]		타기 쉬운, 가연성의 = combustible, ignitable ☞ flame 불길, 타오르다 / inflame 불태우다, 선동·자극하다
nonflammable [nɑnflǽməbəl]		불연성의 = fireproof 내화의, 방화의

fearful [fíərfəl]	무서운, 지독한 = scared, dreadful, frightened, horrible ⓝ fear 공포, 두려움 = dread, fright, horror, terror, trepidation
fear**less** [fíərlis]	대담한, 두려움을 모르는 = daring, daunt**less**, gallant, valorous
fruitful [frú:tfəl]	열매가 많은, 비옥한 = fertile, productive, prolific ☞ fruit 과일 / fruit**ion** 결실, 성취, 실현, 성과
fruit**less** [frú:tlis]	열매가 없는, 무익한 = futile, barren, **in**fertile, sterile

 Regrouping G

gratitude [grǽtətjù:d]	감사, 사의 = thanks, acknowledgment, **ap**preciation
ingratitude [ingrǽtətjù:d]	배은망덕 = **un**gratefulness
grace [greis]	은총, 우아, 품위 = delicacy, dignity, elegance ⓐ grace**ful** 우아한 = elegant
disgrace [disgréis]	불명예, 창피, 치욕 = **dis**honor, ignominy, infamy, shame 욕보이다, 망신시키다, 관직을 박탈하다 ☞ be disgraced 물러나다(지위), 총애를 잃다, 망신당하다
guise [gaiz]	외관, 모습(겉보기) = appearance, aspect
disguise [disgáiz]	변장, 가장(겉치레) ⓥ 변장하다, 속이다 = pretense
apogee [ǽpədʒì:]	원지점, 최고점, 정점
perigee [pérədʒì:]	근지점(천문)
orthography [ɔ:rθágrəfi]	철자법, 바른 철자 ☞ ortho 정(正), 직(直)
cacography [kækágrəfi]	오철(誤綴), 악필 ☞ caco 악(惡), 추(醜)
gag [gæg]	언론통제하다, 재갈물리다 = muzzle, curb ☞ 개그 : 배우가 임기응변으로 넣는 대사나 익살, 우스운 몸짓
ungag [ʌ̀ngǽg]	언론 통제를 풀다, 재갈을 풀다

| **glue** [glu:] | 교착·고착·접착시키다 ☞ 아교, 접착제 = adhesive, paste |
| **unglue** [ʌnglúː] | 녹여 떼다 ☞ come unglued 허물어지다, 부서지다 |

| **gorge** [gɔːrdʒ] | 게걸스레(걸신들린 듯)먹다, 포식하다 = devour, glut |
| **disgorge** [disgɔ́ːrdʒ] | 토해내다, 게위내다(훔친 것·부당이득) = vomit |

| **ingest** [indʒést] | 섭취하다(음식·약), 수집하다(정보) |
| **egest** [i(ː)dʒést] | 배출하다, 배설하다 ☞ vomit 토해내다 |

| **ingress** [íngres] | 들어감, 진입, 입구 = entrance, way in |
| **egress** [íːgres] | 밖으로 나감, 퇴장하다, 출구 = exit, way out |

| **grateful** [gréitfəl] | 감사하고 있는 = thankful, indebted, obliged |
| **ungrateful** [ʌngréitfəl] | 은혜를 모르는 = unappreciated, unrequited, unrewarded |

| **gruntled** [grʌ́ntld] | 기뻐하는, 만족스러운 = satiated, satisfied |
| **disgruntled** [disgrʌ́ntld] | 기분상한, 불만스러운 = unsatiated, unsatisfied
ⓝ disgruntlement 불만, 언짢음 |

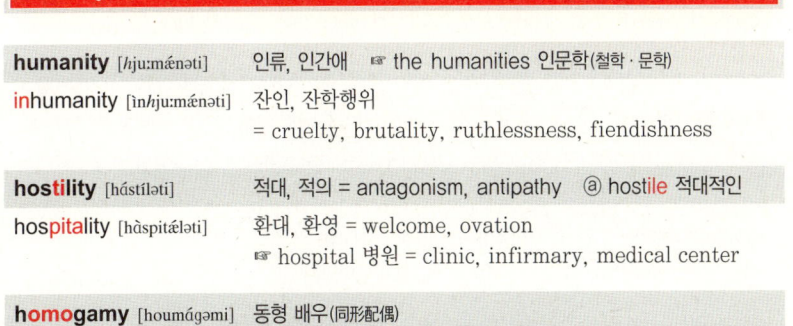

Regrouping H

| **humanity** [hjuːmǽnəti] | 인류, 인간애 ☞ the humanities 인문학(철학·문학) |
| **inhumanity** [inhjuːmǽnəti] | 잔인, 잔학행위
= cruelty, brutality, ruthlessness, fiendishness |

| **hostility** [hɑstíləti] | 적대, 적의 = antagonism, antipathy ⓐ hostile 적대적인 |
| **hospitality** [hɑ̀spitǽləti] | 환대, 환영 = welcome, ovation
☞ hospital 병원 = clinic, infirmary, medical center |

| **homogamy** [houmɑ́gəmi] | 동형 배우(同形配偶)
ⓐ homogamous 동성화가 생기는(식물) |
| **heterogamy** [hètərɑ́gəmi] | 이형배우(異形配偶) |

homonym [hámənìm]	동음이의어(발음 같고, 뜻 다름)	☞ homo = iso 같은, 유사한
heteronym [hétərənìm]	동철이의어(철자 같고, 음·뜻 다름)	☞ hetero 딴, 다른

hero [híːrou]	영웅, 주인공 ☞ protagonist 주인공 ↔ antagonist 적대자
heroine [hérouin]	여걸(여장부), 여주인공 ☞ heroism 영웅주의(영웅적 행위·자질)

inhale [inhéil]	빨아들이다, 흡입하다 = inspire, breathe in
exhale [ekshéil]	내쉬다, 내뿜다 = expire, breathe out ☞ hale 정정한(노인)

inhume [inhjúːm]	묻다, 매장하다 = bury, earth, entomb, inter
exhume [igzjúːm]	파내다, 발굴하다 = disinter, dig up, disentomb, excavate, unearth

hospitable [háspitəbəl]	환대하는 ⓝ hospitality 환대 ↔ hostility 적대
inhospitable [inháspitəbəl]	대접이 나쁜, 불친절한

human [hjúːmən]	인간의, 인간적인 ☞ homo sapiens, human being 인간 ☞ superhuman 초인적인 / human bandage 인간의 굴레
inhuman [inhjúːmən]	인정 없는, 잔인한, 비인간적인 = pitiless, callous, heartless

humane [hjuːméin]	자비로운, 인도적인 = benevolent, merciful
inhumane [ìnhjuːméin]	몰인정한, 비인도적인 = merciless, ruthless

heedful [híːdfəl]	조심하는 = attentive, careful, cautious, circumspect ☞ heed 주의·유의(하다), 마음에 두다
heedless [híːdlis]	부주의한, 무관심한 = careless, lax, reckless, remiss

hopeful [hóupfəl]	희망적인 = expectant, optimistic, auspicious, promising
hopeless [hóuplis]	절망적인 = desperate, despairing, despondent, downcast

homogeneous [hòumədʒíːniəs]	동질성의, 동종의, 균등한 ☞ homogeneity 동질성
heterogeneous [hètərədʒíːniəs]	이질성의, 이종의, 잡다한 = assorted, miscellaneous, varied

firsthand [fɔ́ːrsthǽnd]	직접의 = direct ☞ direction 지도(시), 방향 ☞ directory 주소성명록, 전화번호부, 사용자 안내판(빌딩)
secondhand [sékəndhǽnd]	간접의, 중고의 = indirect ☞ second hand 초침, 조수

uphill [ʎphìl] 오르막의, 어려운, 힘드는 ☞ hill 언덕
downhill [dáunhìl] 내리막의, 영락해 가는

Regrouping

infection [infékʃən] 감염, 전염(병) ☞ pollution, contamination 오염
disinfection [dìsinfékʃən] 소독(법), 살균(작용) ☞ sterilization 피임(법), 살균(법), 소독(법)

integration [ìntəgréiʃən] 통합, 완성, 인종 무차별 = synthesis, union, desegregation
ⓥ integrate 통합하다, 완성하다 = consolidate, unite
disintegration [disíntigréiʃən] 붕괴, 분해 ☞ segregation 인종차별 = apartheid, color bar
ⓥ disintegrate 허물어뜨리다, 붕괴하다
= break, destroy, ruin

inter [intə́:r] 매장하다, 묻다 = bury, inhume, entomb
ⓝ interment = burial 매장
disinter [dìsintə́:r] 발굴하다, 파내다 = dig up, exhume, excavate, unearth

imbue [imbjú:] 불어넣다, 고취하다 = inspire, instill
imbibe [imbáib] 흡인하다, 빨아들이다 = suck, absorb

imitable [ímitəbəl] 모방할 수 있는 ⓝ imitation 모방, 모조품(가짜)
inimitable [inímitəbəl] 모방 할 수 없는, 독특한 = incomparable, matchless, peerless

impeachable [impí:tʃəbəl] 탄핵(고발·비난) 해야 할 ⓥ impeach 탄핵하다, 고발하다
ⓝ impeachment 탄핵, 문책, 비난, 고발 / peach 복숭아, 멋진 사람
unimpeachable [ʌ̀nimpí:tʃəbəl] 과실(나무랄 데) 없는 = irreproachable

interminable [intə́:rmənəbəl] 끊임없는
= eternal, perpetual, continuous, ceaseless, incessant
intermittent [ìntərmítənt] 단속적인, 간헐적인 = sporadic, periodic

intrastate [ìntrəstéit]	주(州)내의	☞ state**s**man 정치가 = politician 정당정치인(꾼)
interstate [íntərstèit]	주(州)사이의, 간선도로(주와 주를 연결)	☞ inter 間, 中, 상호

interesting [íntəristiŋ]	관심 끌게 하는, 재미를 주는 = engrossing, fascinating
uninteresting [ʌ̀níntərəstiŋ]	시시한, 지루한 = dull, boring, hackneyed

inclined [inkláind]	마음이 기운, 마음이 내킨
disinclined [dìsinkláind]	하고 싶지 않은, 내키지 않은 = reluctant

ingenuous [indʒénjuːəs]	솔직한, 정직한, 순진한, 천진난만한
disingenuous [dìsindʒénjuːəs]	부정직한, 불성실한, 표리가 있는

Regrouping J

justice [dʒʌ́stis]	정의, 공정함 = fairness	☞ justification 정당화, 변명
injustice [indʒʌ́stis]	부정, 불공정 = **un**fairness	ⓥ justify 정당화하다

objective [əbdʒéktiv]	객관적인	☞ object 물건, 목적, 대상 / objection 반대, 이의
subjective [səbdʒéktiv]	주관적인	☞ subject 주제, 신하, 제출하다

jointed [dʒɔ́intid]	마디・이음매가 있는, 관절이 있는
disjointed [disdʒɔ́intid]	관절이 탈구・골절된, 뒤죽박죽의, 일관성이 없는

Regrouping K

well-known [wélnóun]	유명한 = celebrated, distinguished, famed, renowned
unknown [ʌ̀nnóun]	무명의 = obscure, anonymous, unidentified
	☞ notorious 악명 높은 ⓝ notoriety 악명

Regrouping L

literacy [lítərəsi]   학식 있음 = erudition, learnedness, learning, scholarship
illiteracy [ilítərəsi]   문맹, 무식(무학) ☞ computer literacy 컴퓨터 사용할 줄 앎

loyalty [lɔ́iəlti]   충성(심), 성실 ↔ treachery 배반, 반역(행위) = perfidy, treason
disloyalty [islɔ́iəlti]   불성실 ☞ royalty 특허권(저작권) 사용료, 왕권

hinterland [híntərlæ̀nd]   오지(시골), 후배지
foreland [fɔ́ːrlənd]   곶, 갑, 전면지

lead [liːd]   이끌다, 인도하다, 납 ☞ unleaded 납(성분)을 제거한
☞ leading 일류의, 으뜸가는, 탁월한 / plead 변호·탄원하다
mislead [mislíːd]   그릇 인도하다, 현혹시키다 ⓐ misled 잘못 인도된, 현혹된

leash [liːʃ]   억제하다, 속박하다 = rein, restraint, tether
☞ keep ~ on a short leash : ~를 억제하다, 행동을 구속하다
unleash [ʌnlíːʃ]   풀다(방출하다), 해방하다 = free, liberate, loose, release

likely [láikli]   할 것 같은, 있을법한(그럴듯한) = plausible, probable
unlikely [ʌnláikli]   할 것 같지 않은, 부적절한 = improbable, implausible

legal [líːgəl]   합법의, 법적인 = lawful, legitimate, licit
☞ regal 국왕의, 제왕의, 장엄한, 당당한 = royal
illegal [ilíːgəl]   비합법적인 = unlawful, illegitimate, illicit

legible [lédʒəbəl]   읽을 수 있는, 명료한 = readable, clear
illegible [ilédʒəbəl]   읽기 어려운, 판독하기 어려운
= hieroglyphic, indecipherable

legitimate [lidʒítəmit]   합법적인 = lawful, legal, licit
ⓝ legitimacy 합법성, 정당성, 정통성
illegitimate [ìlidʒítəmit]   불법적인 = unlawful, illegal
비정상적인, 사생아의 = illicit

logical [ládʒikəl]	논리적인 = rational, reasonable, coherent, analytical
illogical [iládʒikəl]	비논리적인, 불합리한 = irrational, absurd, fallacious
loyal [lɔ́iəl]	충실한, 성실한 = faithful, devoted, devout ☞ royal 왕의, 보증된 / royalty 특허권(저작권) 사용료
disloyal [dislɔ́iəl]	불충한, 불성실한 = traitorous, treacherous, treasonable loyalty 충성, 성실 = fealty, fidelity ↔ disloyalty, treachery 배반

Regrouping M

male [meil]	남성(의) ☞ mare 암말 / nightmare 악몽, 가위(눌림)
female [fí:meil]	여성(의) ☞ feminine 여성의(연약한) ↔ masculine 남성의(힘센)
merit [mérit]	장점, 공적 ⓐ meritorious 가치 있는, 칭찬받을 만한
demerit [di:mérit]	단점, 결함 = fault, flaw, defect, blemish
mortality [mɔ:rtǽləti]	반드시 죽는 운명 ⓐ mortal 반드시 죽는, 치명적인, 인간
immortality [ìmɔ:rtǽləti]	영원한 생명 ⓐ immortal 불멸의, 불후(不朽)의, 불사신
mermaid [mə́:rmèid]	여자수영선수, 인어 ☞ maid 하녀, 가정부, 미혼여성
merman [mə́:rmæn]	남자수영선수 ☞ man 남자, 인간, 인류
amity [ǽməti]	친목, 친선(관계), 우호 = friendship, rapport, affinity
enmity [énməti]	반목, 증오, 적개심 = animosity, antipathy, hostility, rancor
optimist [áptəmist]	낙천가 ⓝ optimism 낙천주의 / optimum 최적 조건
pessimist [pésəmist]	비관주의자 ⓝ pessimism 비관주의, 염세관
macrocosm [mǽkroukàzəm]	대우주, 대 세계 / 전체, 총체, 복합체
microcosm [máikroukàzəm]	소우주, 소세계 / 인간(사회)

macroeconomics [mæ̀kroui:kɔnámiks]	거시경제학	☞ **e**conomic**s** 경제학
microeconomics [màikroùi:kɔnámiks]	미시경제학	☞ economic 경제상의, 경제학의

macroscopic [mæ̀krɔskápik]	육안으로 보이는 ☞ **holo**scopic 전체적인, 종합적인
microscopic [màikrɔskápik]	현미경으로만 볼 수 있는 ☞ microbe 미생물, 세균

majority [mədʒɔ́(:)rəti]	다수, 과반수, 성년 ☞ major 주요한, 성인 ☞ majority rule 다수에 의한 통치
minority [minɔ́:riti]	소수, 미성년(기) ☞ minor 시시한, 미성년자

maximum [mǽksəməm]	최**대**(의), 극대 = apex, climax, pinnacle, summit, ceiling
minimum [mínəməm]	최**소**한도(의), 극소(점) = least, lowest, minimal

mantle [mǽntl]	숨기다, 덮다, 맹세하다 = cloak, cover, curtain, veil
dismantle [dismǽntl]	철거·제거하다, 파기하다(계약·협정·정책)

maculate [mǽkjəlèit]	더러운, 더럽히다 ☞ **e**ma**s**culate 제거하다, 제외하다
immaculate [imǽkjəlèit]	완전무결한, 오점이 없는 = flawless, faultless, **im**peccable 청순한, 청결한 = innocent, pure

measurable [méʒərəbəl]	잴 수 있는, 적당한, 알맞은 ⓥ measure 재다 ⓝ measure**ment** 측량
immeasurable [iméʒərəbəl]	헤아릴(측정 할) 수 없는, 광대무변의, 끝없는

moderate [mádərit]	삼가는, 절제하는, 온건한, 중간파(정치)
immoderate [imádərit]	무절제한, 절도 없는, 중용을 잃은, 과도한

mutable [mjú:təbəl]	변하기 쉬운, 무상한 ⓝ mutation 변화, 돌연변이
immutable [immjú:təbəl]	변경 할 수 없는, 불변의 ☞ **trans**mutation 변형, 변종(변이)

manned [mænd]	유인의, 승무원이 탄(우주선 등) ☞ man 남자, 인간, 인류
unmanned [ʌnmǽnd]	무인의, 사람이 타지 않은(인공위성 등)

Regrouping 반의어

merciful [mə́ːrsifəl]	자비로운, 관대한	= lenient, benevolent, clement, humane
merciless [mə́ːrsilis]	무자비한, 냉혹한	= atrocious, inexorable, pitiless, ruthless
foremost [fɔ́ːrmòust]	최전방의, 으뜸가는(맨 처음의)	= paramount, principal, supreme
hindmost [háindmòust]	최후방의(제일 뒤쪽의)	☞ most 최대의, 최고의, 대개의, 대부분의

Regrouping N

nutrition [nju:tríʃən]	영양섭취 = nourishment ☞ nutrient 영양물, 자양분 / 자양분이 있는
malnutrition [mæ̀lnju:tríʃən]	영양실조 = undernourishment, undernutrition
connotation [kànoutéiʃən]	함축적 의미, 내포(內包) = implication
denotation [di:noutéiʃən]	명시적 의미, 외연(外延), 지시대상
synonym [sínənim]	동의어, 유의어(類義語) ☞ **pseudo**nym 익명, 아호(雅號)
antonym [ǽntənìm]	반의어(反意語), 반대말 ☞ auto**nym** 본명, 실명
nerve [nəːrv]	용기를 북돋우다 ☞ 신경, 용기, 뻔뻔스러움 ☞ enervated 힘이 빠진, 무기력한 / nervous 신경(성)의
unnerve [ʌnnə́ːrv]	용기를 잃게 하다, 기력을 빼앗다, 무기력화하다
nocuous [nákjuəs]	유해한, 유독한 = harmful, deleterious, pernicious, poisonous
innocuous [inákju:əs]	무해한, 악의 없는 = harmless ☞ **non**toxic 독이 없는, 중독성이 아닌 ↔ toxic
necessary [nésəsèri]	필요한 = essential, indispensable ⓥ necessitate 필요로 하다
unnecessary [ʌ̀nnésəsèri]	불필요한 = needless, superfluous ⓝ necessity 필요 = need
noble [nóubəl]	귀족의, 고귀한, 고상한 = blue-blooded, highborn
ignoble [ignóubəl]	성품이 저열한, 비천한 = debased, low, mean, vile

ill-natured [ilnéitʃərd]	성질 나쁜, 심술궂은	☞ ~natured 성질이 ~한
good-natured [gúdnéitʃərd]	호인인	☞ nature 자연(천지만물), 천성(본성)

Regrouping O

order [ɔ́:rdər]	질서, 주문, 명령 ☞ place an order 주문하다 ☞ out of order 고장 난 ↔ in order 정리 · 정돈되어 ☞ sell-order 매도주문 ↔ buy-order 매수주문
disorder [disɔ́:rdər]	무질서, 혼란 = bedlam, chaos, commotion, turmoil (건강 · 정신 · 기능의)부조(不調), 가벼운 병 ☞ wild disorder 걷 잡 을 수없는 혼란
obedience [oubí:diəns]	복종, 순종 = submission ☞ obeisance 존경, 복종
disobedience [dìsəbí:diəns]	불복종, 불순종 ⓥ disobey 불복종하다 ↔ obey 복종하다
oblige [əbláidʒ]	~에게 은혜를 베풀다, ~의 소원을 이루어 주다
disoblige [dìsəbláidʒ]	~의 소망대로 해주지 않다 = inconvenience
organize [ɔ́:rgənàiz]	조직, 구성하다 / 편제, 편성하다
disorganize [disɔ́:rgənàiz]	~의 질서 · 조직을 파괴하다, 혼란시키다
odorous [óudərəs]	향기로운, 악취 나는 = balmy ☞ **mal**odor 악취 ⓝ odor 향기 = aroma, fragrance, perfume
odorless [óudərlés]	무취의 ⓝ odor 악취 = effluvium, reek, stench
opportune [àpərtjú:n]	적절한, 적당한 = timely, favorable ⓝ opportunity 기회
inopportune [inàpərtjú:n]	시기가 나쁜, 부적당한 = ill-timed, untimely
organic [ɔ:rgǽnik]	유기체의, 유기적 ☞ organ 기관(器官 : 생물), 파이프오르간
inorganic [ìnɔ:rgǽnik]	무생물의, 무기의 ☞ organism 유기체(생물), 유기적 조직체
occupied [ákjəpàid]	차지한, 사용 중인(화장실) ☞ occupy 차지하다, 점령하다 ⓝ occupation 점령, 직업
unoccupied [ʌnákjəpàid]	점유되지 않는, 비어있는 = vacant

orthodox [ɔ́ːrθədɑ̀ks]	정설의(종교), 정교(正教)를 받드는
unorthodox [ʌ̀nɔ́ːrθədɑ̀ks]	이단(異端)의, 정통이 아닌 = heterodox
obedient [oubíːdiənt]	순종적인, 유순한 = docile, submissive, acquiescent, compliant
disobedient [dìsəbíːdiənt]	순종치 않는, 반항적인 = defiant, insubordinate, rebellious
ordinary [ɔ́ːrdənèri]	평범한, 보통의 = average, banal, commonplace, customary, prosaic ☞ ordinance 조례, 법령 = decree, edict, regulation, rule
extraordinary [ikstrɔ́ːrdənèri]	대단한, 비범한 = phenomenal, exceptional, unusual, marvelous ☞ inordinate 과도한, 무절제한 = excessive, exorbitant
overt [óuvəːrt]	공공연한, 명백한 = explicit, manifest, obvious, undisguised
covert [kʌ́vəːrt]	은밀한, 숨은, 암암리에 = clandestine, stealthy, undercover
official [əfíʃəl]	공식적인, 공무원, 심판 ☞ referee, umpire, judge 심판
officious [əfíʃəs]	비공식의, 참견하는 = intrusive, meddlesome, nosy, obtrusive
onymous [ɑ́nəməs]	이름을 밝힌(책·기사 따위) = identified, known
anonymous [ənɑ́niməs]	익명의, 작자불명의 = unidentified, unknown

Regrouping P

parity [pǽrəti]	균등, 동등, 평형 = equivalence, equality ☞ party 당, 정당, 일행, 당사자(전화·법률)
disparity [dispǽrəti]	차이, 상이, 불균형 = difference, gap, partiality, inequality
patience [péiʃəns]	인내, 참을성 = perseverance, endurance ☞ patent 특허(의) ☞ patient 인내심이 강한, 환자 ↔ impatient 참을 수 없는
impatience [impéiʃəns]	성급함, 조바심 = irascibility, intolerance

appreciation [əpri:ʃiéiʃən]	가치인식, 평가절상	ⓥ appreciate 감상하다, 고맙게 여기다
depreciation [dipri:ʃiéiʃən]	가치하락, 평가절하	ⓥ depreciate 평가 절하다, 경시하다

import [impɔ́:rt]	수입(하다) ☞ imports 수입품 / port 항구, 나르다 ☞ importable 수입할 수 있는 / portable 휴대할 수 있는
export [ikspɔ́:rt]	수출(하다) ☞ exports 수출품 / expert 전문가 ☞ importer 수입업자 ↔ exporter 수출업자

input [ínpùt]	투입, 입력(하다) ☞ feedback 송환(궤환), 반응, 되먹임
output [áutpùt]	산출(하다), 생산고 = product, production, turnout, yield

progeny [prádʒəni]	자손, 후손 = posterity, descendants, off-spring, scion
progenitor [proudʒénətər]	선조, 조상 = ancestor, ancestry, forebear, forefather

pack [pæk]	짐을 꾸리다(싸다), 압축하다(컴퓨터) ☞ backpack 배낭 ☞ pack off(away) 내쫓다, 쫓아 보내다
unpack [ʌnpǽk]	풀다(짐 · 컴퓨터 압축), 털어놓다(마음 속) ☞ package 꾸러미, 일괄의

please [pli:z]	비위를 맞추다 ⓝ pleasure 기쁨, 쾌락
displease [displí:z]	성나게 하다 ⓝ displeasure 불쾌

implicate [ímpləkèit]	얽히게 하다, 관련 · 연루시키다 = entangle, involve, embroil
explicate [ékspləkèit]	얽힌 것을 풀다, 설명하다, 해설하다 = disentangle, explain, expound

implode [implóud]	내파하다, 붕괴하다 ⓝ implosion 내파, 내분
explode [iksplóud]	폭발하다, 타파하다(미신) ⓝ explosion 폭발(폭파), 폭발적 증가 ☞ explosive 폭발물, 폭발하기 쉬운 ↔ implosive 내파의

inspire [inspáiər]	들이쉬다(숨), 영감을 주다, 고취시키다 ⓝ inspiration 고취, 영감 ⓐ inspiring 고무적인
expire [ikspáiər]	내쉬다(숨), 만기 · 소멸되다(기한 · 자격), 숨을 거두다(죽다) ⓝ expiration 숨을 내쉼(거둠 : 사망), 종결, 만기, 실효(권리)

Regrouping 반의어 • 299

palpable [pǽlpəbəl]	감촉할 수 있는, 명백한	☞ tangible 만져서 알 수 있는, 유형의
impalpable [impǽlpəbəl]	감지할 수 없는, 만져도 모르는 ☞ intangible 실체가 없는, 무형의	

partial [pá:rʃəl]	부분적인, 불공평한 = biased, unjust, prejudiced ⓝ partiality 편파, 불공평, 치우침 = bias, prejudice
impartial [impá:rʃəl]	사심 없는, 공평한 = disinterested, just, unbiased, unprejudiced ☞ part 헤어지다, 분리하다 = separate / 역할, 배역 = role ☞ parts 부품, 재능 / party 당, 일행, 당사자

passable [pǽsəbəl]	통행·통과할 수 있는 = permeable
impassable [impǽsəbəl]	통행·통과할 수 없는 = impermeable

passi**ble** [pǽsəbəl]	감수성 있는, 쉽게 감동하는
impass**i**ble [impǽsəbəl]	무감각한, 감정이 없는

peccable [pékəbəl]	죄짓기 쉬운, 결함 있는 ☞ crime 범죄(법률) / sin 죄(종교적)
impeccable [impékəbəl]	완벽한, 결함 없는 = perfect, faultless, flawless, immaculate

penitent [pénətənt]	회개하는, 죄를 뉘우치는 ⓝ penitence 회개, 참회, 개전
impenitent [impénətənt]	회개하지 않는, 개전의 정이 없는 ⓝ impenitence 회개하지 않음, 완고 ☞ compunction 양심의 가책(후회) = remorse, contrition, repentance 후회, 회한

pertinent [pá:rtənənt]	타당한, 적절한 = relevant, proper, appropriate, apropos
impertinent [impá:rtənənt]	건방진, 부적절한 = irrelevant, improper, inappropriate

perceptible [pərséptəbəl]	알아챌 수 있는 = tangible, palpable ☞ percept 지각(知覺)의 대상
imperceptible [ìmpərséptəbəl]	알아 챌 수 없는 = intangible, impalpable, unapparent, undetectable

perfect [pá:rfikt]	완벽한, 완전한 = flawless, impeccable, immaculate
imperfect [impá:rfikt]	불완전한, 미완성의 = defective, deficient, faulty, flawed

pervious [pə́ːrviəs]	통과시키는(빛·물), 통하게 하는
impervious [impə́ːrviəs]	불 침투성의, 통하지 않는 = impenetrable, impermeable

pious [páiəs]	신앙심이 깊은, 경건한 = devout, religious, godly, holy ⓝ piety 경건
impious [ímpiəs]	불경스런, 경건치 않은 ⓝ im**piety** 불경 = blasphemous, profane, sacrilegious

placable [plǽkəbəl]	온화한, 회유하기·달래기 쉬운, 관대한 ☞ placatory 회유하는 ⓥ placate 회유하다
implacable [implǽkəbəl]	무자비한, 화해가 어려운 = inexorable, irreconcilable, relentless

plausible [plɔ́ːzəbəl]	그럴듯한(이유·구실), 말재주가 좋은 = believable, credible, feasible ☞ specious 허울 좋은, 그럴듯한 / spacious 넓은, 광범위한
implausible [implɔ́ːzəbəl]	믿기 어려운, 정말 같지 않은 = incredible, unbelievable, improbable

polite [pəláit]	예의바른, 정중한 = civil, courteous, well-bred
impolite [ìmpəláit]	무례한, 버릇없는 = uncivil, blunt, rude, ill-bred

politic [pálitik]	지각 있는, 책략적인 ☞ politician 정치꾼 / statesman 정치가
impolitic [impálitìk]	득책이 아닌, 졸렬한 ☞ policy 정책, 방침 / politics 정치학

ponderable [pándərəbəl]	무게 있는, 일고의 가치가 있는, 고려해 볼 만한 것
imponderable [impándərəbəl]	헤아릴 수 없는, 평가할 수 없는 것

probable [prábəbl]	있을법한, 개연적인 = plausible ⓝ probability 개연성, 가능성
improbable [imprábəbəl]	있을법하지 않은 = impossible, implausible, incredible, preposterous

pregnable [prégnəbəl]	공략하기 쉬운, 약점이 있는 ☞ pregnant 임신한, 다산의
impregnable [imprégnəbəl]	난공불락의, 확고부동한 = invincible, invulnerable

prudent [prú:dənt]	신중한, 세심한　ⓝ prudence 신중 ↔ **in**discretion 무분별(경솔)	
imprudent [imprú:dənt]	경솔한, 분별없는　ⓝ **im**prudence 경솔 ☞ impudent 뻔뻔한 = arrogant, audacious, brazen, insolent	

provident [právədənt]	선견지명이 있는, 신중한 ☞ providence 섭리, 신(神) / provide 제공하다
improvident [imprávədənt]	선견지명이 없는, 앞일을 생각하지 않는

palatable [pǽlətəbəl]	입에 맞는, 맛좋은 = luscious, sapid, delicious, dainty
unpalatable [ʌ̀npǽlətəbəl]	입에 안 맞는, 맛없는 = vapid, insipid(싱거운), stale(상한)

profitable [práfitəbəl]	유익한, 유리한　ⓝ profit 이익, 수익 = lucre, proceeds
unprofitable [ʌ̀npráfitəbəl]	무익한, 불리한　☞ profit**less** 쓸모없는, 무익한

predictable [pridíktəbəl]	예측할 수 있는　ⓝ prediction 예언 = prophe**c**y
unpredictable [ʌ̀npridíktəbəl]	예측할 수 없는　ⓥ predict 예언하다 = prophe**s**y

prejudiced [prédʒədist]	편견을 가진 = biased, jaundiced
unprejudiced [ʌ̀nprédʒədist]	편견 없는 = **un**biased　ⓝ prejudice 편견 = jaundice, bias

pleasant [plézənt]	즐거운, 마음편한 = amiable, agreeable ⓥ please 기쁘게 하다　ⓝ pleasure 기쁨, 쾌락
unpleasant [ʌ̀nplézənt]	불쾌한, 싫은 = detestable, loathsome, odious

passionate [pǽʃənit]	정열적인, 격렬한 = ardent, fervent, fervid ⓝ passion 열정 = fervor, ardor
dispassionate [dispǽʃənit]	냉정한, 공평무사한 = detached, **dis**interested, **im**partial

physical [fízikəl]	형이하학의, 신체의　☞ corporal 육체의, 신체의 = bodily
metaphysical [mètəfízikəl]	형이상학의, 추상적인　☞ mental 정신의 = spiritual

painful [péinfəl]	아픈, 수고를 아끼지 않는 = aching, sore
pain**less** [péinlis]	무통의, 힘 안드는　☞ painless childbirth 무통 분만 ☞ take pain**s** 수고하다　ⓝ pain 아픔, 노력(수고)

pathetic [pəθétik]	애처로운, 슬픈 = plaintive, forlorn, touching, pitiful, piteous ⓝ pathos 비애감 / logos 로고스, 이성
apathetic [æpəθétik]	냉담한, 무관심한 = indifferent, unconcerned, nonchalant ⓝ apathy 냉담, 무관심 = indifference, nonchalance

political [pálitikəl]	정치의, 정치적인 ☞ politician 정치인 = statesman
apolitical [èipəlítikəl]	정치에 무관심한 ☞ politics 정치학

privileged [prívəlidʒd]	특권·특전이 있는, 면책특권의(발언·정보)
underprivileged [ʌndərprívəlidʒd]	기본 권리를 누리지 못하는(사회인으로서)

implicit [implísit]	은연중의, 암시적인 ☞ 무조건, 절대적인
explicit [iksplísit]	명백한, 숨김없는 = evident, clear, plain

Regrouping Q

qualified [kwáləfàid]	적임의 = competent, suitable
unqualified [ʌnkwáləfàid]	적임이 아닌, 무조건의 = unsuitable, incompetent

quality [kwáləti]	품질, 특성(속성), 우수성 = trait, property, character, excellence
quantity [kwántəti]	양, 분량 = amount, bulk, volume

quiet [kwáiət]	평온 시키다, 진정시키다 = mollify, soothe, pacify, placate
disquiet [diskwáiət]	걱정시키다, 동요시키다 = agitate, incite, foment, goad ⓝ 불안, 걱정, 동요 = annoy, irk, vex

quietude [kwáiətʃùːd]	휴식, 안식, 평온, 정적 = quietness
inquietude [inkwáiətʃùːd]	불안, 동요 = restlessness / (pl) 불안한 생각, 근심

quote [kwout]	인용하다, 예시하다 = cite, paraphrase ⓝ quotation 인용
misquote [miskwóut]	잘못인용하다

quenchable [kwéntʃəbəl]	제지할 수 있는 ⓥ quench 불 끄다, 갈증을 해소하다
unquenchable [ʌ̀nkwéntʃəbəl]	끌 수없는, 제지할 수 없는(욕망)

questionable [kwéstʃənəbəl]	의심스러운, 수상한 ⓝ question 질문(하다), 의심, 문제
unquestionable [ʌ̀nkwéstʃənəbəl]	의심할 나위 없는, 확실한

Regrouping R

regulation [règjəléiʃən]	규정, 규제, 법규 ⓥ regulate 규정·규제·조절하다, 통제하다
deregulation [di:règjəléiʃən]	개혁, 규제철폐(완화) ⓥ deregulate 규제 철폐하다, 통제를 해제하다

repair [ripɛ́ər]	수리(하다) = fix, mend, patch, revamp ☞ repair shop 수리소 / pair 한 쌍(의 남녀), 한 짝, 부부
disrepair [dìsripɛ́ər]	파손, 황폐 = devastation, havoc, ruin, wreckage

ravel [rǽvəl]	얽히게 하다, 혼란케 하다 = entangle ☞ revel 흥청거리며 즐기다 / rebel 반역자, 배반하다
unravel [ʌ̀nrǽvəl]	풀다, 해결(해명)하다 = solve, disentangle

redeemable [ridí:məbəl]	되돌릴 수 있는(원상태), 구제·상환할 수 있는
irredeemable [ìridí:məbəl]	되돌릴 수 없는(원상태), 희망이 없는

regard [rigá:rd]	주시하다, 중시하다 = observe, scrutinize / regards 안부인사
disregard [dìsrigá:rd]	무시하다, 경시하다 = ignore, belittle, neglect, slight

regular [régjələr]	규칙적인, 정기적인, 단골인 ⓝ regulations 규칙(규정), 법규	
irregular [irégjələr]	불규칙적인, 부정기적인 = **a**symmetric, **un**even	

rational [rǽʃnl]	이성적인, 합리적인 = reasonable, sensible, logical, balanced
irrational [irǽʃənəl]	불합리한, 근거 없는 = absurd, ground**less**, **il**logical, **un**tenable

reconcilable [rékənsàiləbəl]	조정·화해시킬 수 있는 ⓥ reconcile 화해·조화시키다
irreconcilable [irékənsàiləbəl]	화해할 수 없는, 타협하지 않는 = **in**compatible ⓝ reconciliation 조정, 화해

refutable [rifjúːtəbəl]	논박(논파)할 수 있는 ⓥ refute 논박하다 = contradict, rebut
irrefutable [iréfjutəbəl]	반박(논파)할 수 없는 = conclusive, indisputable, undeniable

relevant [réləvənt]	관계있는, 적절한 ⓝ relevance 적절, 타당성, 관련성
irrelevant [iréləvənt]	무관계한, 부적절한 ⓝ **ir**relevance 부적절, 현실성 결여

reparable [répərəbəl]	고칠 수 있는, 보상 할 수 있는 = reversible, revocable ⓝ reparations 보상(금) / repair 고치다 = fix, mend, revamp
irreparable [irépərəbəl]	고칠 수 없는, 불치의 = **im**possible, **ir**reversible, **ir**revocable

resistible [rizístəbəl]	견딜 수 있는, 저항할 수 있는 ⓝ resistance 저항, 내성
irresistible [ìrizístəbəl]	참을 수 없는, 저항할 수 없는 ⓥ resist 저항하다, 견디다

resolute [rézəlùːt]	단호한, 굳게 결심한 = determined ⓝ resolution 결심, 결의
irresolute [irézəlùːt]	결단력이 없는, 우유부단한 = hesitant, indecisive, wavering

responsible [rispánsəbəl]	책임감 있는 = dependable, reliable, trustworthy
irresponsible [irispánsəbəl]	무책임한 = **un**dependable, **un**reliable, **un**trustworthy

reversible [rivə́ːrsəbəl]	거꾸로(철회) 할 수 있는 ⓝ reversion 역전, 전환, 복귀
irreversible [ìrivə́ːrsəbəl]	거꾸로(철회) 할 수 없는 ⓥ reverse 거꾸로 하다, 취소하다

real [ríːəl]	진실의, 실제의 ⓝ reality 진실, 실제
unreal [ʌnríːəl]	실재하지 않는, 비현실적인 ☞ realty 부동산
realistic [ríːəlistik]	실용적인, 현실적인 = practical, useful, pragmatic
unrealistic [ʌnríːəlistik]	비실용적인 = impractical, unuseful
reliable [riláiəbəl]	의지할·믿을 수 있는 ⓥ rely 의지하다 = count, depend ⓝ reliance 의지, 의존 = dependence
unreliable [ʌnriláiəbəl]	의지할·믿을 수 없는 = undependable, untrustworthy
reserved [rizə́ːrvd]	겸양하는, 수줍어하는, 내성적인 / 보류된, 예약의
unreserved [ʌnrizə́ːrvd]	기탄없는, 솔직한, 무제한의 ☞ reservation 예약 = booking
responsive [rispánsiv]	대답하는, 감응(감동)하기 쉬운 ⓥ respond 응답하다, 대답하다
unresponsive [ʌnrispánsiv]	반응이 느린(없는), 둔감한, 동정심이 없는 ⓝ response 응답, 반응 = answer, reaction
relent [rilént]	상냥해지다, 누그러지다 = relax, soften
relentless [riléntlis]	수그러들 줄 모르는, 혹독한, 가차·용서 없는 = scathing
religious [rilídʒəs]	종교적인, 신앙의, 경건한 = devout, divine, pious ☞ religion 종교, 신앙(생활), 신앙심
non-religious [nɑnrilídʒəs]	비종교적인, 세속의 = carnal, earthly, secular, worldly ☞ religious service 예배 / chapel 채플, 예배당

Regrouping S

sanity [sǽnəti]	제정신, 온전함 = lucidity ⓐ sane 제정신인 = lucid, normal, sound
insanity [insǽnəti]	광기, 발광, 미친 짓 = derangement, lunacy, madness, dementia ⓐ insane 미친 = abnormal, demented, deranged, lunatic

security [sikjúəriti]	안전, 안정 ☞ securities 유가증권, 담보 / collateral 담보물	
insecurity [ìnsikjúəriti]	위험, 불안정 = risk, peril, jeopardy, hazard, menace	

stability [stəbíləti]	안정, 확고함 ⓐ stable 안정된, 마구간 / staple 주요한
instability [ìnstəbíləti]	불안정(성), 변하기 쉬움 ⓐ unstable 불안정한 / stab 찌르다

symmetry [símətri]	균형, 대칭 = balance ☞ consonance 조화 ⓐ symmetric 균형이 잡힌, 대칭적인 ⓥ symmetrize ~의 균형을 잡다
asymmetry [eisímətri]	불균형, 비대칭 = unbalance ☞ dissonance 부조화

satisfaction [sæ̀tisfǽkʃən]	만족(감), 빚의 변제 = contentment, fulfillment
dissatisfaction [dìssæ̀tisfǽkʃən]	불만(족), 불평 = disappointment, discontent, displeasure

similarity [sìməlǽrəti]	유사(점), 닮은 점 = resemblance, analogy, likeness
dissimilarity [dìsiməlǽrəti]	다름, 차이 = difference, divergence

ascent [əsént]	상승, 승진, 향상 = incline, slope, ascension, rise
descent [disént]	하강, 하락, 혈통 = decline, drop, fall ☞ breed 혈통 ☞ iridescent 무지개색의, 진주 빛의 = prismatic, pearly

assimilation [əsìməlèiʃən]	동화(同化: 같게 함), 흡수, 소화 ⓥ assimilate 받아들이다, 같게 하다, 비슷하게 하다
dissimilation [disíməlèiʃən]	이화(異化: 다르게 함), 부동화 ⓥ dissimilate 이화시키다

construction [kənstrʌ́kʃən]	건설, 건축, 구성, 구조
destruction [distrʌ́kʃən]	파괴, 파멸, 멸망 = annihilation, demolition, devastation ☞ instruction 훈련, 교수, 교육 = education, guidance instructions 지시 ⓐ instructive 교훈적인

steward [stjú:ərd]	스튜어드, 여객계원(여객선·여객기 등) ☞ 집사, 청지기
steward**ess** [stjú:ərdis]	스튜어디스, 여자 안내원(여객선·여객기 등)

associate [əsóuʃièit]	연합시키다, 연상·교제·제휴하다
dissociate [disóuʃièit]	분리시키다, 분리시켜 생각하다 = separate

Regrouping 반의어

consecrate [kánsikrèit]	신성하게 하다, 봉헌·성별(聖別)하다 = hallow, sanctify	
	ⓝ consecration 신성화, 교회의 헌당(식)	
desecrate [désikrèit]	신성모독하다 = defile, profane	
	ⓝ desecration 신성모독, 더럽힘, 묘지파내기	

persuade [pə:rswéid]	납득시키다, 설득시키다 = convince, encourage
	ⓝ persuasion 설득, 확신
	ⓐ persuasive 설득 잘하는, 설득력 있는
dissuade [diswéid]	단념시키다(설득하여) = discourage
	ⓝ dissuasion 그만두게 함(설득하여)
	ⓐ dissuasive 마음을 돌리게 하는

sane [sein]	제정신의, 온건한
	☞ sober 술 취하지 않은 ↔ drunken 술 취한
	ⓝ sanity 제정신, 온전함 ↔ insanity 광기, 미친 짓
insane [inséin]	미친, 광기의 = demented, deranged, lunatic, mad, crazy

solvent [sálvənt]	지불능력이 있는, 용매(용제) ⓝ solvency 지불능력
insolvent [insálvənt]	지불 불능의, 파산한 = bankrupt, broke, ruined
	☞ insolvency by paper profits 흑자도산
	ⓝ insolvency 지불불능

soluble [sáljəbəl]	용해되는, 해결할 수 있는 ⓝ solution 해결, 용해
insoluble [insáljubəl]	불용성의, 해결할 수 없는 ☞ solute 용질, 용해된

satiable [séiʃəbəl]	만족(물리게) 할 수 있는 = satisfactory
insatiable [inséiʃəbəl]	만족 못하는, 탐욕스러운 = greedy, ravenous, voracious

scrutable [skrú:təbəl]	해독할 수 있는(암호), 이해할 수 있는
	☞ scrutinize 자세히 조사하다 = investigation
inscrutable [inskrú:təbəl]	뜻 모를, 불가사의한, 측량할 수 없는
	= abysmal, arcane, enigmatic, mysterious, unfathomable

significant [signífikənt]	중요한, 현저한 = important, pivotal, serious, vital
	ⓝ significance 중요성, 의미 ↔ ⓝ insignificance 무의미
insignificant [ìnsignífikənt]	보잘것없는, 하찮은 = negligible, petty, trifling, trivial

subordinate [səbɔ́ːrdənit]	종속하는, 하급의 = inferior, auxiliary, secondary ☞ subordinate 부하, 하급자 = one's staff(men)
insubordinate [ìnsəbɔ́ːrdənit]	반항하는, 순종치 않는 = defiant, rebellious, unruly
substantial [səbstǽnʃəl]	실질적인, 내용이 풍부한, 실속 있는 = essential
insubstantial [ìnsəbstǽnʃəl]	실체가 없는, 무형의 = formless, invisible, unreal
superable [súːpərəbəl]	이길·정복할 수 있는 = conquerable, vincible
insuperable [insúːpərəbəl]	이겨낼·통과할 수 없는 = unconquerable, invincible
supportable [səpɔ́ːrtəbəl]	지탱할 수 있는 Ⓥ support 부양하다, 지지하다
insupportable [ìnsəpɔ́ːrtəbəl]	지탱할 수 없는 ☞ supporter 지지자, 후원자 = backer
seemly [síːmli]	적당한, 품위 있는 = appropriate, decorous, proper
unseemly [ʌnsíːmli]	부적당한, 꼴사나운 = inappropriate, indecorous, improper
selfish [sélfiʃ]	이기적인 = egocentric, egotistic, self-centered
unselfish [ʌnsélfiʃ]	헌신적인 = altruistic, benevolent, charitable
savory [séivəri]	맛 좋은(기분 좋은), 풍미 있는 = delicious, tasty ⓝ savor 맛, 재미(운치) = flavor, tang
unsavory [ʌnséivəri]	맛 없는(고약한 냄새가 나는), 불미스러운 = nasty, nauseating, disgusting
scathed [skeiðid]	손상된 = injured, wound ☞ scathing 냉혹한, 가차 없는 = caustic, acrimonious
unscathed [ʌnskéiðid]	무사한, 다치지 않은 ⓝ scathe 위해(危害), 손상 = injury, lesion
scrupulous [skrúːpjələs]	양심적인, 빈틈없는 = moral, ethical, meticulous, precise
unscrupulous [ʌnskrúːpjələs]	부도덕한, 파렴치한(예사로 나쁜 짓을 하는) = unethical, iniquitous

stable [stéibl]	안정된, 견고한 = steady, firm, solid ☞ 마구간 ☞ staple 주요산물, 주요한 = chief, major, primary
unstable [ʌ̀nstéibl]	불안정한 = precarious, unsteady ⓥ stabilize 안정시키다(하다)
steady [stédi]	고정된, 안정된, 확고한, 한결같은 = consistent, constant ☞ steadfast 불변의, 확고부동한 / fast 단단한, 굳게
unsteady [ʌ̀nstédi]	불안정한, 흔들거리는 = unstable, movable
suitable [súːtəbəl]	적절한 = appropriate, proper, pertinent, relevant ☞ suit 소송, 청원 = petition, plea / entreaty 간절한 부탁
unsuitable [ʌ̀nsúːtəbəl]	부적절한 = improper, inappropriate, irrelevant
sociable [sóuʃəbəl]	사교적인, 군거성의 = extroverted, outgoing, gregarious
unsociable [ʌ̀nsóuʃəbəl]	비사교적인, 내성적인 = withdrawn, bashful, shy, reserved
social [sóuʃəl]	사회적인 ☞ asocial 비사교적인 = unsociable ☞ sociology 사회학 = social science ⓝ society 사회
anti-social [æ̀ntisóuʃəl]	반사회적인 ☞ socialism 사회주의 / socialist 사회주의자 ☞ community 공동체(사회) / communism 공산주의
septic [séptik]	부패시키는 ⓝ septicity 부패성
aseptic [əséptik]	무균의, 방부제 ☞ antiseptic 방부제 ☞ ascetic 금욕주의자(고행의) / asceticism 금욕주의(고행생활)
similar [símələr]	같은 = akin, alike, analogous ⓝ similarity 유사(점)
dissimilar [dissímələr]	다른 = different, disparate, distinct, diverse, unlike
shameful [ʃéimfəl]	부끄러운, 치욕의 ☞ ashamed 수줍어, 부끄러워
shameless [ʃéimlis]	파렴치한, 뻔뻔한 = brazen ⓝ shame 치욕, 부끄럼 = disgrace, ignominy

 Regrouping T

temperance [témpərəns] 절제, 절주(금주) = abstinence, restraint, self-control
intemperance [intémpərəns] 무절제, 방종 = indulgence, extravagance, licentiousness

transitive [trǽnsətiv] 타동사 ⓐ 타동(사)의, 이행하는 ☞ object 목적어
intransitive [intrǽnsətiv] 자동사 ⓐ 자동(사)의 ☞ complement 보어

taste [teist] 미각, 맛, 취미, 맛을 보다 = relish, savor
☞ tastes and demands 취향과 요구
distaste [distéist] 싫음(음식물), 혐오, 염증 = disrelish, dislike

antagonist [æntǽgənist] 적대자, 맞상대 ⓐ antagonistic 적대적인 = hostile, inimical
protagonist [proutǽgənist] 주인공, 주역 ☞ deuteragonist 악역, 부 주역(副 主役)

attachment [ətǽtʃmənt] 애착, 부착(물) ⓥ attach(to) 붙이다
☞ attache 관원, 수행원(대사·공사)
detachment [ditǽtʃmənt] 분리, 이탈, 초연(함) ⓥ detach(from) 떼어내다
☞ semidetached 일부분 떨어진, 간막이 벽 하나로 갈라져 있는

introvert [íntrəvə̀ːrt] 내성적인 사람 = brooder, loner, thinker, wallflower
extrovert [ékstrouvə̀ːrt] 외향적인 사람 = mingler, mixer, socializer
☞ ambivert 양향성(兩向性) 성격자

throne [θroun] 왕위에 앉다(앉히다)
왕좌, 옥좌 / throng 떼 지어 모이다
☞ drone 게으름뱅이, 수벌, 윙윙거리다(벌·기계)
dethrone [diθróun] 왕위에서 물러나게 하다 ⓝ dethronement 폐위, 강제퇴위

tangible [tǽndʒəbəl] 만져서 알 수 있는, 유형의
= palpable, corporeal / corporal 육체의
intangible [intǽndʒəbəl] 실체가 없는, 무형의 = insubstantial, formless
ⓝ tangibility 만져서 알 수 있음, 명백함

tangle [tǽŋgəl]	얽다, 엉키게 하다 / 분규, 혼란, 뒤얽힘 ⓐ tangled 얽힌, 혼란한	
un**tangle** [ʌntǽŋgəl]	해결하다(분쟁), 풀다 = settle, unravel	

temperate [témpərit]	절제하는, 온화한, 삼가는(술)
in**temperate** [intémpərit]	무절제한, 과도한(술), 난폭한(행위·언사), 매서운(추위·더위)

tolerable [tálərəbəl]	참을 수 있는 = bearable ⓝ tolerance 관용, 인내
in**tolerable** [intálərəbəl]	참을 수 없는 = unbearable ⓥ tolerate 참다, 견디다

tractable [trǽktəbəl]	유순한, 융통성 있는 = compliant, pliable, flexible
in**tractable** [intrǽktəbəl]	고집 센, 다루기 힘든 = headstrong, recalcitrant, restive, unruly

tarnished [tá:rniʃt]	흐린, 더러워진 ☞ tarnish 손상(실추)시키다, 더러움
un**tarnished** [ʌntá:rniʃt]	밝은, 깨끗한 = stain, taint, besmirch

tenable [ténəbəl]	공격에 견딜 수 있는, 조리 있는 = defensible ☞ tenacious 고집하는, 끈기 있는
un**tenable** [ʌnténəbəl]	지지할 수 없는, 이치에 닿지 않는 = indefensible 지킬 수 없는

theistic [θi:ístik]	유신론의 ☞ theism 유신론 / theist 유신론자
a**theistic** [èiθiístik]	무신론의 ☞ agnostic 불가지론의, 불가지론자

tonal [tóunəl]	음조의, 음색의, 색조의(회화)
a**tonal** [eitóunəl]	무조(無調)의(음악) ☞ atonalism 무조주의

intensive [inténsiv]	강한, 집중적인, 내포적인 ☞ intense 강렬한, 격한
extensive [iksténsiv]	광범위한, 해박한, 외연의 ☞ tense 시제, 팽팽한, 긴장시키다

internal [intə́:rnəl]	내부의, 국내의 = interior, domestic, national
external [ikstə́:rnəl]	외부의, 해외의 = exterior, foreign, overseas

intrinsic [intrínsik]	고유의, 본질적인 = congenital, inborn, inherent, innate
extrinsic [ekstrínsik]	외부의, 비본질적인 = extraneous, unrelated, alien

maternal [mətə́:rnl]	어머니의 = motherly ☞ mother-in-law 장모, 시어머니
paternal [pətə́:rnl]	아버지의 = fatherly ☞ father-in-law 장인, 시아버지 ☞ paternalism 온정주의, 온정적 간섭주의 ☞ brother-in-law 처남, 시동생 / sister-in-law 시누이, 올케
toxic [táksik]	독의, 유독한 = noxious, poisonous, venomous ☞ toxic wastes 유독 폐기물 / antitoxic 항독성의
nontoxic [nɑntáksik]	독이 없는, 중독성이 아닌 ⓐ intoxicated 취한, 흥분한 ⓥ intoxicate 취하게 하다, 도취·중독 시키다
toxin [táksin]	독소(毒素)　☞ poison 독(약) = venom
antitoxin [æ̀ntitáksin]	항독소(혈청), 항독 약

Regrouping U

unity [jú:nəti]	통일(성), 조화, 전체적인 종합 ↔ diversity 다양성, 차이(점), 변화 ☞ union 결합, 합일, 조합, 동맹 ↔ division 분할, 분배, 구획
disunity [disjú:nəti]	불통일, 분리, 분열, 내분, 알력 = segregation
used [ju:st]	중고의, ~에 익숙한 = accustomed
unused [ʌ̀njú:zd]	새로운 = new / ~에 익숙치않은 = unaccustomed
usual [jú:ʒuəl]	보통인, 흔히 있는 = commonplace, normal, average
unusual [ʌ̀njú:ʒuəl]	보통이 아닌, 비범한 = peculiar, exceptional, extraordinary
utterable [ʌ́tərəbəl]	발언할 수 있는, 말로 나타낼 수 있는 = describable ☞ utter 발언하다 / 전적인, 완전한 = absolute, perfect
unutterable [ʌ̀nʌ́tərəbəl]	형언할 수 없는 = indescribable

diurnal [daiə́:rnəl]	주간의, 낮에 피는·활동하는, 매일의 ☞ diurnal range 일교차(日較差)
noc**turnal** [nɑktə́:rnl]	밤의, 야간의, 야행성의

Regrouping V

violability [vàiələbíləti]	범할 수 있음, 가침성 ☞ violation 침해, 위반, 반칙
inviolability [invàiələbíləti]	범할 수 없음, 불가침성(신성)
violence [váiələns]	폭력, 격렬함 ⓐ violent 격렬한
nonviolence [nɑnváiələns]	비폭력(주의), 평화적 수단(에 의한 저항)
veil [veil]	덮어버리다, 입을 다물다 = conceal, cover, hide, screen
unveil [ʌ̀nvéil]	털어 놓다(비밀·계획) = reveal, uncover, disclose, expose
valid [vǽlid]	근거가 확실한, 유효한, 타당한 = cogent, good, legitimate ☞ validity 정당성, 유효성, 유효기간(항공권) = legality, legitimacy
invalid [ínvəlid]	무효의, 무가치한 = null, nugatory, void 공허한, 텅 빈
vertebrate [və́:rtəbrèit]	척추동물 ☞ 척추 : spine, backbone
invertebrate [invə́:rtəbrit]	무척추 동물, 줏대 없는 사람
vincible [vínsəbəl]	이길 수 있는, 정복할 수 있는 = conquerable, vulnerable
invincible [invínsəbəl]	무적의, 정복할 수 없는 = unconquerable, invulnerable ⓝ invincibility 무적, 불패

visible [vízəbəl]	보이는 ☞ visual 시각의 / visionary 몽상가, 예언자 ☞ visible rays 가시광선(可視光線) ☞ audible 들리는
invisible [invízəbəl]	안 보이는 ☞ inaudible 안들리는 ☞ visibility 시계(視界 : 눈에 보이는 상태) ☞ invisible hand 보이지 않는 손(시장가격결정의 자동조절기능)
vulnerable [vʌ́lnərəbəl]	상처받기 쉬운, 공격받기 쉬운 ☞ defenseless 무방비의
invulnerable [invʌ́lnərəbəl]	불사신의, 공격에 견디는 = indomitable, invincible, unconquerable
varied [vέərid]	다른, 여러 가지의 ⓥ vary 변화하다, 다양하게 하다
unvaried [ʌnvέərid]	변화가 없는, 단조로운 = monotonous
verifiable [vérəfàiəbəl]	입증할 수 있는 ⓥ verify 진실임을 입증하다
unverifiable [ʌnvérəfàiəbəl]	입증할 수 없는 ⓝ verification 입증, 증명
verbal [və́:rbəl]	구두의, 구어의 = oral, lingual, spoken
nonverbal [nɑnvə́:rbəl]	말을 쓰지 않는 ☞ verb 동사 / proverb 속담, 격언
benevolent [bənévələnt]	자비스러운, 인자한 = humane, merciful ⓝ benevolence 자비심, 박애 = beneficence, charity, generosity, mercy
malevolent [məlévələnt]	악의 있는, 심술궂은 = malignant, malicious, pernicious invidious, spiteful, vicious, venomous ⓝ malevolence 악의, 해칠 마음 = animosity, hatred, hostility, malice

Regrouping W

| **widow** [wídou] | 미망인, 과부 ☞ endow 주다, 기부하다 |
| widower [wídouər] | 홀아비 ☞ dowery 지참금(신부) |

wax [wæks]	달이 차다, 커지다, 증대하다, 강해지다 ☞ wax and wane 흥망성쇠하다 = ebb and flow	
wane [wein]	달이 이지러지다, 작아·적어지다, 약해지다 = diminish, dwindle, flag, languish	
way in [weiin:]	입구 = entrance ☞ threshold 문지방, 시작	
way out [weiàut]	출구, 도망칠 방법 = exit, egress	
wrap [ræp]	감싸다, 싸다, 포장하다	
unwrap [ʌnrǽp]	풀다 (포장·짐)	
wary [wɛ́əri]	경계하는, 방심하지 않는 = alert, observant, vigilant	
unwary [ʌnwɛ́əri]	경솔한, 방심하는 = foolhardy, frivolous, reckless ☞ beware 조심하다, 경계하다	
willing [wíliŋ]	자발적인, 기꺼이 하는 = agreeable, amenable, voluntary	
unwilling [ʌnwíliŋ]	내키지 않는, 본의 아닌 = reluctant, grudging, involuntary	
witting [wítiŋ]	고의의, 알면서 하는 = intentional, designed, deliberate, willful	
unwitting [ʌnwítiŋ]	고의 아닌, 부지불식간에 = unintentional, accidental, inadvertent	
wieldy [wí:ldi]	휘두르기 쉬운, 다루기 쉬운 = manageable ☞ wield 권력·영향력을 행사하다, 지배하다 = manipulate, control	
unwieldy [ʌnwí:ldi]	버거운, 다루기 힘든 (크기·무게) = bulky, massive, unmanageable	
wonted [wóuntid]	익숙한, 버릇처럼 된 ⓝ wont 상습, 관습	
unwonted [ʌnwóuntid]	익숙지 않은, 이례적인 (드문) ☞ want 필요, 결핍 = lack	
witch [witʃ]	마녀 ☞ magician 마술사 / magic 마술 ☞ bewitch ~에게 마법을 걸다, ~을 매혹시키다	
wizard [wízərd]	마법사 ☞ wizardry 마법 귀재, 명수, 전문가 = expert, genius, prodigy, whiz	

yielding [jíːldiŋ]	순종하는 / 다산의, 수확이 많은 = productive ☞ yield 산출하다(농작물), 양보하다, 지다, 굴복하다
unyielding [ʌ̀njíːldiŋ]	굽히지 않는, 확고한 = obstinate, headstrong

Regrouping 기타 반의어

bow [bou]	선수(이물), 뱃머리 / 활, 절(하다) ☞ vow 맹세, 서약(하다) ☞ elbow 팔꿈치, 팔꿈치로 밀다(밀고 나가다)
stern [stə́ːrn]	선미(고물) ☞ 엄격한, 준엄한 = severe, strict, austere
consonant [kánsənənt]	자음 ☞ 일치하는, 조화하는
vowel [váuəl]	모음 ☞ vow 맹세, 서약 / towel 수건
cosmos [kázməs]	우주, 질서, 조화 = order ⓐ cosmic 우주의, 정연한
chaos [kéiɑs]	혼돈, 무질서 = disorder ⓐ chaotic 혼란한, 무질서한
crescendo [kriʃéndou]	점점 세게(음악), 진전 ☞ crescent 초승달(모양의), 점차 커지는
diminuendo [dimìnjuéndou]	점점 약하게 ☞ diminutive 소형의, 아주 작은
diligence [dílədʒəns]	근면(부지런함), 노력 = assiduity, industry
negligence [néglidʒəns]	나태, 태만 = indolence, neglect, laziness, sloth
entrance [éntrəns]	입구 = way in / ingress 들어감, 진입
exit [égzit]	출구, 퇴장하다 = way out / egress 밖으로 나감
epic [épik]	서사시(이야기), 대작(영화, 소설 등)
lyric [lírik]	서정시 ☞ lyrics 서정시체, 노래, 가사(歌詞: 유행가)
ebb [eb]	썰물, 간조, 쇠퇴(기) ☞ 삐다(조수), 써다 / 약해지다 = abate, dwindle, subside, wane
flow [flou]	밀물, 만조 ☞ 범람, 흐르다 ☞ ebb & flow = wax & wane 흥망성쇠하다

feminine [fémənin]	여성의, 연약한 ☞ 여성(형)	
masculine [mǽskjəlin]	남성의, 힘센 ☞ 남성(형)	
hibernate [háibərnèit]	동면하다, 월동하다(동물)	
aestivate [éstəvèit]	하면하다, 여름을 지내다	
lunar [lúːnər]	달의, 태음(太陰)의 ☞ moon 달 / noon 정오 ☞ lunatic 미치광이, 괴짜 / 미친, 광적인 = deranged, insane, mad	
solar [sóulər]	해의, 태양의 ☞ sun 태양, 해, 햇빛 / sunny 햇볕이 잘 드는 ☞ solstice 최고점, 극점, 지일(동지·하지)	
marriage [mǽridʒ]	결혼 = matrimony ☞ wedding 혼례, 결혼식	
divorce [divɔ́ːrs]	이혼, 분리 = segregation, separation	
niece [niːs]	조카딸, 질녀 ☞ piece / pierce / fierce	
nephew [néfjuː]	조카, 생질	
nunnery [nʌ́nəri]	여수도원 ☞ nun 수녀, 비구니	
monastery [mɑ́nəstèri]	남수도원 ☞ monk 수도승, 비구, 수사(修士)	
odd [ɑd]	홀수의, 기묘한 ☞ odds 승산가능성, 차이, 불균등, 불화	
even [íːvən]	짝수의, 평평한 ☞ oven 솥, 화덕, 오븐	
tragedy [trǽdʒədi]	비극(적인 사건·이야기) ⓐ tragic 비극의	
comedy [kɑ́mədi]	희극, 코미디 ⓐ comic 희극의